普通高等学校新闻传播学类专业
全媒型人才培养新形态教材

编委会

总顾问
石长顺　华中科技大学

总主编
郭小平　华中科技大学

副总主编
韦　路　浙江传媒学院
李　伟　山西传媒学院

编　委（按姓氏拼音排序）

安　磊	西安欧亚学院	彭　松	华中科技大学
丁　洁	华中科技大学	秦　枫	安徽师范大学
方　艳	湖北第二师范学院	邵　晓	巢湖学院
何平华	华东师范大学	石永军	中南财经政法大学
何同亮	安徽师范大学	汪　让	华中科技大学
赫　爽	武汉大学	王　艺	广州大学
黄丽娜	贵州民族大学	温建梅	山西传媒学院
姜德锋	黑龙江大学	吴龙胜	湖北民族大学
靖　鸣	南京师范大学	夏　青	湖北经济学院
雷晓艳	湖南工业大学	熊铮铮	中原工学院
李　琦	湖南师范大学	徐明华	华中科技大学
李　欣	浙江传媒学院	徐　锐	中南财经政法大学
廖雪琴	南昌大学科学技术学院	张　超	河南大学
聂绛雯	新乡学院	张　萍	武昌首义学院
牛　静	华中科技大学	郑传洋	武昌首义学院

普通高等学校新闻传播学类专业
全媒型人才培养新形态教材

总顾问　石长顺　总主编　郭小平

新媒体营销策划实验教程

A Coursebook for New Media Marketing and Planning

主　编◎夏　青
副主编◎熊　鹰　金立群

中国·武汉

内容提要

本书是新媒体营销实验课程配套教材。新媒体营销是在媒介形式剧烈变革的背景下出现的新型营销形态,在企业经营、品牌塑造、供应链建构过程中发挥着重要作用。本书基于现实企业的真实需求,梳理了新媒体营销活动的四个关键环节,分别是创意与文案、影像制作、项目策划、平台运营,并分别展开介绍。每一篇内容都引入了多种现实案例进行讲解,并在篇末设置实训项目,可以帮助学生尽快掌握实务操作。本书适合市场营销、网络与新媒体、新媒体艺术等专业的学生使用。

图书在版编目(CIP)数据

新媒体营销策划实验教程 / 夏青主编. -- 武汉:华中科技大学出版社,2024.8. -- (普通高等学校新闻传播学类专业全媒型人才培养新形态教材). -- ISBN 978-7-5772-1058-2

Ⅰ. F713.365.2

中国国家版本馆CIP数据核字第2024WV6335号

新媒体营销策划实验教程　　　　　　　　　　　　　　　　　　　　　　夏青　主编
Xinmeiti Yingxiao Cehua Shiyan Jiaocheng

策划编辑:周晓方　杨　玲　庹北麟
责任编辑:周　天
封面设计:原色设计
责任校对:张汇娟
责任监印:周治超

出版发行:华中科技大学出版社(中国·武汉)　　电话:(027)81321913
　　　　　武汉市东湖新技术开发区华工科技园　　邮编:430223
录　　排:孙雅丽
印　　刷:武汉市洪林印务有限公司
开　　本:787mm×1092mm　1/16
印　　张:17.5
字　　数:385千字
版　　次:2024年8月第1版第1次印刷
定　　价:59.00元

本书若有印装质量问题,请向出版社营销中心调换
全国免费服务热线:400-6679-118　　竭诚为您服务
版权所有　侵权必究

主编简介 About the author

夏青 湖北经济学院新闻与传播学院新媒体系主任，校级一流课程"广告学导论"课程组负责人，研究领域为新媒体传播、乡村文化传播等。长期讲授"广告学导论""新媒体作品创作""数字媒体软件基础"等课程。在《新闻与传播评论》等刊物发表论文20余篇，出版专著1部，主编及参编教材3部，主持完成横向课题1项，参与教育部及省厅级项目多项。曾获湖北省高等学校教学成果奖三等奖、湖北经济学院教学成果奖二等奖等。指导学生参与全国大学生广告艺术大赛、中国大学生计算机设计大赛等专业竞赛获国家级及省级奖项50余项。

总序
Foreword

党的二十大报告提出,要加强全媒体传播体系建设,塑造主流舆论新格局。这是适应媒体市场形态变化、占领舆论引导高地、推进文化自信自强的必然选择和重要路径。近年来,媒介技术的快速变革,特别是生成式人工智能的涌现,给人们的生活和工作带来了巨大的变化,既推动了数字艺术、数字经济等新业态的蓬勃发展,也为报纸、电台、电视等传统媒体注入了新的活力,同时造就了更加丰富和复杂的舆论场。数字化、网络化、平台化技术的发展,使数字世界越来越深入地嵌在我们所直观的物理世界中,使新闻传播活动几乎渗透在虚拟和现实、宏观和微观等人类所有层次的实践关系之中。这要求新闻传播工作者熟练地掌握各种媒介传播技术,对特定领域有专业和深刻的理解,并能创造性地开展整合传播策划,即要成为高素质的全媒型、专家型人才。

同时,面对世界百年未有之大变局和中华民族伟大复兴新征程,新时代的新闻传播工作者还应用国际化语言和方式讲好中国故事,让世界更好认识新时代的中国。这更离不开一大批具有家国情怀、国际视野的高素质全媒化复合型专家型新闻传播人才的工作。而培养全媒型、专家型人才,必须在坚持马克思主义新闻观指导地位的前提下,高度关注中国实践和中国经验,积极推进学科交叉与融合、学界与业界协同,以开放的视野和务实的态度推进中国新闻传播学自主知识体系的构建,不断提高中国话语国际传播效能,实现开放式、特色化发展。

华中科技大学出版社于2023年秋发起筹备"普通高等学校新闻传播学类专业全媒型人才培养新形态教材",并长期面向全国高校征集优秀作者,以集体智慧打造一套适应全媒体传播体系、贴合传媒业态实际、融合多领域创新成果的新闻传播学教材丛书。本套教材以实践性、应用性为根本导向,一方面高度关注业界最新实践形态和方式,如网络直播、智能广告、虚拟演播、时尚传播等,使学生能够及时掌握传媒实践的前沿信息,更好适应业界对人才的需求;另一方面在教材编写过程中,充分尊重各地新闻传播学院的教情和学情,鼓励学界和业界联合编写教材,突出关键技能和素质的培养,力求做到叙述简明、体例实用、讲解科学。

本套教材具有以下特点。

(1)重视总结行业经验和"中国经验"。教材内容不能停留在"本本主义"上,而是要与现实世界共同呼吸,否则是没有生命的。本套教材在撰写过程中力图突破传统教学体系的桎梏,更多面向行业真实实践梳理课程培养内容,及时捕捉行业实践中的有益经验,深刻总结传媒实践"中国经验",从而为我们讲好中国故事、在新闻传播之路上行稳致远提供坚实的基石。

(2)注重人文性与技术性的结合。高素质的全媒型人才需要熟练掌握不同媒介的操作方式和传播逻辑,同时要具有深刻的人文关怀。这需要我们在人才培养过程中更加关注技术和人文的相辅关系,使学生既有技术硬实力,在实际操作中不掉链子,又能坚持正确的价值导向,在形象传播中不掉里子。本套教材注重实操经验的介绍和思政案例的融入,可以很好地将人文性和技术性结合起来。

(3)强调教学素材的多样化呈现。教材出版由于存在一定的工作周期,相对于其欲呈现的对象来说,注定是一项有所"滞后"的事业。传播的智能化趋向使我们朝夕相对的生活世界处在剧烈的变革之中,也使我们的教材更容易落伍于现实。为了突破这一局限,本套教材都配备有及时更新的教学资源,同时部分教材还配套开发了数字教材,可以为教师教学提供更具有针对性的解决方案。

教材要编好绝非易事,要用好也不容易。本套教材的出版凝聚了众多编者的心血,我们期待它能为培养全媒型、专家型人才提供一定的助力。当然其中的差错讹误恐在所难免,我们希望广大教师能够不吝赐教,提出修订意见,我们将由衷感谢。也期待有更多教师可以加入我们的编写队伍,再次致谢。

2024 年 8 月

序言
Preface

  新媒体类专业,如新媒体传播、新媒体广告等,具有很强的实务操作性。新媒体营销策划能力,是新媒体类专业学生应具备的核心能力,相关实验课程包括新媒体营销策划、广告策划与创意、影视制作与传播、新媒体运营等。新媒体营销策划的对象包括商业品牌和产品、商业性与非商业性活动或事件、新媒体账号,甚至还包括文化、思想及观念,比如通过新媒体营销策划推广非物质文化遗产和传统文化。

  进入21世纪以来,移动互联网、社交媒体、大数据的发展给社会、经济领域带来了迅速而深刻的变革,媒介技术、媒介环境、媒介运营、传播观念的变化对新媒体类专业的实验教学提出了新的要求。这些变化主要表现为:传播活动从以内容生产者、厂商为核心转变为以用户、消费者为核心;同时由于媒介传播技术与传播机制的变化,社会化媒介异军突起,传统的单向传播转变为社群交互式传播、用户自主传播,使得传播效果的即时可测成为可能;传播营销策划的形态也突破了传统的以文本内容为主的形式,活动营销、O2O(线上线下传播与活动相结合)、事件与话题营销、社群运营等新方法不断出新,确立目标受众、对目标受众作标签匹配成为内容生产的新标配。新媒体传播实践的深刻变革,走在了学术界与高校课堂的前面。我们必须重新审视传统的以内容制造为核心、以校内课堂评价为主要评价机制的实验教学体系,重新规划新媒体专业的实验教学方式。这是我们编写这部教材的目的。

  新媒体营销策划实验教学的总体目标是使学生学会根据营销策划对象的特点,分析相关市场、竞品、目标受众与消费者,发现运

二维码资源:
本书实验课程导读

营推广需要解决的核心问题,并结合不同的新媒体平台的特征,制作营销推广文案和影像内容,作出有效的推广营销方案。学生经过这些实验课程的学习,应了解新媒体运营的特质,熟悉新媒体运营的一般规律,掌握新媒体运营的初步技巧,初步形成新媒体从业人员应具备的"媒感"。在实验项目的实施过程中,学生需要养成问题意识,激发创新意识,培养团队意识,养成沟通意识,从而生成良好的职业素养,顺利地从学校走向社会。

如何规划新媒体营销策划实验教学的内容?这要求对新媒体营销从业者应具备的能力有总体的了解。新媒体营销工作横向来看涉及三个板块,即媒介运用、内容创制,以及与甲方、市场、受众的认知沟通。纵向来看涉及三个层次,即认知分析能力、创意规划能力、整合运营能力。新媒体营销策划实验教学,就是以纵向的三个层次为轴,结合横向的三个板块,来进行教学内容的设计的。

新媒体营销策划实验教学内容从能力梯度和实务流程来看,可以分成三个部分:做内容、做策划、做(账号)运营。其中,做内容是基础,侧重于创意思维训练,同时培养逻辑思维意识;做策划是核心,侧重于逻辑思维训练,同时培养创意思维能力;做运营侧重于方案落地与执行能力实训,同时培养综合地运用新媒体开展各类推广活动的能力以及面对受众和市场进行调整应变的能力。由此,本教材又分为四个大部分,即"新媒体创意与文案篇""新媒体影像制作篇""新媒体策划篇""新媒体运营篇"。其中,前两个部分对应"做内容",后两个部分分别对应"做策划"和"做运营"。

本教材由夏青主持编写,熊鹰、金立群任副主编。第一、二章由杜溪(武汉传媒学院)撰写,第三章由张勤(湖北经济学院)撰写,第四章由郑玲(武汉设计工程学院)撰写,第五章由熊鹰(湖北经济学院)撰写,第六章由周子琦(武汉设计工程学院)撰写,第七章由邓婧(华中科技大学继续教育学院)撰写,第八、九章由夏青(湖北经济学院)撰写,第十章由梁梦苇(武汉设计工程学院)撰写,第十一章由文思雅(湖北电伤火传媒有限公司)撰写,第十二章由范巍(湖北电伤火传媒有限公司)撰写。"新媒体创意与文案篇"实训案例由张勤撰写,"新媒体影像制作篇"实训案例由熊鹰、龚政撰写,"新媒体策划篇"实训案例由金立群撰写,"新媒体运营篇"实训案例由文思雅撰写。夏青、熊鹰负责统筹与联络工作。

这本新媒体营销策划实验教材,采用模块化设计和校企合作编写方式,将真实案例融入教材内容,有实施过程,有经验总结,有效果数据,还有行业和市场的意见反馈。其中,"新媒体创意与文案篇""新媒体影像制作篇""新媒体策划篇"的多个案例来自编写教师的实验教学项目,"新媒体运营篇"的多个案例来自荣燊科技的实际运营项目。

本教材可以作为新媒体专业实验教学的通用教材,适用于多个新媒体专业的实践教学。新媒体行业的发展仍是进行时,我们的专业实验教学革新也在与时俱进,我们希望这本教材能给使用它的各位师生以有益的参考,也衷心希望各位使用者能给我们提出宝贵的意见和建议,以供我们在将来对这部教材进行修订和完善。

目录 Contents

新媒体创意与文案篇

第一章　新媒体创意与文案 /3

- 第一节　新媒体创意策略 /3
- 第二节　新媒体文案的特点 /14
- 第三节　新媒体创意文案的作用和地位 /16
- 第四节　新媒体创意文案的写作技巧 /17

第二章　新媒体社群类创意文案写作 /23

- 第一节　微信文案 /23
- 第二节　微博文案 /30
- 第三节　小红书文案 /32

第三章　新媒体营销类创意文案写作 /37

- 第一节　电商文案 /37
- 第二节　营销软文 /45

实训案例与设计Ⅰ：新媒体创意与文案 /56

新媒体影像制作篇

第四章　新媒体个人化短视频创作 /67

- 第一节　新媒体短视频个人创作者的优势 /67
- 第二节　灵感来源——故事与生活 /68
- 第三节　情节设计——戏剧性冲突 /73
- 第四节　自我表达——影像的力量 /77

第五章　新媒体商业影像生产 /84

- 第一节　理解需求——价值定位 /85

| /91 | 第二节 | 动态画面——视听符号 |
| /95 | 第三节 | 情感注入——品牌叙事 |

第六章　新媒体纪实影像创作

/105	第一节	找准视角——确立选题
/118	第二节	实景拍摄——精选素材
/122	第三节	创新叙事——价值传播

第七章　新媒体"纪实-表现向"的影像创作

/127	第一节	"纪实-表现向"影像类型辨析
/131	第二节	个人创意——文案主题
/140	第三节	影像表达——变形效果

/146　　**实训案例与设计Ⅱ：新媒体影像制作**

新媒体策划篇

第八章　新媒体时代的项目策划

/158	第一节	新媒体时代项目策划的内涵变迁
/160	第二节	新媒体时代项目策划的原理与特点
/169	第三节	新媒体时代项目策划的核心能力

第九章　新媒体项目策划流程

/176	第一节	策划项目的遴选和沟通
/178	第二节	项目资料的收集、整理与分析
/180	第三节	策划项目的策略输出
/183	第四节	项目提案准备及注意事项

第十章　新媒体项目策划方案

/190	第一节	新媒体项目策划方案设计思路
/195	第二节	新媒体品牌策划方案
/203	第三节	新媒体活动策划方案
/210	第四节	新媒体传播策划方案

/214　　**实训案例与设计Ⅲ：新媒体项目策划**

新媒体运营篇

/227　第十一章　新媒体运营的底层逻辑和平台运营方式

/227　　第一节　新媒体运营的底层逻辑
/229　　第二节　抖音运营方法
/236　　第三节　小红书运营方法
/238　　第四节　视频号运营

/243　第十二章　抖音直播带货运营方法

/243　　第一节　直播带货与传统电商的区别
/243　　第二节　直播带货团队及流程设计
/247　　第三节　主播的素养
/253　　第四节　直播选品定价策略
/254　　第五节　直播间场景

/258　　**实训案例与设计Ⅳ：新媒体运营**

新媒体创意与文案篇

第一章
新媒体创意与文案

与传统的广播广告、电视广告、报纸广告、杂志广告相比,新媒体广告具有多项优势。新媒体平台的海量信息和即时传播特征,也对广告创意提出了更高的要求。新媒体广告如果不能有效地吸引受众的注意,就会很快淹没于信息的海洋中。

本章从新媒体的创意和文案入手,在介绍新媒体不同类型的创意策略的基础上,重点阐述创意文案对于新媒体广告的重要作用,并详细介绍新媒体创意文案的写作技巧。

第一节　新媒体创意策略

随着媒体领域新技术的快速发展、新应用的不断拓展、新形态的不断涌现,新媒体创意的范畴变得更广、空间更大、选题更多元。创意内容不仅要与媒体平台的特点和要求相契合,还要与内容环境、媒介环境和营销场景相融合,并要引发受众兴趣、激起受众参与。

本节从新媒体创意策略的特点入手,结合案例分析新媒体创意策略的不同思考方法。

一、新媒体创意策略的特点

创意策略是为广告效果服务的。由于新媒体的媒介属性和传播方式与传统媒体不同,因此新媒体创意和传统媒体创意也不尽相同,而是呈现出自身独有的特点。本章归纳了新媒体创意策略的几个典型特点。

（一）创意的选题和形式更加多元

报纸、杂志、广播电视等传统媒体的创意策略主要侧重于创意作品本身的表现效果,维度较为单一。新媒体平台具有开放性的特点,可以将文字、声音、图片、音频、视频等不同的媒介形式同屏展示，还可应用超链接进行跳转，其信息容量更大，承载的内容更加丰富，表现形式更加多样，媒体组合更加灵活多变，对受众的吸引力也更大。因此，新媒体创意策略不仅取决于作品本身的创意表现，而且可以从诉求表现、展现时机、呈现方式、互动形式、媒体组合等角度进行创作思考和设计。

【案例】

喜茶与《梦华录》的联名营销

2022年，电视连续剧《梦华录》爆火后，其IP价值也得到成倍的增长。广义上的IP涵盖品牌、虚拟形象、名人、知识产权等方面。近年来，在知识产权观念日益普及的影响下，由IP所衍生的产品也受到年轻消费者的热捧。

随着越来越多的品牌涌入新茶饮赛道，茶饮行业竞争日趋激烈，喜茶、奈雪的茶等头部品牌，也在寻求破圈之法。他们把目光转向IP领域，尝试与当红IP联名进行营销。

同年6月30日，茶饮品牌喜茶官宣与热播电视剧《梦华录》联名（见图1-1），瞬间在网上掀起热议。依托《梦华录》的IP，喜茶推出两款定制联名饮品"紫苏·粉桃饮""梦华茶喜·点茶"，前者对应剧中名品"紫苏饮子"，后者的灵感则来源于中国茶文化中的"点茶"，还原了剧中于茶汤上作画的"茶百戏"技艺。推出新品的同时，喜茶还在线下特别设置了"喜·半遮面"主题店，顾客不仅可以观赏古色古香的主题陈设，还可以品尝到联名饮品的特别呈现款，观看喜茶调饮师以茶针手绘茶顶图案，感受传统手艺的魅力。

图1-1 喜茶×《梦华录》联名海报

此举一经推出，很快受到社会各界的强烈关注。#喜茶梦华录联名#登上微博热搜，线下店一片火爆：联名特调产品上架首日即售出近30万杯，单店最高日销量近1000杯。

喜茶选择与自身品牌文化高度匹配的IP《梦华录》跨界联名，是新茶饮文化与传统茶文化的融合碰撞，也是一次从优质传统文化中汲取灵感的成功尝试。除了变现盈利，更为消费者带来了极具传统文化色彩的消费体验，加深了与消费者的情感连接，同时也借助传统文化提升了品牌的丰富度和纵深感。

（注：案例来自OB东方蓝《懂联名者得天下 喜茶联名热门IP"梦华录"》）

(二)技术支撑的作用日益凸显

随着信息技术的突飞猛进,新技术支撑下的新媒体平台开始快速发展,新媒体创意与技术的联系也日益密切,例如二维码技术的出现推动了互动广告的快速发展,用户可以通过手机扫码的方式快速获取产品或品牌推广信息。

同时,VR、AR等最新技术也逐渐应用到新媒体营销中,依托此类技术制作的新媒体广告不仅能给受众带来"身临其境"的感受,也能更好地吸引受众参与广告互动。为有效解决穿衣、试衣的难题,商场推出"VR试衣镜"功能,用户不需要实际上身试穿,站在试衣镜前的指定区域内,选择自己喜欢的衣物,通过AR技术就能呈现上身试穿的效果,并快速进行更换和搭配,大大减少试衣的时间,有效提升了购买效率,同样也大大减少了实体店店员整理和陈列货物的工作量。

当前,很多汽车品牌在车展活动和线下销售过程中,也会借助VR技术对整车的外观造型、内饰和行驶过程进行场景还原。消费者可以借此更好地体验车辆的各项功能,并对车辆进行个性化配置。例如,雪佛兰推出"CoDriver"项目,让展厅里的受众佩戴Oculus Rift DK2虚拟现实头盔,观看一段360°广角视野的录像片段,体验驾车穿越荒山野岭的极致感受。

【案例】

裸眼3D,让户外LED大屏成网红打卡地

2020年,裸眼3D户外大屏频频冲上热搜。从重庆观音桥的"3788m²亚洲之光"到成都太古里、沈阳中街、武汉江汉路步行街的户外大屏,裸眼3D视频陆续登上各大城市的LED巨屏,引来不少人围观打卡,网上的传播量也超千万。2020年整个下半年,行业内都在热议裸眼3D技术。

那么裸眼3D技术到底是怎么成像的呢?与传统的通过双眼观察不同图像差异形成距离感不同,裸眼3D技术实际上是一种利用视觉误差形成3D画面的技术。这种裸眼画面依赖3D的离轴投影,而离轴投影能产生"非对称相机"视锥体。

去年5月,韩国首尔SMTown Coex Artium大楼的LED曲面屏首次播放的巨型海浪画面就是运用裸眼3D技术开发的。生动逼真的视觉效果给受众带来了"汹涌海浪扑面而来"的视觉冲击,在各大平台网站被刷屏。

据了解,这个"海浪鱼缸"是一个艺术作品,名字叫"Wave",是韩国创意公司d'strict的公共视觉艺术项目的一部分。它是为SMTown楼顶这块巨大、巨清晰的曲面显示屏量身定制的。据新闻报道,视频制作团队表示这项技术可以追溯到文艺复兴时期提出的"变形"(anamorphosis)原理。简单地讲,这是一种扭曲的投影或者说透视图,当受众以一定的角度进行观看时,就能瞬间被精妙的构图和想法震慑到,也就是说,只需要简单的透视,就能创造出十分强大的观看效果。

在国内,很多户外媒体公司把这项技术运用到了户外广告中。2020年10月起,位于重庆观音桥商圈的3788m²巨幕陆续推出了多部裸眼3D视频广告,从"未来城市"到"轨道穿楼"再到"神兽巨鲲",吸引了众多受众前往打卡,并在线上获得了7000W+的阅读量、全网3600W+的视频播放量,线上线下的传播量超过了1亿+。这块3788平方米的巨幕让重庆观音桥成为网红打卡地,也成了知名品牌广告投放的首选地。

除了将裸眼3D这项技术运用在户外大屏外,D'Strict还为轮胎公司耐克森(Nexen)创作过一个惊艳的三维动态视频墙,视频墙有30m宽、7m高,位于耐克森研发办公楼的一楼大堂入口处。大堂原来的一排普通玻璃墙经过改造后,成了展现"另一个世界"的地方。你可以透过它看到其背后的滔天巨浪,视觉效果相当震撼。"无限墙"通过"故事模式"讲述耐克森轮胎的核心价值和管理理念,用"情绪模式"与受众交流、分享情感,在建筑和室内环境之外营造一种温馨的氛围。

从当前3D展示的市场需求来看,裸眼3D的发展前景向好。裸眼3D技术是目前很多显示设备必备的功能之一,这项技术的进一步推广将会颠覆户外广告领域里的传统户外广告大屏的运作模式,让户外广告真正与场景中的人们建立联系,帮助广告主快速抓住受众的注意力,以放大品牌的影响力。

(注:案例来自户外媒体内参《2021年,哪些新技术会改变户外广告行业》)

(三)创意更注重场景融合

由于传播方式、目标受众等差异,不同的新媒体平台拥有不同的内容环境、媒介环境和营销场景,同一种创意策略在不同的新媒体平台上的实践效果并不相同。只有针对不同新媒体平台的特点开发针对性创意,才能让创意策略更契合新媒体平台的传播要求,从而获得更好的传播效果。

在内容环境方面,新媒体创意者不能简单地将文字、图片、视频等不同形式的内容叠加在一起,而是需要根据所选择的新媒体平台的特点,将不同形式的媒介内容进行有机结合,使其成为一个系统完整的有机整体,与平台的内容环境相协调。

在媒介环境方面,新媒体创意者要将平台的媒介特点与营销方案中的利益点有效结合,并通过互动参与等方式将媒介自身的优势与创意点有效结合。

在营销场景方面,新媒体创意者需要在有效洞察目标受众心理和行为的基础上,进一步挖掘营销目标,例如希望目标受众在什么时间、什么地点、产生什么行为、产生什么心理、希望做出什么改变等,并结合营销目标将产品或品牌的信息融入其中,使其更具有针对性。

【案例】

刘畊宏:带动直播健身"出圈"

"摆起臂、腿抬高,腰间赘肉咔咔掉""跟着刘畊宏老师来打卡,一起瘦瘦瘦"……2022年,艺人刘畊宏在短视频平台上的健身直播火了。在刘畊宏的直播视频中,他与妻子身着运动装,跳起"毽子舞",再配上好友周杰伦的《本草纲目》等背景音乐,一时间吸引了众多爱好健身的粉丝。

刘畊宏的个人抖音账号迅速"吸粉"5000多万,网络平台上涌现出众多"刘畊宏女孩"和"刘畊宏男孩",他们纷纷加入居家"云健身"的行列中来。

为何刘畊宏的直播健身能快速出圈、快速吸引受众的关注呢?

值得一提的是,最初开直播间的时候,刘畊宏夫妇走的并不是健身主播路线,而是像大多数入行新手一样,做起了直播带货。但可惜的是,这一次鼓起勇气的跨界尝试,并没有溅起水花。数据显示,2021年12月至2022年2月,刘畊宏夫妇一共做了9场直播带货,但成交总金额未到千万。这一失败经历,并没有挫伤刘畊宏夫妇对于直播的激情与勇气。2020年

2月,刘畊宏放弃了直播带货,凭借着自己多年积累的健身知识,与妻子王婉霏一起在直播间跳操,改走健身主播赛道,没想到这一试,却试出了这么大的惊喜。

在营销场景方面,新冠疫情暴发以后,一些健身场所限流歇业,很多民众外出受限,不得不宅在家中,刷手机和"躺"一度成为生活常态,难免诱发负面情绪。与此同时,一些健身类APP的下载量不断攀升,线上健身逐渐受到追捧,跟着直播跳操有助于以汗水释放焦虑,保持肌体健康,刘畊宏的出现恰逢其时。

在媒介环境方面,随着近几年短视频的快速发展,抖音平台的用户数量逐渐攀升,用户黏性和活跃度都很高。在此基础上,抖音推出了更具有互动性的直播功能,但是大多数直播间均以直播带货为主。刘畊宏在尝试直播带货失败后,选择了直播跳操,引导网友运动健身,正好抓取到了抖音平台的内容空白,并利用抖音平台用户的高活跃性特点,引导用户互动,快速吸引了众多网友的关注。

在内容环境方面,刘畊宏的直播跳操除了保持较高的专业性之外,还用幽默风趣的"话聊"方式积极引导用户参与,并选择了大家耳熟能详的《本草纲目》《龙拳》等代表性歌曲。许多参与其中的网友表示,观看刘畊宏夫妇的"健身直播间",最大的感受是运动过程中不枯燥无味,也没有痛苦挣扎。正相反,这里非常温馨,非常快乐。

可见,刘畊宏的成功并非偶然。从2020年2月起正式做健身主播,刘畊宏带着一身腱子肉,带大家在直播中听着音乐燃脂健身,仅用2个月就实现了粉丝数从百万到千万的增长。单场直播高达4476.6万人次围观,创抖音2022直播最高纪录。截至2022年5月11日,微博话题#刘畊宏健身#阅读次数高达2.5亿。同时,新华网联合刘畊宏推出"新华网粉丝专属限定版健身操"。由此可见,此次"直播+健身"的形式得到了用户的追捧和热议,新一轮直播风口已经出现。

(注:案例来自全拓数据《刘畊宏健身直播爆火,背后是我国健身行业在线化、智能化趋势的具体表现》)

(四)创意更注重受众参与与反馈

与传统媒体相比,新媒体更具开放性,受众可以通过新媒体平台发布和分享各类信息,"参与"与"分享"已经逐渐成为新媒体的代名词。

一方面,新媒体平台为企业和品牌方提供了一个与目标受众便捷沟通交流的平台;另一方面,它也为受众搭建了一个参与创意和反馈的平台,从而帮助企业更快地调整创意方向,使其更适合目标受众,不断增强创意效果。

从创意来源角度看,新媒体平台可以为企业和品牌提供更多的创意来源。以前的企业和品牌方的创意主要来源于企业内部创作或委托专门的广告公司创作,但通过新媒体平台,企业可以吸引受众参与到广告创意中。创意可以来自任何一位受众,这样不仅可以大大丰富创意的内涵,也可以增强创意的灵活性和应变性,并且受众反馈的创意方案更契合目标群体的需求、期待、审美和价值。

从创意效果角度看,传统的传播方案大多是企业单向传播的、自说自话的信息输出方式,这种方式不仅不能有效吸引受众,在某种程度上可能还会招致受众的反感与排斥。如果受众能参与到创意生产的全过程中,对创意的主题、内容、形式等方面都能够及时进行反馈,就不仅能够使创意更贴合目标受众的需求,还能够引发受众的自发关注和讨论。同时,受众在参与的过程中,可以将整个创作过程中的所感、所思、所想都实时分享至新媒体平台,从而实现整体营销活动的二次传播或多次传播。

【案例】

知乎全新品牌片《有问题,就会有答案》

知乎在十周年之际,启动了品牌焕新,将品牌主张从"有问题,上知乎"升级为"有问题,就会有答案",并发布同名全新品牌片《有问题,就会有答案》。该品牌片从社会大众关心的问题出发,通过一系列发问和回答,引发社会大众的关注和共鸣(见图1-2)。

图1-2 知乎十周年品牌片海报

(注:图片引用自知乎平台)

正是由于知乎着力于从受众的角度出发,选择受众关心的问题,品牌片一经发布,就引发广大用户的关注和转发,"问答体"也吸引到了众多网友的参与互动和传播。以下是这个品牌片的文案。

如何正确使用知乎?这是知乎2011年上线后的第一个问题。

到今天,知乎有了超过4400万个问题和2.4亿个回答。

关于如何走出困境,如何应对挑战,如何寻找乐趣,如何探寻真相。

从"有问题,上知乎"到"有问题,就会有答案"。

我们从未改变我们的初心,改变的只是我们的信心。

我们知道,有些问题,就是留给我们这代人的;

我们相信,你的问题,也是无数人的问题,

你的答案,能给无数人答案;

我们笃定,在这个世界上,有人提问,就一定有人回答,

这代人的问题,会找到这代人的答案。

一直以来,知乎始终坚持聚焦创作者,升级后的品牌slogan更明显地强调了社区中"人"的属性和不可替代性。"有问题,就会有答案",突出了知乎的使命,增加了人与人之间的情感沟通,传递出更强烈的信念感和力量感。

此次品牌升级,知乎将核心标杆人群——乐于创造和分享、悦己和利他相一致的优质内容生产者——定义为"路灯"。正如知乎品牌片所言:一座路灯只能照亮100米的旅程,没关系,数以亿计的路灯可以照亮这颗星球上所有的路。

下一个十年,知乎将秉持"让人们更好地分享知识、经验和见解,找到自己的解答"的使命,连接和服务更多人,帮助更多人解除未知带来的恐惧和焦虑、傲慢与偏见。

(注:案例来自知乎平台)

(五)创意更注重个性化特征

新媒体时代,营销的目标从传统的"展示+告知"逐渐向"挖掘内心需求"转变。传统的单向传播方式,已经不能有效地吸引受众的关注,受众更容易被能够引发内心共鸣和兴趣的个性化表达方式吸引。

在新媒体平台上,受众可以自由地互动和交流,也可以拥有彰显自身个性、呈现自身特色的个性化表达方式。在此背景下,策划人在进行新媒体创意时就需要进一步洞察消费者的内心世界,在传播产品和品牌信息的基础上,尽可能地满足消费者的个性化需求。

新媒体平台的受众更注重个性化表达,个人需求也更加细致,因此对受众群体的划分要进一步细化。传统媒体的粗放式营销已经不能满足受众的需求,新媒体需要结合不同受众的特点,进一步细分受众群体进行精准式营销,提供更具吸引力和创造力的个性化新媒体创意,这样才能引发受众的兴趣。

【案例】

流量密码哪家强?中国山东找蓝翔!

"飞车技术哪家强?中国山东找蓝翔!"2022年初,山东蓝翔《真人版QQ飞车》刷屏了。QQ飞车手游四周年,蓝翔技校发了条联名视频,凭借高颜值美女和土潮特效,迅速破圈。

山东蓝翔技师学院发布的视频中,两位美女在蓝翔校园飙车,上演挖掘机版《速度与激情》。CF车坛大神"风见隼人"则化身蓝翔飞车学院特聘教师,QQ飞车天才少女"小橘子"跨次元拜他为师。视频最后,画面出现了蓝翔那句"洗脑"的slogan:"飞车技术哪家强?中国山东找蓝翔!"

发布不久,这条视频在视频号的转发和点赞均超过10W+,收藏破万,视频播放量达到近亿次。

蓝翔为什么能一次次抓住流量密码?

这是因为,蓝翔抓住了年轻人的个性化特点,从年轻人喜好的跨界联动和土潮特效出发,通过跨界联动+专业团队+年轻化营销的方式,一次次创作了独具特色的新媒体创意案例。

QQ飞车和蓝翔的这次合作堪称梦幻联动。2020年元旦当天,蓝翔就为QQ飞车准备了庆生短片,由汽修专业定制A车神影,美容美发与形象设计专业定制套装"精美灵动"等,可谓花样庆生。短片画面制作精美、脑洞大开,与动漫的特效完美结合,网友调侃蓝翔新开了视频剪辑和后期特效培训班。

但这些视频背后的操刀团队,不是蓝翔,也不是QQ飞车,而是B站的老皮团队。老皮是B站百大UP主之一,号称"中二特效,最皮团队!"。这个团队在B站的视频条条破百万,是绝对的B站顶流。老皮团队深谙年轻人的"口味",也知道蓝翔想要什么样的内容。

一方面,十年前电视广告的土味营销方式放在今天已经不奏效了;另一方面,十年前职业教育的主力人群是80、90后,现在是Z世代的年轻人。当年的洗脑广告+土味营销的套路显然已经不适合Z世代新人群。深挖蓝翔视频可以发现,它表面土味,内含的营销思维却是非常前卫的。创作者深入剖析了年轻人的受众心智,制作更加年轻化、更有质感的广告,与Z世代建立了情感认同,因而获得了众多年轻人的认可和关注。

(注:案例来自视听观察柳不恭《专访〈学姐陪你开飞车〉制作团队》)

(六)创意更契合数据分析

当前,越来越多的新媒体平台开始应用大数据技术对消费者的各种消费行为产生的数据进行抓取,再利用各种算法进行数据分析和智能分析,并依据媒体平台、投放场景、投放效果等对创意方案进行优化,使广告形式、广告内容、传播渠道等可以按要求快速进行动态组合,达到最优的传播效果。

新媒体平台还可以依托大数据分析,对目标用户进行精准画像,并依据系统分析出的用户特点,实时调整创意内容,将内容特点、用户需求、投放场景、投放时间等进行精准匹配和个性化展示,为用户提供个性化定制的创意方案,保证创意内容能够有效匹配用户的精细化需求。

大数据分析还可以提供快速便捷的"数据反馈",有效解决传统广告反馈不及时、反馈不具有针对性的问题,实现实时动态数据监测、实时动态调整和实时动态优化,保证创意获得最佳的效果。

【案例】

互联网营销服务平台"巨量引擎"

随着大数据、智能算法等技术的快速发展和普及,数据分析已经逐渐成为新媒体创意的有效手段。新媒体创意进入以受众关注度为核心目标、以数据分析为创作基础的数据化时代。

在数据分析技术的帮助下,广告创意被分解为不同的组成部分(例如标题、图片、视频、文字等)。结合数据分析,通过多元、多场景组合的方式找出最优的创意方案,可以有效节约广告主的创意时间,在节省人力和时间成本的同时提升广告的投放效果。

目前比较有代表性的营销服务平台就是字节跳动公司的"巨量引擎"。在该平台上,广告主只需要上传图片、文字、视频等素材,这些素材就会自动进入"素材逻辑审核"流程。审核通过后,系统将自动生成"标题+图片""标题+文字""标题+视频"的创意组合并进行线上投放。在此过程中,创意的开启、暂停和关闭均由系统控制,如果生成的某一个或某几个创意的组合在平台上获得了较好的曝光量和投放效果,广告主就可借助平台的"衍生计划——最优创意"功能将这些效果较好的创意单独投放,并进行自主推广,以进一步强化广告效果。

二、新媒体创意策略的方法

结合新媒体创意多元化的特点,我们可以选择不同的创意思考方法来制定不同类型、不同视角、不同表现形式的创意策略方案。但是好的创意策略并不是一蹴而就的,需要进行深入地分析、思考和验证。如何提出更吸引受众、更有效的创意策略呢?本书主要深入分析了以下几种方法。

(一)打破惯性思维法

惯性思维是指人们在遇到问题时,习惯性地结合过往的经验,采用已有的思维方式和观念进行思考,而不愿意尝试新的思路或方法。惯性思维不仅会限制人们对问题的理解,还会影响人们对解决方案的选择,甚至会阻碍创造力的发展。

惯性思维有时会带来一些好处,比如在某些常规情况下,我们依靠惯性思维可以快速准确地做出决策、采取行动。但在面对复杂或未知的问题时,惯性思维往往会让我们失去创造性和创新性,错失解决问题的机会。

在开发新媒体创意过程中,惯性思维会使我们陷入固有的思维模式中,不仅很难提出吸引人的创意策略,还会出现创意同质化的问题。

为有效打破惯性思维的影响,我们可以从以下几个方面下功夫:一是学习新知识和新技能,用新的知识和技能拓宽思维领域;二是始终保持好奇心,接受不同的观点和意见,打破思维定式;三是加强团队合作和交流,从不同的角度和经验获取灵感和启示。

以下为打破惯性思维的简单训练方法,学生可以结合课堂讨论问题,进一步思考如何将其有效运用于新媒体创意实践过程中。

课堂训练

结合以下问题进行创意思考,并注意引导学生提出类似问题。

如果动物听得懂人话,会怎么样?

如果外星人一直生活在地球,会怎么样?

如果你突然变成10岁,会怎么样?

如果恐龙根本没有灭绝,会怎么样?

如果如来和耶稣打起来了,会怎么样?

如果明天就是世界末日,会怎么样?

如果秦始皇来到现代,会怎么样?

(二)跨思维思考法

跨思维思考法其实也称为多角度思考法,指多角度、多视野看待问题,并提出全新解决方案的一种思考方式。面对复杂而多变的问题时,我们其实很难单独依靠某一个方面的专业知识去解决问题,而借鉴不同领域的研究成果和思维逻辑,可以为问题的解决提供全新的思路。

在提出新媒体创意的过程中,单一的思考问题的方式不仅很难有效解决问题,也很难提出创新性的创意策略。我们可以尝试使用跨思维思考法,运用不同的视角来看待问题,这样不仅可以扩宽思路,还可以从中产生不一样的理解和思考。

以下为简单的跨思维思考的训练方法，学生可以结合课堂讨论问题，进一步思考如何将跨思维思考有效运用于新媒体创意实践过程中。

课堂训练

假如你在路上看见一对情侣正在商场门口激烈争吵，男生将手中的花扔在了地上，女生将手中的购物袋扔向了男生。

这时，时间静止，画面定格，我们可以开始转换思维方式，从不同的视角来思考这一事件，并深入思考是否还有其他角度可以进行观察和分析。

男生的内心戏是怎样的？
男生手中的花内心戏是怎样的？
女生的内心戏是怎样的？
女生手中的购物袋的内心戏是怎样的？
商场的大门的内心戏是怎样的？
旁边经过的大叔的内心戏是怎样的？
不远处的扫地大妈的内心戏是怎样的？
旁边商场门口的保安内心戏是怎样的？
路边经过的一条狗的内心戏是怎样的？

（三）头脑风暴法

头脑风暴法是较为常见的创意思考方式，是指一群人进行集中讨论，让创意灵感组合、碰撞、再组合，以高密度的集思广益来最大化地产生高质量、高数量创意灵感的思考方式。

心理实验表明，一般情况下，人在小组讨论时比单独思考时更能发挥想象力、创造力，人的脑力劳动的工作效率在竞争的环境下将增加50%左右，其中创意灵感的增加最为明显。

创意多产生于联想。在小组中，一个成员提出一个创意，更多的创意灵感可能会因此受到启发，并在丰富的联想中诞生。在小组讨论中，个人的好创意会很快得到他人的肯定和鼓励，并由此激发更多更好的创意，一个精彩的创意就像一朵火花，会点燃他人的灵感之火。

但是头脑风暴也并非无序地讨论，而需要遵循一定的原则，这样才能保证创意过程高效有序。头脑风暴需要遵循的原则有以下几点。一是不批评他人的创意。在小组讨论中，不容许对他人的创意进行否定，任何消极的批评只能在小组讨论之后进行。在自由发言期间，热烈的气氛会使不同的创意源源不断地涌现出来。二是欢迎"百花齐放"式自由发言。策划主持人应该善于调动小组成员发言的积极性，鼓励大家逆向思维，创意越新奇、越独特越好。三是求量为先，以量求质。创意越多，得到好创意的概率越大，因此可以不限制创意数量的上限，鼓励参与者提出尽可能多的创意点。四是对创意思路不断改进。小组成员除了提出自己的主意外，也可完善他人的创意，或将几个人的创意加以组合，产生新的创意。

在遵循以上原则的基础上，头脑风暴也需要遵循标准的讨论流程，主要包括以下几个步骤：一是参会人员以10至12人为宜，人数过少较难激发大家的创意思维，不易提出丰富的创意点，人数过多容易产生混乱，并且也容易出现选题偏离情况，不易进行集中讨论；二是会议开始时由主持人叙述创意主题,要求小组成员贡献相关的创意,如果小组成员过于拘束,主持人可以组织一些比较轻松的话题展开讨论,以营造轻松的气氛;三是在会议讨论过程中,若有人批评他人的创意,主持人应立即予以制止,如果集体思考变成自由讨论,则会产生发言不平均的现象,也会变成一场辩论会,少数人会争得面红耳赤,浪费时间,主持人就要及时制止,引导会议顺利进行;四是提倡轮流发言,如果有人一时还没有想出创意,则可放弃这一轮机会,等下一轮再发言;五是讨论进入后段,每个小组成员都会面临思维枯竭的情况,但主持人必须继续坚持轮流发言,务必使每个人都绞尽脑汁,有时奇思妙想就是在苦思冥想中产生的;六是创意讨论小组必须设立一名记录员,在创意讨论结束后,由记录员对所有的创意点进行总结和整理;七是创意复盘,结合记录员记录的创新点,对不同的创意进行综合分析和讨论,从中选择最优的创意点并进行讨论完善。

课堂训练

选择8~10个人组成一组,进行分组头脑风暴讨论。

通过以下五个不同的意象,讲述一则小故事,题材不限,类型不限:火柴、自行车、大象、爱情、火龙果。

(四)九宫格思考法

九宫格思考法是进行创意思维的简单练习法,人们常用这种方法构思创意策划方案的结构。九宫格思考法可分成向"四面扩散"的辐射线式和"逐步思考"的顺时针式两种。辐射线式是以九宫格的中央方格为核心主题,向外联想出相关概念,其余8个格子的概念都与核心主题有关联,但彼此不一定有相关性。顺时针式是以中央方格为起点,依顺时钟方向将预定的工作项目逐一填入。

九宫格思考法须遵循一定的步骤。第一步,拿一张白纸,用笔将其分割成九宫格,将需要思考的主题或者利益点写在正中间处。第二部,将与主题或者利益点相关的联想任意写在旁边的8个格子内,尽量用直觉思考,不用刻意寻求"正确"答案。第三步,尽量扩充8个格子的内容,鼓励反复思维、自我辩证,8个格子的内容不一定要在短时间内快速写满,可多从不同的角度进行思考,循序渐进地完成。如果其他8个格子填不满,可更换不同的利益点,多填两张九宫格图,然后将几张不同的九宫格进行合并分析,去粗取精。第四步,表格填完后,需要对填写内容进行检查,确认填写的内容是否都是必要的点,是否有可以合并的项目,是否有可以进行拆解的项目,九宫格中的每一单项,都可以进行细分,以便将单项部分一一理清,从而得到更加细致的内容。

九宫格思考法,可以无限向外扩散和细化,在创意思考的过程中可以灵活运用,直到能够思考出符合预期的创意策略。

课堂训练

某公司研发了一款可随着穿着者心情改变而变色的外套,现需要进行上市营销推广,请使用九宫格思考法,结合该外套的利益点,思考该新品上市的创意策略方案。

第二节　新媒体文案的特点

这里讲的文案主要是指广告文案。广告文案以简洁明了的形式吸引受众注意,并营造记忆点,以达到广泛传播的目的,是广告传播的重要载体。

移动传播时代下的新媒体文案以互联网新媒体为载体,以突出主题、标题的形式快速吸引受众注意力,抓住受众的心理需求,并与之形成共鸣,从而激发读者进一步阅读的欲望。

相比传统媒体时代,新媒体时代的文案更简洁明了,与当下热点话题的呼应更为紧密,形式更为多样,不局限于文字、视频、图片等单一的形式,而是将多种形式有效融合在一起,并通过算法精准投放给目标受众,其风格更为明显,带有明确的宣传目的,是适应移动传播时代信息爆炸特点的一种新形式。

随着技术的不断革新,媒体也在不断地更新变化,基于不同新媒体平台的新广告形式也在不断丰富。新媒体广告文案的创作,开始着眼于如何更好地从海量信息中脱颖而出,如何给受众留下更深刻的印象,如何强化受众心中的品牌形象。

在此背景下,新媒体广告文案也呈现出了崭新的特点,主要有以下几个方面。

一、表现形式多元化

传统媒体的文案以文字为主,辞藻华丽,内容丰富,接受度和传播力都较高,对文案撰写者也有较高的要求。撰写者必须拥有过硬的文字能力,写作文案时需要字斟句酌,反复推敲。在传统媒体时代,能够被广泛传播的文案都是高水准、高含金量的。

而在新媒体传播时代,人们的注意力被海量的信息所分散,很难在文案上停留过多的时间,这就要求撰写文案时应该开门见山、直截了当,文案的篇幅也要更短小精悍、一针见血,文章的标题要能够快速引发读者兴趣,吸引读者继续阅读。同时,文案内容更加强调对读者需求的认识与理解,以及对时下热点话题的了解,这样才能够针对读者的喜好写出适合的文案。新媒体文案具有丰富的表现形式,不仅有文字,还可以以图片、音频、视频、动画、互动小游戏的形式呈现。

只要有好的创意,新媒体文案的呈现形式就可以丰富多彩。随着技术的不断发展革新,新媒体文案的呈现方式也会越来越多元化。有效运用不同形式的组合,能更大程度地吸引受众的注意。

二、传播渠道立体化

传统的文案传播是单向的,由媒体单向传播给受众,受众属于被动接受者。早期的传播学者认为,在信息传播过程中,受众就像一个个固定不动的靶子,单向接受媒体所传播的信息,处于被动、消极的地位,而传播媒介在信息传播的过程中具有强大的、不可抗拒的控制力,能够在不知不觉间通过信息传播将知识、思想、情感植入受众的脑海。这一理论被称为"魔弹论"。魔弹论的产生与当时单向传播的机制密切相关,是大众传媒兴起时,人们出于对新事物的恐惧而产生的消极心理暗示。

而在新媒体环境下,传者与受者之间的界限正逐渐模糊,信息编辑与发布的权利不再为媒体所独有,而是回归到了每个人的手中,人们既是信息接收者又是信息发布者,因此人们对于信息的反馈也更加及时,这是造成信息大爆炸的主要原因,也是当下信息传播的一大特点。

以微信、微博、抖音等为代表的新媒体都具有很强的交互性,媒体可以通过这些平台发布信息,也可以以受众的身份获取信息。实时互动性是新媒体与生俱来的传播优势,深刻影响着文案的创作与传播。多向互动的模式能够帮助新媒体从业者更好地掌握受众的心理状态和阅读倾向,实时了解受众的反馈意见,以便及时对文案作出调整。

传统媒体的文案传播渠道主要局限于纸媒、广播、电视等,其时效性不强,更加注重对内容的诠释,强调的是传播效果的深度和传播时间的长度。而移动传播时代的新媒体文案则拥有更加立体的传播渠道,例如网页、APP、短视频平台、贴吧、论坛等,同一文案可以同时发布在多个平台,以达到多渠道融合传播的效果。

以河南卫视的《七夕奇妙游》为例,它的主要发布平台为哔哩哔哩动画网站。其在哔哩哔哩动画网站取得高点击量之后,又被投放到其他多个传播渠道进行宣传,例如QQ空间的推荐页面、微博热搜、抖音短视频精选等。每个平台的受众特点不同,其接收信息的传播形式也不同。例如,哔哩哔哩动画网站用户浏览每个视频的时间相对较长,适合投放内容较为全面的文案;抖音短视频平台用户对每个视频的观看时间都较短,因此适合投放视频精选集锦类型的文案;而QQ空间则适合采取图文并茂的形式,以文字＋静图＋动图的方式来实现有效传播。多渠道的传播载体使得移动时代下新媒体文案的传播更为立体,也能够吸引更多人的注意,变传统媒体的单一性、针对性传播为多元化、立体化传播,传播效果更强,更容易被不同的受众所接受,从而提升了文案传播的深度和广度。

三、传播内容碎片化

碎片化阅读是新媒体时代生活节奏加快的大背景下产生的一种全新的阅读方式,指人们利用短暂而不连续的时间进行简短而少量的文本阅读。

碎片化包括两个方面:一是阅读时间的碎片化;二是阅读内容的碎片化。阅读时间的碎片化是指受众会利用工作和生活中的零碎时间来进行阅读;阅读内容碎片化是指受众会在新媒体平台的大量信息中选择自己最感兴趣或最优质的内容进行阅读。

新媒体文案只有适应这样的阅读方式,才能在众多信息中脱颖而出,实现快速传播,并有效吸引受众的关注和参与。

四、受众定位精准化

依托新媒体多元化和互动性的特点,每位受众都可以成为独立的信息发布源和传播源。他们看到优秀的文案后,可以快速进行转发和分享,从而实现二次传播甚至多次传播,吸引更多的受众阅读观看。而且这种转发不需要付出任何成本,还可以不断重复,从而实现裂变式传播,让信息传播的速度和范围大大增加。

传统媒体时代,每个受众都被动地接收同样的传播内容。但在新媒体时代,大数据、云计算等技术可以让广告主更精确地了解每位受众的需求。广告主利用数据平台可以对受众进行精准画像并赋予不同类型的标签，进而将广告精准地推送给潜在消费群体，实现精准传播。

同时，快速发展的人工智能技术，也能将用户的个性化诉求进一步细化明确，以实现广告内容一对一式的精细化投放。这就需要在创作新媒体文案前，对受众进行更加精准化的划分，并且通过数据分析进一步明确受众的个性化需求，并针对这些需求创作出更符合受众心理预期的新媒体文案。

第三节　新媒体创意文案的作用和地位

一、新媒体创意文案的作用

传统文案是广告的一种表现形式。而新媒体文案依托移动互联网媒体，输出重点在于广告内容和创意。好的新媒体创意文案，是指能达到营销目的、能够带来较好传播效果，并且可以促进转化的文案。

对于好的新媒体创意文案的评价，有三个重要指标：一是要吸引受众"看到"，能够让受众产生兴趣；二是在受众看到之后，还要让受众"看懂"，即让受众知道产品能为自己带来什么好处；三是在受众看懂的基础上，还需要对其进行"说服"，即促使用户产生注册、购买等实际行动，也就是转化。

这三个评价标准指出了新媒体创意文案的三个重要作用。一是有效吸引受众关注。身处信息爆炸的环境下，受众每天会接触并浏览大量信息。每位受众的专注力都很短，大部分信息都会在不经意之间被划走并且被遗忘。而优秀的新媒体创意文案的最重要的作用就是让广告从这些海量的信息中脱颖而出，快速吸引受众的关注。二是有效传达产品利益点。在让用户产生关注之后，新媒体创意文案可以进一步通过情节设计、情感共鸣、满足好奇心等方式，将产品的利益点直接传递给受众，让受众能够清晰地了解产品或者品牌的特点，并能够从中清楚地知道产品或者品牌能给自己带来的好处，加深对产品或者品牌的认知。三是有效引导受众行动。在受众对产品或者品牌产生一定的印象之后，新媒体创意文案可以通过进一步的宣传引导，强化受众的认识，引导其采取点击、注册、购买等行为，并且加强受众对品牌的信任感，带来更好的转化效果。

二、新媒体创意文案的地位

随着新媒体平台的快速发展，新媒体营销已经被越来越多的企业和品牌所接受并使用，这种趋势驱使大部分企业进行更深入的新媒体传播。

互联网时代，广告无处不在。社交媒体、移动互联网技术的飞速发展，使得广告形式和营销形式越来越多样化。传播成本的降低，传播渠道的个人化，也使得互联网产品天然地具有媒体属性和传播属性。从产品描述到内容创意，再到社群、渠道传播，从一个平台到另一个平台的"跨界",文案能够施展的空间越来越大。

同时,新媒体文案发布成本低,传播渠道多元化、互通性强,目标人群更精准,文案更容易被用户再次创作,并产生二次传播甚至多次传播,传播速度更快,传播范围更广泛。

作为新媒体营销的第一步,好的创意文案,不仅可以给企业带来最大化的传播效果,提升自身销量和知名度,还能直接为企业节省大量的广告传播费用,其重要性不言而喻。

第四节　新媒体创意文案的写作技巧

创作一则优秀的新媒体创意文案,不仅需要进行深入细致地分析和思考,还需要掌握写作的流程和不同类型的写作技巧,这样才能逐渐形成自己的创作风格,创作出符合市场需求的新媒体创意文案作品。

一、新媒体文案的写作步骤

新媒体文案的写作步骤主要分为明确目的、文案创意简报、创意输出、文案复盘四步。

（一）明确目的

在撰写文案前,需要明确此次撰写文案的目的是品牌传播,还是提高产品的销量,或者是进行推广活动。目的不同,文案写作的思路和方法均不同。

以品牌传播为目的,就需要重点关注如何让文案符合品牌风格,如何引发受众关注和共鸣;以销售为目的,就需要重点关注如何展现产品特点,让消费者感受到需要,并产生信任,并且产生购买行为;以活动推广为目的,就需要重点关注活动的利益点,并需要注意吸引受众参与互动。

（二）文案创意简报

文案创意简报也叫创意纲要,主要用来指导文案的创意、撰写及制作。

文案的创意简报需要解决三个方面的问题。一是对谁说,明确传播对象。确定文案要写给谁看,需要对目标人群进行分析,我们可以从社会学、行为学、地理学、人口统计学、消费心理学等方面来进行深入分析,明确谁是潜在消费者,他们的个性特征是什么。二是说什么,明确文案内容。文案要通过什么样的方式取得目标人群的信任,使其对推广的内容进行有效感知？这就需要挖掘自身的卖点,弄清楚应以怎样的方式说服消费者,并在此基础上提炼出文案的说服点。三是在哪说,明确传播渠道。即根据目标受众人群选择合适的传播渠道和传播方式,解决选择什么样的媒体组合、在什么时间发布、发布周期多长等问题。然后根据不同媒体的特点,创作并发布不同类型的文案。

（三）创意输出

明确了文案的写作目的、目标人群、自身卖点、竞争对手情况后,创作人员可以结合确定的说服点和媒体渠道的特性,进行综合性创意思考,完成整体创意的写作输出。

创意输出主要包括以下几个部分：核心主题、创意阐述、框架思路、文案内容等。

（四）文案复盘

在完成完整的创意策略后，创作人员需要对创意策略进行复盘验证，明确其方向的正确性和有效性。复盘验证主要是指对前期已经做过的工作再次进行梳理和总结，并进行预投放，结合受众的反馈数据对文案进行综合分析，继续保持优点，及时调整缺点，不断优化文案的传播效果。

二、新媒体创意文案的写作技巧

（一）突出卖点

产品或服务的卖点指产品或服务的优势和特点，是吸引顾客购买的主要因素。卖点可以从功能、性能、品质、外观、使用体验、服务等多个方面来衡量。

突出产品或服务的卖点可以通过以下几个方面实现。一是突出卖点，展示独特性。在文案中强调产品或服务的与众不同之处，吸引目标用户的注意。二是简明扼要，强调便利性。在文案中用简练明了的语言描述产品或服务的优势和特点，让用户一目了然。三是互动式描述，体现效果。在文案中采用生动有趣的语言、动态的线条和丰富的色彩，形象化地展示产品或服务的效果，提升用户的使用信心。

【案例】

来福建 享福味

说到福建美食，你会想到什么？一向有些"低调"的福建文旅这一次敞开怀抱等你发现！

沙县小吃的第一支广告片，将福建美食品类丰富、接地气的特点透过剧情淋漓展现，连广告结构都是"套餐"制的——一条广告集齐了谐音梗、无厘头、偶像剧、王家卫四种风格。耳熟能详的经典电影对白在沙县小吃的魔改下，成为绝佳的品牌记忆点，令观者直呼："味儿太冲了！"

福建省文化和旅游厅作为这支广告的出品方，将最为全国人民熟知的沙县小吃作为主角，融入地方文化旅游特色，直观地展现福建美食的多样性和丰富性，焕新福建的"福味"文化，用更有创意的方式传播家乡之美，在创意策划和内容输出上都是一次品牌年轻化的尝试。

（注：案例来自福建文化和旅游厅宣传片《来福建 享福味》）

（二）制造话题

制造话题是指通过与当下社会热门话题、潮流趋势相结合，创造新的话题，或通过突破常规的方法引起用户关注，从而提升营销效果。

如何选择时下热门或极具讨论度的话题，如何将其与产品进行结合，如何制造更多的话题性？我们可以通过以下几个方面来操作。一是关注热点，抓住话题。及时关注社会热门话题、潮流趋势，根据产品的特点和品牌属性，选择适合的话题，但是不能为了蹭热度而忽略了品牌调性，需要在符合品牌定位的基础上，结合热点进行创作。二是突破常规，引导互动。运用非传统的手法、创意、表达方式，打破常规的视觉和语言方式，引起用户兴趣和注意，刺激用户互动和分享。在这一过程中,不能为了吸引用户注意而采取哗众取宠的方式,注意选择方式的合理性。三是个性化推广,定制化服务。根据用户的需求和行为习惯,量身定制服务和产品,提升用户满意度和忠诚度。在这一过程中,需要明确用户的个性化特点是否符合传播要求,不能一味满足用户的个人要求而忽视了品牌自身的定位。

【案例】

小红书毕业致辞文案《我们永远可以相信自己》

这是2022届不寻常的毕业致辞,
如果你是2022毕业生,
你永远可以相信自己,
因为我们跟以往的毕业生都不一样,
我们经历过很不寻常的三年。
但我们有一种能力,
恰恰可以让不寻常,变得更不寻常一些,
我们能让平淡开花,能在孤独里发现彩虹。
看不见星星的日子,我们并不会浪费黑夜,
见不到面,总能找到办法见面,
我们努力把生活落到实处,
变得更加具体。
即使那些刮风下雨的日子,
我们总有人能攒出惊喜。
是真的,2022毕业生,
我们永远可以相信自己,
当然,谁都有绷不住的时候,
这扇门关上再推开后,
就是另一群人的故事了。
也许过去的一切,并不都那么如意,
但这就是我们独一无二、查重率为0的青春,
看,我拥有很多很多,何其荣幸。
出发吧!没什么好怕的!
去做吧!反正都不会后悔!
我们能让不寻常,变得更不寻常,
因为恰恰,我们是2022毕业生。

2022年毕业季,第一批00后大学生正式毕业了。然而比起以往毕业季的热血、期待和伤感,错过、遗憾、迷茫也许更符合这届应届毕业生的心境。"青春才几年,疫情占三年"。在悄无声息中,年轻的学子即将步入社会。

年轻人是品牌最想要讨好,却又最难捉摸的群体。他们有个性、有主见,论资排辈的说教会令他们反感;他们敢于表达、乐于分享,一旦与他们产生共鸣,品牌便会尝到流量与销量

的甜头。因此,在这个不寻常的毕业季,小红书决定摒弃一切套路,以真诚的姿态,为学子献上毕业致辞。

影片中,一幕幕极具代入感的青春群像带领受众回顾美好的大学时光。真诚的旁白是对学子们的肯定,肯定他们的热爱,肯定他们努力把生活过成自己想要的样子;肯定他们的才能,能够把寻常变得不寻常。小红书在此次创意中对应届毕业生真挚的认可与鼓励,为品牌与年轻客群对话提供了良好的范本。

(注:案例来自小红书毕业致辞广告片《我们永远可以相信自己》)

(三)趣味表达

趣味表达指在文案中采用幽默、夸张、诙谐等表达方式,增强趣味性,提升阅读体验和传播效果。

在使用趣味性表达的过程中,可以通过以下几个方法来实现预期效果。一是活用幽默,化繁为简。适当地增加一些幽默元素,化解冷静严肃的气氛,为用户带来轻松愉悦的阅读体验。二是夸张渲染,制造惊喜。通过使用夸张手法或强调效果,让用户对产品或服务有更深刻的印象和认知,从而提升营销效果。三是玩味诙谐,增强感染力。通过诙谐、可爱的语言表达方式,增强互动性和感染力,提升用户的信任和忠诚度。

【案例】

Timberland品牌广告片文案《真是踢不烂》

Timberland在进入中国市场后,为了方便消费者记忆,选用了很多中文译名,如"天木兰""天伯伦"等,官方则统一译作"添柏岚"(见图1-3)。

图1-3 Timberland品牌广告片《真是踢不烂》海报

(图片引用自微信公众号"广告文案")

但是官方译名并没有赢得消费者的认可,网友们结合品牌的发音和产品的特点,将之取名为"踢不烂"。这一中文译名,很快赢得了大众的认可。

"踢不烂"一词本是Timberland的音译,却好像量身定制似的生动地体现了Timberland

的品牌精神和其经典鞋款大黄靴的卓越品质。在众人眼里这三者的联系非常紧密:Timberland就是大黄靴,就是踢不烂。以下是Timberland品牌广告片文案《真是踢不烂》。

忘了从什么时候起,人们叫我踢不烂,而不是Timberland。
从那阵风开始,当我被那阵风亲吻,
被月光,星光,阳光浸染,被一颗石头挑衅,
然后,用溪流抚平伤痕。
当我开始听到花开的声音,
当我不小心闯对路,又认真的迷过路,
当我经历过离别,又曾被人等待,
当我需要,被需要,
我知道,已和一开始那双崭新的Timberland完全不同。
在时光里,我变旧,变皱,用伤痕,覆盖伤痕,
每天,当太阳升起,我,又是全新的,
我走的时候,叫Timberland,回来时,才叫踢不烂。
但踢不烂的故事 还远远未完成,
踢不烂,用一辈子完成。

两分多钟的视频里,镜头始终没有上摇,全程没有一个人露脸,却更让人有代入感。既突出了Timberland的产品特性,又巧妙地以谐音双关点题。更重要的是,这双"大黄靴"走过的路上,有你也有我。

作为一支广告,短片并没有大张旗鼓地自卖自夸,或赤裸裸地形容这双鞋有多么耐磨损,而是通过一双从崭新变得斑驳的鞋,以及众多的场景,让观看者联想到鞋的主人。

(注:案例来自Timberland品牌广告片《真是踢不烂》)

(四)场景融合

场景融合是指产品或服务的使用环境和情境,如时间、地点、人群、场所、气氛等因素的结合。

如何在文案中结合产品的使用场景,让用户对产品的使用方式和效果有更直观的认知?一是讲故事,让产品生动形象。通过具体而生动的故事情境来呈现产品或服务的使用方式,提升用户的代入感和参与度。好的故事不仅能够增强用户的代入感,让用户较好地沉浸于故事情节中,也能让用户对产品产生好感。二是环境营造,渲染氛围。通过丰富多彩的画面和声效,创造出真实的服务场景,让用户得到身临其境的体验和感受。三是视觉炫彩,增强吸引力。通过艺术化的表现手法和光影效果,增强视觉冲击力和美感体验,提升用户的购买欲望。

【案例】

中国银联公益影片《诗的童话》

老师说
望远镜可以看到
很远的地方

> 我也想要一个
> 这样想妈妈的时候
> 就能看着她
>
> ——《望远镜》，贝池，12岁，河南

2019年，中国银联"诗歌POS机"在上海陆家嘴地铁站首次落地。用户只需支付一元钱，就能打印出一张印满山区孩子创作的小诗的POS单。一首首充满奇妙想象和天真期冀的童诗，轻而易举地触碰到了人们内心最柔软的部分。

三年间，诗歌POS机已然成为中国银联的公益IP，在张家界、成都、厦门、北京都实现了极具风格的创意落地，持续注入新的故事，并在2022年再次奉上令人意犹未尽的创意之旅。

诗人树才在《给孩子的12堂诗歌课》中写道："写诗的能耐，本来就在孩子们的天性里。为什么？因为他们拥有童心。而我相信，童心即诗。"

今年的公益片《诗的童话》在立意上再上一层楼，抛出"诗歌可以作为货币吗？"的精神议题。影片如同一场渔村的美梦，以欢欣的基调，守护孩子的诗心与才华。也许，需要被守护的不仅是孩子，诗歌所代表的真善美是每个人都应珍视的精神财富。

足够好的口碑，足够持久的影响力，以及足够多元的执行方法，让广告创意成功实现IP化的同时，又融入了社会议题的探讨，是一次优秀的出圈案例。

（注：案例来自中国银联公益影片《诗的童话》）

综上所述，有效提高新媒体创意文案的写作水平，可以从以下几个方面下功夫。第一，明确提升营销效果的关键在于突出产品和品牌卖点，并结合卖点有针对性地制造话题，采用趣味性的表达方式，结合服务场景进行指向性传达，这样才能保证围绕利益点进行有目的性的新媒体文案创作。二是不同品牌、不同目标用户和产品都有不同的营销推广要求和目的，在撰写文案时，需要选择与之相契合的文案技巧，进行相关的调整和优化。三是新媒体平台的各项数据分析和反馈较为迅速，因此数据分析和结果跟踪是衡量文案成功与否的关键因素之一，必须时刻关注营销效果的反馈，并及时做出调整。

为了让新媒体文案更具有针对性、创新性和实效性，在创意开发和写作的过程中，需要更加注重文案的内容，尝试将以上技巧灵活应用于实践中，并不断总结经验，早日形成自己独特而有效的文案风格，这样才能在激烈的市场竞争中脱颖而出。

第二章 新媒体社群类创意文案写作

第一节 微信文案

一、微信平台的特点

（一）用户量大且用户黏性强

依托QQ用户群体成长起来的微信,在发展初期,用户需要使用QQ账号注册微信号。随着微信功能不断完善,以及与QQ的差异化定位,微信上线了朋友圈并设置为只允许用户通过微信APP发送。在没有添加好友的情况下,用户无法完整查看对方的朋友圈,也无法通过搜索功能查看他人朋友圈,朋友圈逐渐成为用户社交的私密领地,微信的用户群体也逐渐增多,开始成为人们沟通交流的主要渠道。

（二）微信公众号功能多样

依托微信APP的微信公众号服务正在逐渐成为企事业单位和个人的信息融合平台,其拥有丰富多样的功能,如客户服务平台、电子商务交易平台、用户调研渠道、品牌宣传渠道等。同时,微信公众号一对多的特点及功能丰富的接口,让其逐渐成为企业宣传和品牌推广的重要平台。

（三）广告业态逐渐成熟

通过微信的数据分析模型,可以对关注用户的人口属性、兴趣爱好、地理位置、使用设备进行分析,从而实现不同层次的精准广告投放,还可以通过朋友圈广告、微信公众号底部广告等不同类型的广告形式,实现对不同用户群体的精准推送。这样的投放方式一方面可以大大减少资源的浪费,实现精准投送;另一方面也可以降低广告本身对用户的干扰。这种微信广告形式被越来越多企业和品牌方接受,微信广告业态逐渐成熟。

二、微信平台的广告形式

（一）微信朋友圈广告

微信朋友圈广告是微信平台中常见的广告形式，以类似朋友圈的原创内容形式进行展现。朋友圈广告可以基于微信用户画像进行定向展示，同时还能依托微信好友关系链传播原生信息流广告。

微信朋友圈广告会出现在用户朋友圈信息流列表中，以朋友圈动态的形式汇入好友动态列表；24小时内仅出现一次；其广告设计整洁工整，用户体验好。基于此三个特点，朋友圈广告是少有的、受用户喜爱的广告形式，许多用户在看到朋友圈广告时，会不自觉地进行点赞、评论。

微信朋友圈广告有五种广告形态。一是图文广告，包括外层文案、外层图片、文字链、用户社交互动等要素，本地推广图文广告还包括门店标识，是最常见的朋友圈广告形式。二是视频广告，由五个部分的内容构成，包括外层文案、外层视频、文字链、用户社交互动，是品牌广告主常用的广告形式。三是基础式卡片广告。卡片广告包括图文和视频两种形态，其文案在图片的下面，与朋友圈原创内容有一定的区别。四是选择式卡片广告。这种形式在卡片广告的基础上多了两个选择的按钮，更有利于与受众互动、了解受众的意愿，体验感更好。五是@广告主互动广告，适用所有朋友圈广告形态。它由三个部分构成，包含功能入口、用户@广告主评论、广告主回复。

微信朋友圈广告是一种非常适合中小企业的广告形式，是企业进行微信营销的优选。微信朋友圈广告具有三大优势。一是曝光量大。微信用户人数超10亿，微信朋友圈广告可以为企业带来海量曝光。二是精准定向。微信朋友圈广告支持的定向标签丰富，可以帮助广告主将广告投放至有潜在需求的用户朋友圈内。三是资费合理。微信朋友圈广告采用CPM形式计费，可以根据地域不同，灵活计费，满足不同地区的企业推广需求。

（二）微信公众号广告

微信公众号广告是在微信公众号发布的文章底部、文章中部、公众号互选广告、视频贴片等四个广告资源位进行展示的内容广告。根据推广目的的不同，微信公众号广告可以分为公众号推广、品牌活动推广、卡券推广、移动应用推广以及文内的插入视频广告等形式，可以满足不同用户的不同推广需求。

微信公众号广告可以按CPC以及CPM两种形式进行购买。CPC的购买采用竞价的方式，最低点击价格为0.5元，最终点击价格依据广告主的广告出价和广告质量来决定。CPM的购买方式一般为排期购买，采用排期保量的方式购买，可以提前预约2~28天的广告位。

公众号广告的效果较好，它主要有以下几个方面的优点。一是展示形式丰富。公众号底部广告可以根据广告主的不同需求，设置不同的展现形式，以实现更好的广告效果。二是资费灵活。支持按点击和按曝光两种形式计费，广告主可以根据自己的推广需求来核算哪种计价方式更符合自己的推广预期。三是曝光量大。除了朋友圈，微信公众号也是用户在微信中使用最多的功能，整体阅读量高的公众微信号文章，其底部的广告可以为广告主带来海量的曝光，这对于做活动的广告主来说，是展现自我的窗口。

（三）微信小程序广告

微信小程序广告是一种基于微信小程序与小游戏生态，利用专业数据处理算法实现成本可控、效益可观、精准触达的广告投放系统。其广告位在小程序页面内，由小程序流量主决定实际播放位置，流量场景丰富多样。

小程序广告不需要下载安装，用户通过识别二维码或者直接搜索即可打开，打开后会直接出现在聊天列表首页，之后只要下拉微信聊天页面即可找到并再次使用。小程序的另一个优点就是提供位置服务。无论用户身处哪个城市哪个区域，只要打开定位系统，微信小程序就会推荐附近的应用，直接实现消息通知，等等。微信小程序广告还可以实现公众号之间的相互跳转，达到推广的目的。

三、微信文案的写作技巧

（一）使标题快速吸引用户

标题是微信文案吸引用户的第一步。如果用户对标题不感兴趣，该文案将有较大的可能会被划走。用户只有对标题感兴趣，才会进行下一步的点击，进而深入阅读文案内容。

想要拥有一篇阅读量10W+的文章，标题非常重要。标题想要第一时间抓住用户的眼球，就要仔细斟酌每一个字，每一个词，并注意与热点话题或者热门新闻进行结合。

在创作过程中，不用拘泥于传统的标题制作模式，可以采用疑问句、拟人化等方式，引发用户思考，迅速抓住用户的兴趣点。但是标题的制作也不能哗众取宠。用过分夸张的方式吸引用户的兴趣，这种方式虽然能暂时吸引用户注意，但并不能为内容传播提供正向支撑，反而会引发用户的不适甚至反感。

（二）分析用户的个性需求

阅读是移动互联网用户的基础性需求，也是移动互联网用户使用时长仅次于社交APP和游戏的功能。只要是需求，就有被研究的价值。分析用户的需求，可以帮助我们更好地发掘选题。用户的需求可分为四类：一是日常需求，这要根据公众号的属性灵活调整，但用户的基本需求是相似的，公众号要在满足用户日常需求的同时实现差异化，制定相应的选题时间表；二是爆炸性需求，爆炸性需求指的是在突发性事件发生之后，订阅用户对事件或人物作深层次了解的需求，这就要求作者要有满足这种需求的能力；三是连锁反应需求，比如央行降息，会对国民经济、资本市场、创业行为、股市乃至个人生活造成一连串的影响，会衍生出一系列的细致需求，公众号可以从用户连锁反应需求的不同方面，寻找合适的选题；四是反主流需求，比如部分用户对同一个事件和观点，需要有标新立异、与众不同的理解，我们在写公众号文章的时候，是否可以满足这部分用户的需求呢？反主流需求具体可分为审丑需求、反权威需求、自我否定需求、排他需求等，但是在撰写的过程中，需要把握好合适的尺度。

（三）选题符合时宜

选题的重要性仅次于标题，写什么往往比怎么写更重要。对于热门话题和专业话题，要优先关注。作者需要经常关注百度指数变化，关注微信热搜榜和热词，关注同类型公众号的选题变化，以寻找尚未被关注的细分领域和具体内容，制定差异化的选题路线。

(四)内容简洁明了

越是简洁的内容,越具备广泛传播的基础,所以优秀的微信文案都是做减法,而不是做加法,作者需要将选题内容用最简单直接的语言表达出来。

合时宜的选题加上精心策划的内容,就会产生强有力的传播效果。

(五)排版美观大方

作为一种广告产品,排版就是微信文案的VI视觉传达。一般情况下,建议版面不要太花哨,字体颜色不要太鲜艳,整篇文章字体的颜色不要超过三种,最好是以淡色调为主。排版要主次分明,结构层次清晰。

【案例】

网易云音乐《嗨!点击生成你的使用说明书》

2021年,网易云音乐在微信推出了一个"你的使用说明书"H5作品,点击进去输入姓名就可以根据你对几段音乐的感知,制作出属于你的使用说明书(见图2-1)。

图 2-1 网易云音乐微信广告《嗨!点击生成你的使用说明书》界面截图

从策划方面看，这一H5作品的第一个界面的题头是对于音乐的测试。在中间空白处输入自己的名字，之后点击右侧，就可以开始测试。测试时会依次出现了6个界面，每个界面的类型一致，不过给出的音乐和所选择的感受不同。每个界面给出的音乐是一段声音，测试者需要根据声音，选择下方的联想。测试者完成测试后，再选择性别。网易云音乐预制了66句不同的说明文案，根据前面用户的选择，生成由3句文案组成的关于测试者的使用说明书。

从设计方面看，这一H5作品是一个竖屏小测试，其色彩搭配干净简洁不失活力，注重小细节，给出的声音很有联想性，易引发思考。测试界面左侧的页码设计精致前卫。

从体验方面看，这一H5作品给人的整体体验感很好，给出的测试声音有渲染力，能把测试者带入问题中。

结合网易云音乐《你的使用说明书》案例，我们详细分析了其刷屏的原因。

一是受众人群广泛。一个H5作品如果想获得火爆刷屏效果，它的传播范围肯定不能仅仅局限于一个小圈子，换句话说就是覆盖人群要足够广泛，需要保证活动能从一个圈子轻松地渗透到另一个圈子，中间不受阻碍。

比如星座测试、职场能力报告这些都是受众人群非常广的，而网易云音乐这次的《你的使用说明书》，基本上可以覆盖所有上网的人群，用户最多只有男女的区别。

如果仅仅是让活动大众化，这并不难，难点在于如何把自己的产品和大众群体结合起来，这才是最核心的问题。

二是能快速建立信任。很多活动在朋友圈石沉大海，不是因为不好，而是不能很快吸引人的注意。之所以不能快速吸引人，其重要原因是不能快速建立信任。建立信任的一个最简单有效的方法就是靠品牌力。品牌力强，品牌就是自带信任的，这是知名品牌长期积累下来的优势。而网易云音乐有这样的品牌优势，它能够短时间内在朋友圈建立信任。

三是有大量好感积累。心理学中有一个"预期效应"，就是说我们对事物已有的印象，会影响自己观察问题的角度。而对一件事物的预期，也会影响我们对这件事的态度和判断。这种预期一方面源自品牌本身的承诺，另一方面源自熟悉度、口碑和信任感。朋友圈的活动也是同样的道理，如果一个品牌长期为人们所熟悉，而且经常做出好的刷屏案例，产生不错的口碑，那么当它再做活动的时候，用户将会有更好的预期，认为肯定会很不错。

网易云音乐在这方面就是一个非常好的例子。近几年，网易云音乐策划了多起刷屏案例，而且口碑都不错，用户积累了大量好感。所以，用户在看到它的《你的使用说明书》H5页面时，自然而然地就会好感度倍增，也就更愿意分享。

四是分享欲望强烈。我们每一个人都是有社交属性的，在朋友圈转发一个信息前肯定会考虑别人怎么看我，或者对我自身固有形象是否有影响。所以一个活动，需要有一个关键分享点，去刺激用户分享。网易云音乐《你的使用说明书》在最终测试结束后，会生成一张个人说明书卡片。卡片的文案描述风格，套用的是深受用户欢迎的星座描述的方式，是典型的性文案，可以吸引用户对号入座，趣味性很强，能够让用户自发分享。以下是整理分析的说明书里的不同标签的完整文案，方便交流学习。

1.爱睡觉，没睡好会有小情绪

请多给予×××一点睡眠时间

×××最大的兴趣就是睡觉。

××早上起床时容易发生爆炸。

×××按时睡觉的程序被设计得太复杂,很难执行。

××一困就会情绪低落,请给予他适当的睡眠时间。

2.好吃的可以治愈一切不开心

×××遇到香喷喷的东西就会变圆。

如果做事开始慢吞吞,及时给×××一点吃的。

×××即使心情低落,也会保持精神,这时候给他送些点心吧。

×××心情不好的时候,给他吃一点甜甜的东西吧!

肚子饿了就会心情不好,带××去吃美味的食物吧!

要定期给××喂食,她相当单纯。

吃饭也是×××缓解压力的一种办法。

××吃越少,越会变胖。

3.吃可爱多长大,萌得不要不要的

××是怪人,但接触后会很有趣,一款来自外星的产品。

××脑子里塞满天真的幻想,能拍成一部高分动画片。

××因为太可爱了,会令人陷入沉迷,属于正常现象。

××虽然经过多次更新迭代,但依然有颗纯真的心。

×××看着对方眼睛说话就会脸红。

×××对气温变化的感知力很弱,可能因为内心一直是暖的。

变态(萌)是×××的常态。

××的出厂设定就是温暖的守护者,也是周围人快乐和活力的源泉。

××擅于发现美的事物,并从中吸收能量,变得越来越好看。

×××只要一出门就会变漂亮。

××笑起来像个孩子,把她带在身边,能带来青春永驻的效果。

××具备安全与稳定性,是居家旅行必备的小能手。

××喜欢被夸奖,所以一天表扬她一次吧。

请用纤细的语调对×××说话吧。

××的光芒太耀眼,但也不至于会刺瞎别人。

××遇到寒冷的温度就会变圆。

4.一首小幸运送给自己

××能通过每次挑战完成升级,获得更高的智慧和运气。

××拥有迷之运气,中乐透的实力异于常人。

×××是能带来元气和灵感的谜之吉祥物。

××常常给身边的人带来好运。

××听到喜爱的音乐,就能触发运气开挂的效果。

××心心念念的梦,会在某个不经意的时候实现。

5.爱自由,爱出去浪

××喜欢自由,适合经常带出去放养。

×××能带给你更神奇的经历,当你带他出去玩的时候。

如果丢开×××不管,要小心他自己溜走了。

6.自带光环,还有超能力

××历经严苛质检品控,是市面上难得一遇的珍品。

××心心念念的梦,会在某个不经意的时候实现。

未来的道路上,××会因为无敌而略感寂寞。

××有极为罕见的感官知觉,对她说谎可不是明智之举。

××拥有读气氛的技巧和超高感知力,自己却毫无察觉。

××装备了精准的探测仪,能发现并把握住人生中真正的机会。

××有的时候,可能会使对象产生短时眩晕,使用时请注意。

可能因为材质特殊,××对外界的攻击有折射能力。

××拥有高性能大脑,可快速运转,但过度工作(学习)容易发热。

××对时间的感知力弱,所以不知不觉又加班了。

要缘分到了,××自己就会瘦下来。

××易燃,需要时刻为她准备好灭火器。

××遇到刮痕损伤不会自己修理。

××买买买时会释放出强大气场,胆子也会变大。

××偶尔也有像天使一样温柔的时候。

××如果发生故障,就给她一个拥抱吧。

××偶尔会孤单,但也能享受孤单,是一款自由的产品。

×××常常因为无法体验人类的乐趣而神伤。

只要对×××倾注感情,他就能成为最可靠的伙伴,遇到危机可无限次召唤。

×××能快速拆卸烦恼,重新制作出充满乐趣和创造力的产物。

保温杯和泡脚桶,可延长×××的使用寿命。

×××还在努力融入人类世界,拥有地球人不具备的思维方式。

×××肯花费大量时间和精力,超出预期地完成任务。

×××拥有巨大内存,收到的关心(和红包)他都会记得。

×××不擅长向别人求助,如果有人察觉到的话请主动帮他一下。

×××的脑部为S级原装货,其他身体部分都是普通零件。

如果你觉得×××发量开始减少,那一定是出现了幻觉。

×××对地球充满好奇,喜欢人类(不工作时)的生活方式。

×××只要开启降噪模式,就能获得坚定追随内心和直觉的勇气。

(注:案例来自网易云音乐微信广告《嗨!点击生成你的使用说明书》)

第二节 微博文案

一、微博平台的特点

随着微博用户数量的逐渐增多,微博承载的内容量逐步增大,微博的整体功能也在进一步优化,主要表现出以下特点。

（一）取消传统140字限制

2016年3月,微博平台正式将以往单条140字的字数限制,上限调至2000字。当字数超过140字时,微博内容将以"折叠"的方式呈现,点击"展开全文"即可阅读全文。

（二）内容形式多样

在之前"文字+图片"的基础上,微博的内容形式进一步丰富。文字、图片、表情、视频、话题、头条文章、直播、点评、音乐、投票等均可以自由发布,并且均可以设置定时发布。

（三）平台多元开放

通过搜索功能,在不关注的前提下,用户也可以自由地搜索任何人的任何信息,并且可以对其内容进行点赞、转发和评论。

（四）推广资源更加丰富

随着内容形式的不断丰富,微博平台的广告位资源也越来越丰富。专业广告公司进一步利用微博平台的功能和特点,不断更新不同类型的推广形式及组合推广形式。

二、微博平台的广告形式

微博是目前用户活跃度比较高的平台,其用户群体数量庞大,且拥有明星、名人、不同领域KOL（Key Opinion Leader）等优势传播资源。平台汇集新闻、时讯、娱乐等多方面的内容,是当下年轻消费群体最喜好的平台之一。

微博平台的诸多优势,让其成了许多企业投放广告的首要选择。在微博平台上,广告投放形式主要有以下几种。

（一）粉丝头条

微博主对自己发布的微博使用粉丝头条功能后,可以让自己的粉丝登录时看到该条微博处于其页面的第一条。粉丝头条功能最早只能覆盖微博发布后24小时内登录的用户,现在增加了路人转粉功能,只要广告主愿意投入,微博主还可以让自己的微博广告出现在路人的微博页面第一条的位置。

（二）微博KOL投放

微博KOL投放是非常常见的一种微博推广形式。企业在进行产品发布或品牌传播时,因为自身影响力有限,而采用与知名KOL合作传播的方式,以实现在微博平台的更大范围曝光,例如与明星的品牌合作、与其他品牌的联名推广等。

(三)粉丝通广告

粉丝通是新浪微博官方的广告产品。广告主通过粉丝通可以将广告以原生内容的形式投放至新浪微博用户的微博信息流页面中。通过指定筛选条件,广告主可以将广告投放至对其产品感兴趣的用户微博信息流中,以提升广告效果、提高广告转化率。

微博粉丝通的运行基础是微博海量的用户资源,它是将推广信息广泛传递给粉丝和潜在粉丝的营销产品。粉丝通可以根据用户属性、社交关系、兴趣标签、地域等进行定向广告投放。其展现形式多样,有博文推广、非原生广告、原生广告等,可满足广告主不同的推广需求。

博文推广形式有三点优势:一是海量触达,博文推广可以将品牌信息广泛传递给粉丝和潜在粉丝,覆盖数亿微博用户;二是精准投放,可以通过用户属性、自定义上传、第三方数据市场,多角度、准确地触达目标人群;三是多维传播,广告主将微博广告投放给目标用户后可以再进行多次传播,使广告效果更好。

应用推广有三点优势:一是全新展示,这是一种配合应用推广而推出的全新展现形式,可以一键下载,为应用推广带来全新体验;二是专属定向,应用推广保留了原有粉丝通的定向条件,还增加了网络环境等专门针对应用下载的定向条件;三是社交推荐,应用推广提升了广告的社交属性,加强了社交关联,使推广更友善。

账号推广有四点优势:一是定向推广,支持年龄、性别、地域、兴趣等多种定向条件,可吸引目标用户关注自己;二是推荐扩展,增加社交关系属性,通过粉丝链条关系将广告推送给粉丝的好友,使广告得以在关系链中不断扩展;三是社交闭环,配合粉丝服务平台,粉丝在关注后向其推送私信,轻松打造社交闭环;四是多点触达,覆盖了PC端和移动端在信息流内、信息流外多个广告位,可以全面触达用户。

三、微博文案的写作技巧

(一)明确目标

明确文案写作需求后,还要明确文案的写作目的,挖掘出卖点和兴趣点。在撰写文案的过程中,围绕着卖点进行创意构思,并将卖点与文案有效相融合。

(二)选择合适的话题

微博中有众多话题,总有些话题自带流量,可通过话题借势的方式引发受众关注,巧妙借助热点,将自己的产品融入文案中进行推广。

(三)积累素材

文案撰写经验需要积累,无论是对各类热门新闻的敏感把握,还是对不同素材的来源渠道的了解、对客户情况的了解,以及对微博受众的感知,都离不开长期的经验积累。

创作者需要时刻关注热门微博和热门话题,经常浏览其他企业的优秀案例,还可以将优秀的文案和案例进行整理，并积极与微博用户沟通交流，思考微博话题的产出和立意角度。这些都可以为日后撰写微博文案提供有力支撑。

（四）设计排版

好的微博文案通常内容新颖独特、富有创意，但美观的呈现效果和舒心的阅读体验也同样重要。创作者需要结合文案内容，进行合理的图文搭配和排版设计，使微博以优美的、舒适的或者幽默的方式呈现，以更好地吸引受众的关注。

【案例】

吉利品牌内容营销

2023年2月16日，吉利品牌正式宣布将旗下全新中高端新能源系列命名为"吉利银河"，并在微博上启动了内容营销（见图2-2）。

随后，#吉利银河来了#话题迅速上了热搜。

吉利先是把比亚迪汽车的"仰望"带入其中，随后又被长安深蓝调侃："仰望银河，那是一抹深蓝。"其他新能源厂商也紧跟热点，玩起了广告语接龙。

比亚迪"仰望"：与你携手，敢越星河。

吉利银河：银河，每个人仰望的星空。

长安深蓝：仰望银河，那是一抹深蓝。

猛士：敢于仰望银河的才是真正的猛士。

岚图：仰望银河，只为追光而行。

极狐：仰望银河，透过深蓝，先行者点亮前方。

（注：案例来自微信公众号"脑库"《TOP10 | 2023年2月10大广告文案来了》）

图 2-2　吉利银河品牌海报

（图片引用自微信公众号"脑库"）

第三节　小红书文案

小红书最早的一批用户发布的内容是产品体验分享。发展到如今，小红书平台上有了越来越多的个人IP，他们在平台上分享日常生活vlog、用过的好物、职场心得、硬核干货等。小红书的用户群体比较年轻化，一二线城市的18~35岁女性占比很高，他们也很有消费潜力。

一、小红书平台的特点

（一）内容定位

小红书早期的定位是"找国外的好东西"，现在变成了"找自己想要的生活"。这是因为美妆、时尚、健身、护肤、阅读、旅游,已经成为当今年轻人生活的一部分,并且这些相关内容每天都可以在小红书上进行分享和标注。小红书也是年轻人在购物前了解相关注意事项的重要地方。

（二）内容选题

小红书的内容选题需要围绕主要话题使用相关的关键词。不同话题下,选题的维度也不同,有按用户成长路径划分的,有按用户生活场景划分的,也有按品类划分的。不同的类型适应不同的场景和需求。

（三）用户反馈

小红书的点赞、收藏、评论是用户体验高低的直接反馈。当用户浏览与某个产品相关的笔记时,他们倾向于点击点赞数高的笔记。所以创作者需要做高质量的笔记,增加点赞、收藏和评论。

（四）强大的社交功能

小红书平台互动性强,社交电商优势明显。用户可以发布视频、图片等内容,也可以在评论区与他人交流、关注发布者,用户黏性非常强。广告主通过好友推荐或平台种草,增强用户对产品的信任度,让产品交易变得更加容易。小红书商城正在通过社交方式吸引用户入驻商城,实现社交电商。我们可以通过小红书积累粉丝,为产品引流。

二、小红书平台的广告形式[①]

（一）信息流广告

信息流广告是小红书后台根据用户的浏览兴趣,向其推荐相关内容,属于"无意识"广告,分为私信和表单两种转化方式。

信息流广告可以根据定向用户的性别、年龄、地域等信息将广告推送至其小红书的"发现页"的第6位、第16位等后续加10位的位置。同时,广告会标有"赞助"和"广告"标识。其中,有"赞助"标识的广告主要在小红书站内展示,而有"广告"标识的广告会跳转到官网站外。信息流广告更适合品牌前期种草曝光,让更多用户了解品牌,积累品牌势能。

（二）搜索广告

搜索广告是广告主根据自己的产品或服务的内容、特点等确定相关的关键词,并撰写广告内容和自主定价投放的广告形式。当用户在搜索框输入感兴趣的关键词时,广告系统会识别其中有价值的商业词汇,并向用户推荐相关广告。

搜索广告出现在社区的搜索结果页,从第1位起顺位加5位依次递增(即第1条、第6条、第11条……)。

（三）蒲公英合作

蒲公英合作是指通过与优质且合适的KOL或KOC(Key Opinion Consumer)合作,发布

[①] 干货!教你通过小红书cpc投放来把握婚纱店精准客资[EB/OL].(2022-10-27)[2023-04-11].https://zhuanlan.zhihu.com/p/577879537.

内容进行种草推广。KOL和KOC发布笔记后,可以通过平台机制快速将笔记传播给其他用户,增加笔记的热度,带动更多的自然流量。与优质达人合作能够达到两个目的:一是打造爆文笔记,实现转化的效果;二是通过小红书机制,将笔记内容精准推送给优质客户,实现进一步转化。

(四)关键词排名

广告主可以通过付费形式提高自己笔记的排名,然后按点击量扣费。在关键词排名中,笔记排名越靠前,得到的曝光越高。因此,在关键词中,你会看到许多官方广告位。然而,官方广告位价格较高,并不一定适合每个人的预算和需求。此外,由于笔记属于硬广告,用户可能会有一定的抵触心理。

(五)薯条推广

类似于抖音的"抖+"功能,薯条推广可以让笔记获得更多的流量,加速曝光。通过购买薯条推广,广告主可以将笔记推送给更多的用户,还可以自定义人群,将笔记推送给筛选出的目标人群。这样可以快速验证笔记的受欢迎程度,并进一步优化和调整笔记质量,让潜在的爆款笔记更快被引爆。

(六)下拉词广告

下拉词广告推广在24小时到7天之内就能见到效果。这种广告利用搜索框自动弹出的消息进行展示,具有隐形的官方背书能力。通过后期的维护,广告效果可以维持一个月左右。

然而,下拉词广告不适合没有名气和知名度的客户,更适合那些已经具有一定知名度,并希望实现更大程度曝光和引流的客户。其他推广的途径有多种,如举办活动、蹭热点、拓展渠道和开展口碑营销等。

三、小红书文案的写作技巧

(一)突出产品特点

小红书的文案在吸引用户的同时,通常会突出产品的特点。在突出产品特点时,作者需要注意以下几点:一是要突出产品的独特性,让受众感受到产品的优势和特色;二是尽量用简短的语言表达产品的特点,避免长篇大论;三是配上产品图片或视频,以直观地展现产品的特点。

(二)引导用户行动

小红书文案经常会采用指令性语言,例如"点击这里了解更多"或"立即使用"等。这些语言可有效引导用户完成某个行为或采取某项措施。创作者在创作引导用户行动的文案时,需要注意以下几点:一是使用简单明了的语言,指导用户完成某个具体的行动;二是语言要有感染力,让用户有冲动、有兴趣产生行动;三是提供明确的链接或者按钮,让用户能够一眼发现并识别,且操作简单,方便用户实时执行操作。

(三)营造情感共鸣

小红书文案要善于利用情感共鸣的方式来吸引用户深入阅读或者参与互动。在创造情感共鸣文案的过程中,创作者需要注意以下几点:一是要深入分析用户的需求和心理,抓住用户的痛点,并有针对性地进行文案创作;二是选取适当的表达方式和共鸣性语言,用真情实感增强共鸣效果;三是避免使用刻意煽情或过度夸张的方式,以免引起用户反感。

（四）合理使用数据

小红书文案的创作可结合数据来增强可信度,从而有效说服用户。但在合理使用数据的过程中,创作者需要注意以下几点:一是选择真实可信的数据来源,避免选用虚假数据或者夸大数据误导用户;二是对数据进行梳理,以直观有效的数据分析或数据图表的方式呈现,让用户一目了然,避免过于复杂的数据呈现劝退用户;三是结合数据分析和呈现,有效展现产品的优势和特点,强化说服效果,并引导用户产生行动。

【案例】

小红书如何"引爆"五菱宏光?

自从2020年自7月上市以来,五菱宏光MINIEV连续4个月销量排名第一,在2021年一度力压比亚迪、特斯拉占据销量榜首。

汽车作为低频高客单价的特殊商品品类中的top级难度单品,在新客推广过程中,难点占尽。而五菱MINIEV却利用小红书内容营销打了个漂亮的"翻身战",实现本土月销量超越特斯拉、品牌热度提升669倍、品牌广告＋笔记曝光超2.4亿次,可谓全方位刷新了品牌印象。

汽车作为半刚性必需品,正常来说应划分在用户"日常开销"的心理账户中。这个账户,和柴米油盐一样,是需要通过反复对比筛选才能作购买决策的产品,而且每一分后续花费都会计入计划范围内。

而五菱在宣传时,直接将汽车从传统的代步车消费账户中摘出来,将其转移到了情感维系和享乐休闲的账户,通过对"送自己的礼物""给自己的奖赏"等几个主题的切入拓展和深化,影响消费者的心理状态。买五菱MINIEV不是为了代步或避免早晚高峰,而是为了给自己一个成年的奖励,是独立女性和自由个性的彰显。五菱MINIEV对消费者的意义就不仅仅在于一个"汽车",而是对自己的嘉奖,是认真生活的证明。这不仅增强了产品的社交价值,更弱化了用户的价格敏感度。

用户对一个品牌的固有印象,是其做出选择的重要因素之一。因此,品牌需要向用户植入一个"记忆点",并在营销过程中将这个记忆点不断重复扩散,从而"植入"用户的认知里。

五菱MINIEV＝少女心。五菱在用户心中的形象代表原本是老旧、土气、务实的面包车。在推陈出新时,五菱对自己进行了重新定位,强调了日常和女性化的维度。在推广过程中,他们用大量的高质量笔记强化用户对这个品牌的新认知,通过晒车、改车展示等不同形式的、多维度的展示,将"五菱汽车＝少女心"这个认知点强力植入用户的心中。从此,五菱宏光成了少女用车的首选。五菱MINIEV车主也有了个统一的称呼——五菱女孩(见图2-3)。

在实际投放过程中,五菱的做法也同样值得参考和借鉴。五菱选择了和品牌调性相符的博主,统一内容输出。我们注意到,这次笔记着重于车主对汽车的改造这一细分内容。五菱车主们在小红书平台对新车的改造心得分享，引发了大面积的围观和跟风。

内容博主从"少女心"这个角度对五菱品牌调性进行深入挖掘和延展，在原本就很萌的五菱MINIEV基础上，进行个性化的发挥。好看，好玩，好拉风，让用户看到五菱MINIEV在彰显自我方面具备的更多可能。

小红书的评论区也是大型的种草区。在小红书平台去中心化的推荐机制里，高讨论热度的笔记很容易获得流量推送。五菱正是利用了这一点，从侧面开展种草行动。相比博主的展示，这类"自来水"所引发的讨论对消费谨慎型用户更具影响力和说服力。同时，大量高频次的讨论也有助于平台其他投放内容的曝光。这是最近比较流行的一种新型种草方式，其他品牌也可以在投放中适当搭配这些技巧。

全民种草与被种草的时代已经来临，传统的基于产品本身性能的营销方式已经过时，如何利用社交平台让品牌触达到用户内心，是企业和广告主在打造爆品时需要着重思考的难题。

（注：案例来自单仁资讯《"国产神车"200天卖掉20万，击败特斯拉！小红书是如何做爆五菱宏光？》）

图 2-3　五菱宏光小红书种草文案

（图片引用自小红书"五菱汽车"账号）

第三章
新媒体营销类创意文案写作

第一节 电商文案

在电商行业中,一篇优秀的电商文案可以充分把控受众心理、提升产品的转化率、促进其他产品的连带销售、增强受众对品牌的印象。移动网络兴起之后,市场对电商文案人才的需求量也在增大,因此,掌握电商文案的写作技巧能增强新媒体文案创作者的职场竞争力。

一、电商文案的概念

文案不仅是广告的载体,还是一种销售手段。电子商务交易最为重要的是吸引受众、说服受众,最终达到交易的目的。而这种交易是受众通过新媒体应用、电子商城等在网上进行的电子交易,受众并不能接触到实物产品,只能通过商家、企业等提供的文字或图片描述来了解,受众对产品的了解程度、各方面的观感等都来自文案。若是没有文案,商家就无法吸引受众,因此电商文案承担着促成商家贸易目的的任务。

传统文案指广告作品中的所有语言和文字。而随着新媒体时代的到来,电商个性化竞争日趋激烈,电子商务文案不单包括文字描述,其内容还需要具有丰富性与创造性,如使用图片、视频、超链接等元素,使文案富有吸引力。事实上,电子商务文案更像是一种新型的多维度推广产品或品牌的营销文案,它不仅考验文案创作者的文字功底和创意能力,而且还考验文案创作者与受众沟通的能力,要求文案创作者能够通过文案所展示的内容说服受众。

二、电商文案的类型

根据营销角度的不同,我们将电商文案分为产品类电商文案和品牌类电商文案。

(一)产品类电商文案的分类

产品类电商文案,又可根据文案内容和发布位置的差异,分为产品标题文案、主图文案、产品详情页文案、横幅文案、网推海报文案。

1. 产品标题文案

产品标题(也叫宝贝标题)是指产品文案中的标题部分,一般位于主图文案的下侧或右侧。产品标题主要由与产品相关的关键词组成,包括品牌名称、产品名称、产品类别、产品属性等。其中品牌名称也可以是店铺名称,因为有些个人原创品牌的店铺名称就是其品牌名,这种形式在淘宝商城比较常见;产品名称就是保证该产品能被搜索到的必要字词。

2. 主图文案

电商产品文案中有一种主图文案,主要应用于电子商城中的产品页。主图又被称为宝贝推广图,用户在搜索框中输入要搜索的内容后,搜索的结果将会依次显示在搜索结果页中。搜索结果列表上的图片信息即为主图,而图片下方的文案,则为主图文案,主图文案是受众选择点击产品页与否的一个关键因素。

3. 产品详情页文案

产品的详情页是指在淘宝、京东商城或其他电子商务平台中,卖家以文字、图片或视频等手段展示所出售产品的信息的表现形式。受众在被产品主图吸引之后,便会选择浏览产品的详情页,然后根据详情页提供的具体产品信息或服务来决定是否购买。如果电商产品详情页图文不够精美、文案内容吸引力不够,就很难促成产品的交易,所以产品详情页文案的写作十分重要。电商产品文案的组成由产品介绍、产品细节描绘、产品功能及设计介绍、产品使用操作演示、产品优惠等部分构成。

4. 横幅文案

横幅文案是互联网最基本的广告形式,也是一种最常见的电商文案类型,一般以jpg、gif、flash等格式形式出现在网页中,用于表现广告的内容。

5. 网推海报文案

网推海报文案是以一张图片大小为基准设计的电商文案,是为了对企业、产品、品牌或服务进行推广销售而创作的文案。它可以给商家带来更多的外部流量,如果引发了网友的大量转载,一传十、十传百,效果将非常可观。

(二)产品类电商文案的创作与表达

1. 图文并茂的多媒体表达方式

常见的产品类电商文案是以图文结合的方式进行呈现的,在产品首页通常还会有一个短视频介绍。其中,图片包括焦点图、产品总体和细节图、使用场景图。商家也可利用短视频对图片进行更具动态、可视化的展示。短视频大多是一支30秒以内的广告TVC,其目的主要是让消费者对产品功能及特点有更加直观和真实的感受。视频利用声音和画面同步传播,既能起到开门见山的作用,又丰富了产品文案内容、增强了营销效果。文字则是对产品特点的进一步说明,同时还能对产品营销内容进行深度剖析。

2. 产品展示环节和步骤的设计

写产品类电商文案时,创作者不仅需要熟悉产品的材料、功能、价格和类型,还要对产品的使用说明了如指掌,这样才能熟练地组织语言来对产品进行介绍,使产品在受众心中留下良好的印象。优秀的产品文案都有一定的逻辑性,它主要是围绕产品的某个主题来展开描述,从不同的角度切入,对卖点进行细分,比如从产品的性价比、产品优缺点、消费者需求和售后服务几点来分别阐述产品价值。产品展示说明是产品文案中最主要的内容,创作者要以诚恳、谨慎的态度来设计产品的展示页面,抓准受众的喜好和要求,针对受众需求进行个性化设计,按产品特性、优点及利益进行合理布局,规划出有创意的展示说明方式,最终达到产品推广营销的目标。

3. 产品及特点的完整性介绍

在介绍产品时,创作者应注意产品功能与服务的完整性,不论是内在质量,还是外在包装、附件及外观设计等方面都不能有任何疏忽或者误用,这样才能引起受众的关注和兴趣,刺激他们的购买欲望,否则容易引起受众对产品质量的怀疑。同时,创作者还要进一步明确产品特点,在向受众展示产品时应着重介绍产品的特色,向受众展现产品的独特之处,体现产品在同类产品中的优势,明确自身产品与其他同类产品的区别。

4. 由浅入深的文字表达

进行产品文案写作时,创作者要注意产品展示的先后顺序。一般来说,应该先向受众展示产品的特定部分或特点,后向受众介绍产品的基本性能与作用。描述的语言也应该由浅入深,不能一开始就写一些深奥的专业性词汇,或是自卖自夸地做一些自以为能够宣传产品的专业性描述,而不从受众的实际需求出发,这样不但会引起受众的反感,还会导致受众的流失。好的文案创作者应该用语浅显,由浅入深、生动易懂地介绍产品。

5. 体现产品价值及受众价值

使用价值是产品的自然属性,是一切产品都具有的共同属性之一。任何物品要想成为产品都必须具备可供人类使用的价值。反之,毫无使用价值的物品是不能成为产品的。非使用价值通常也叫存在价值(有时也称为保存价值或被动使用价值),它是指人们在知道某种资源的存在(即使他们永远不会使用那种资源)后,对其存在赋予的价值。产品文案必须能够同时体现这两种价值。同时,现代销售或服务行业秉承以受众为中心的观念,因此文案写作还要体现受众的需求,并给予受众心理上或精神上的满足,从而体现出受众的自身价值。进行文案写作前,创作者可以有针对性地进行一些关于消费者产品使用情况的深度调研,将受众关心的问题与需求收集起来,并将对应的解决办法一并写入文案中。

6. 造势或借势

造势是指通过文字、图片或视频等元素向受众传递信息,这些信息能够对受众的心理产生一定的影响,从而让买家产生思想上的变化,最终激发他们的购物欲望,实现提高店铺成交量的目的。一般来讲,店家可以通过引用第三方评价、销量借势、实体店影响、权威推荐等方式给产品造势或借势。

7. 关联推荐

文案一定要与受众群体的需求相贴合,紧贴店铺定位,并不断强调自己的优势与特色,这样才能打动受众。同时,文案还可以关联性地推荐一些同品牌的其他产品或搭配套餐,以激发受众的购买欲望,提高客单价(就是每一位受众在店铺中购买产品的平均金额),客单价在一定程度上决定了店铺销售额的高低。

8. 售后及相关风险消除

售后产品文案应注意其相关信息的说明,如什么情况下受众可以申请退换货,退换货的具体流程如何。同时也可将买家担心的问题列举出来,并承诺这些风险由卖家承担。如果交易后出现问题,损失由卖家支付,买家则零风险,例如"本产品自买家签收后的15日内,若出现任何质量问题,且保证外观、包装、吊牌完好的情况下,可直接联系我们更换新品或退货。退换货过程中产生的一切费用由我们一力承担,不收取您任何费用"。

(三)产品类电商文案的创意技巧

1. 语言文字既要做到"因地制宜",又要具备一定风格特点

电商产品文案的类型比较多,不同场合的文案要对应使用不同风格的用语。电商文案也可以根据宣传形式分为官网文案、公众号文案、社交媒体文案等。官网文案是针对网站终端用户写的文案,它既要充分展示产品优势,又要能让用户通过文案找到所需内容;公众号文案是针对公众号用户写的文案,它要简洁明了、富有文采、有趣好玩,以吸引用户;社交媒体文案是针对用户的网络社交(如社群、朋友圈转发等)需求写的文案,它要有新意,具有一定的营销性,能够在众多信息中脱颖而出,抓住消费者的眼球。产品类电商文案要充分利用电商平台的特点和优势,尽力做到"因地制宜""量体裁衣"。

2. 突出产品的差异化优势,提升核心竞争力

电商文案很多时候都是用于卖产品,但电商市场的饱和度比较大,类似的购买平台、产品和品牌有很多,不少受众购买产品时喜欢货比三家,因此电商文案一定要突出自家产品的差异点。例如,手机品牌繁多,同价位手机的差异并不大,这时就需要突出自身手机的独特优势,与别的产品有所区别,比如像素高或储存空间大,这样才能提升竞争力。如果同一款手机在不同电商网站的售卖价格相同,但只有自己的平台可以给消费者送1年的碎屏险,或者其他赠品,这就与别的平台产生了差异,可以给受众一个在这里购买的理由。

3. 抓紧目标消费群体的痛点,精准把握营销的切入点

痛点并不是指买了这个产品有多少好处,而是不买这个产品会有什么样的后果。创作者可以设身处地地从受众的角度来寻找其痛点,思考受众必须购买这款产品的理由,以受众的痛点结合店铺产品的卖点,加深受众的认同感,从而提升他们的购买欲望。而营销的切入点作为一种连接产品和受众的工具,能起到激发受众思考、搭建文案内容和受众已有知识结构之间关系的作用。文案创作者可以从创意思维、新闻故事、热点话题、冲突反差、情感营销等方面寻找文案的切入点,让受众觉得这篇文案立意独特,从而对产品或品牌产生兴趣。

4. 图、文、视频相配合,利用新媒体优势提升说服的感染力

文案再精彩,也需要搭配相关图片才会更具说服力,尤其是在电商文案中,图文的配合十分重要。一方面,受众不能直接接触产品,对产品直观感受的缺失容易影响受众的消费欲;另一方面,平白的文字过于单调,图片的表现力则更强,尤其是塑造使用场景时,图片或者视频比文字更有说服力。所以,长篇大论不如图文并茂,要从视觉、听觉等多个维度提升产品或者品牌的感染力。

5. 善于讲故事,以情感打动受众

这是指文案通过"故事"来为产品添加附加价值,让受众更容易接受。无论是编写什么类型的产品文案,只要能讲好故事,就能调动浏览者的情绪,让他们在浏览的过程中自然地受到感染,进而认同产品的价值,最后产生购买行为。增强文案故事性的方法有以下几点:一是在文案中描述具体的细节,增强故事的镜头感;二是设置"反转",增强故事的"戏剧性";三是制造悬念,引起读者的好奇心。

【案例】

拼多多镜头感文案

文案一:认识她那天,她一直低头玩iPad,和酒桌气氛格格不入。后来霸道总裁对她关怀备至,为她跑东跑西,为她鞍前马后,但还是一直不好意思开口。

后来有一天,有人来找麻烦,大闹公司,破碎的玻璃割伤了她,他疯一般地背她到医院,她含泪问他为什么会对自己这么好,霸道总裁不再犹豫终于开口:可以帮我点一下拼多多天天领现金吗?

文案二:她迫于无奈跟总裁借钱,总裁打了一千万给她。

总裁戏谑地问:"你要怎么报答我?"

她倔强地别过头:"我会努力打工还你的。"

总裁邪魅地一笑,走上前捏住她下巴把她的头拧向自己说:"还?你用什么还?你还得了吗?"

她说:"我可以参加拼多多天天领现金,现金打款秒到账。"

(注:案例来自知乎平台)

当言情玛丽苏的霸道总裁文遇上了拼多多,就变成"反差萌"了!但不得不说,读者刚看文案时候会有种"读小说"的感觉,不自觉就会被吸引。这两版文案着重"细节"的描写,"低头玩iPad""邪魅一笑""捏住下巴"……这些词语都是对"细节"的刻画,使得故事像拍电影一样,具备"镜头感"。对于读者来讲,文字中的场景画面感十足,所以更容易被相信、被记住。

【案例】

拼多多戏剧化文案

文案一:我上初二那年,没有人人、微博、微信,大家还很单纯。阳光照在安静的自习教室里,空气中弥漫着书香。突然暗恋的女孩扔了一个纸条给我并对我眨眨眼,我喜出望外,迫不及待打开后发现上面写着:帮我点一下拼多多天天领现金。

文案二:一个女孩让一个男孩在楼下等她一百天,然后就嫁给他。男孩每天都站在楼下等她。结果那个男孩在第99天时微笑着离开了。多年过后有人问他,你坚持了这么久,眼看就要成功了,为什么在关键时刻离开?男孩解释说:我当时正在参加拼多多天天领现金。

文案三:一天小熊问熊妈妈:妈妈,什么是幸福啊?熊妈妈说:孩子,你到森林里去问一圈就知道了。可是森林里的小兔子、小狐狸、小老虎都说不知道。傍晚,小熊又累又饿回到家后,他发现家里摆满了又香又好吃的饭菜。小熊很开心,问妈妈为什么做了这么多饭菜,妈妈说:我在拼多多获得了100元现金。帮我点一下,你也可以领现金。

(注:案例来自知乎平台)

这几段产品"故事"很出乎人的意料,前面"制造假象"将受众引入一种错误的思维定式中,本以为故事情节会沿着正常轨道发展,然而"结尾"却来了个一百八十度的转变,猛然间揭示了"真相",产生令人意想不到的结局,形成戏剧化对比。

反转的写法,主要利用了读者的惯性思维,关键在于如何通过制造假象将受众带入惯性思维,从而在真相被揭示时形成最大限度的戏剧化效果。要想写出有"故事感"的文案,"反转"是必杀器,会特别容易吸引读者。

【案例】

拼多多反转文案

宿舍深夜传来怪叫。
七旬老汉白捡了大便宜。
数万人同时得到神秘资金,背后是何人所为?
年轻人的微信里隐藏了哪些不为人知的秘密?
究竟是利益的诱惑?还是人性的脆弱?
请看《走进科学》本期专题节目——我在拼多多领现金。
(注:案例来自知乎平台)

这段文字会令人立刻产生疑问:"宿舍深夜是谁在怪叫?""老汉捡到的大便宜是什么?""神秘资金是多少,背后的人是谁?为什么这么做?""年轻人微信里面隐藏的不为人知的秘密是什么?"好奇心会驱使用户往下阅读。这是一种通过制造悬念来写故事的创作方法。在故事中,悬念通常是将某个元素故意隐藏起来,而这个元素,有可能是原因,有可能是过程,也有可能是结果。拼多多的这段文字就是先揭示结果,打开读者好奇心的缺口,然后让读者带着结果去找原因和过程。

隐藏的原因令人越费解越好,这样才能具备吸引力,才能引发读者去探究。如"九旬大爷突然健步如飞""我有一个朋友,腰缠万贯。有一天醉酒之后,抱着一棵大树哭得死去活来"。在"故事感"文案中设置悬念,能带来"戏剧性"的效果,引人入胜。

故事型产品文案,更容易走进读者的内心。从古至今,人们都喜欢听故事,在信息爆炸的时代,若想让自己的产品文案脱颖而出,"讲故事"无疑是一种高明的手段。

(四)品牌类电商文案创作步骤

1. 品牌与品牌文化

品牌文化是指品牌在经营中逐渐形成的文化,代表着品牌自身的价值观。换言之,品牌文化也是企业的无形资产、软实力的体现,可用来提升品牌内涵、吸引消费者。电子商务企业无论规模与名气大小,都应该拥有自己的品牌文化,这样才能拥有更多忠诚的消费者,才能保持和扩大市场占有率、增强品牌竞争力。品牌文化具有很高的价值,是优质电子商务文案的主要内容。要想写出好的电商文案,文案创作者应充分认识和了解企业的品牌文化。

在电商文案中体现品牌文化,可以提升品牌竞争力,满足消费者的文化需求,也有利于增进消费者的品牌忠诚度。体现品牌文化的最常见创作方法,是通过创作品牌故事,加深受众对品牌的印象,营造出属于该品牌独特的商业价值与企业理念。一个生动的品牌故事可以带给消费者深刻的认同感,有助于引起消费者共鸣、传播品牌文化、塑造品牌形象。品牌故事是蕴含着一定理念、可以引发消费者思考的真实故事,是可以放到企业生产经营、管理实践的背景中审视的。因此,文案创作者要遵循"理念故事化,故事理念化"的写作原则。品牌故事是品牌文化建设的情景故事,在叙述故事的同时,文案创作者还可以穿插一些自己的观点和看法。

2. 品牌文案的创作步骤

(1)收集资料。要想写出生动的品牌故事,就必须深入探究与分析品牌和商品本身,了解品牌和商品的定位、文化内涵、诉求、面对的消费群体、竞争对手等。只有具备深厚的知识储备,才能写出生动的品牌故事。

(2)确定主题。主题是故事的核心,是贯穿全文的中心思想。通常,品牌故事的主题可来源于品牌历史、品牌资源、品牌个性、品牌价值观和品牌愿景等。文案创作者收集了足够的信息后,就可以从这些信息中提炼出品牌所要表达的中心思想,然后以品牌为核心进行故事化讲述,深度展示与品牌相关的时代背景、文化内涵或经营管理理念,讲述一个主题明确的品牌故事。

撰写品牌文案初稿时应注意以下事项。

(1)品牌故事的撰写角度。品牌故事的撰写角度并不单一,文案创作者可以根据品牌需要呈现的效果来选择撰写故事的角度,如从企业、消费者、商品的角度出发等。从不同的角度切入可以写出不一样的生动故事,都可以实现震撼人心的效果。一般来说,品牌故事的撰写角度有三种,分别是品牌核心技术的发明或原材料的发现的故事、品牌创始人的某段人生经历或最初的创业故事、品牌发展过程中所发生的有趣而典型的故事。

(2)品牌故事所包含的内容。品牌故事需要包括5W1H,即人物、时间、地点、事件、原因和结果。文案创作者必须了解品牌最想让消费者知道什么、这个故事要向消费者表达的内容是什么。一旦确定了故事的主题,就可以沿着这条主线进行讲述。品牌故事在审核完成后,就不能再频繁修改。接下来要做的,就是在适当的时机传播品牌故事,直到取得目标群体的认同,在消费者心目中留下深刻印象。

(3)品牌故事文案的类型。创作品牌故事是一种与消费者建立情感连接和使消费者认同品牌价值的沟通方式。文案创作者无论选择写作哪种类型的品牌故事,都应根据自身条件和品牌特性找到能引起消费者共鸣的地方,写出能打动消费者的内容。

(4)明确品牌故事的创作类型。一般来说,品牌故事的创作类型有以下五种。

第一,历史性故事。讲述品牌的历史故事,是撰写品牌故事的常用方式。这类品牌故事一般包括以下内容:品牌从创建到走向成功所经历的困难、品牌发展中发生的感人小故事、品牌在每个发展阶段的关键举措、品牌所取得的成绩和获得的荣誉等。历史性品牌故事可以传达品牌坚持不懈的精神,并表现出品牌是有一定的文化积淀的,是值得消费者信赖的,以此打动消费者,从而使消费者对品牌产生好感。

第二,创业型故事。品牌企业的创业历程并不总是一帆风顺的,其中常常会有许多坎坷,而在品牌有一定知名度后,企业往往会回顾这些故事,以此总结经验、获得激励。而对于品牌本身而言,关于创业经历的故事也可以展现不服输、不放弃的精神,这也是品牌理念和品牌态度的体现。因此,创业型品牌故事也是常见的品牌故事类型。例如白象的品牌故事营销文案,讲述了该品牌从"烂摊子"发展到品牌巨头的传奇经历。

第三,人物传记型故事。这又可分为品牌核心创始人的人物故事和品牌中层管理人员或者普通员工的故事两种类型。关于前者的品牌故事文案创作的重点是企业品牌的创始人所经历的艰苦奋斗的过程,以及他获得成功背后的大起大落、屡败屡战、兢兢业业的经历。把这些经历写成一个品牌故事,通常能带给消费者正能量,表现出创始人坚定的创业精神,或者通过努力,用自己的品牌和商品改变消费者生活,带给消费者幸福和快乐的初心。而后面一种品牌故事中的主人公是品牌的管理人员或普通员工,文案重点讲述的是发生在这些人物身上的真实故事。运用生活化且自然的语言能让消费者有亲近感,从而更容易对品牌产生好感。以管理人员或普通员工为品牌故事的主人公不仅容易塑造品牌个性化的形象,而且能够有源源不断的新素材。

第四,传说型故事。传说型故事是通过讲述一个传说或神话来表现品牌特征的故事。这个故事可以是流传至今的故事,也可以是改编的故事。例如,知名珠宝品牌潘多拉珠宝(Pandora)的品牌故事就改编自潘多拉魔盒的神话故事,生动展示了品牌的文化内涵,象征着对希望与光明的追逐。

第五,理念型故事。理念型故事是指以品牌追求的理念、风格和定位为传播内容的品牌故事。理念型故事适合走差异化路线的品牌,消费者只要听到某种理念或风格,就会马上联想到这个品牌。如下面要介绍的"自然堂"的品牌故事案例,就是以品牌建立的缘由为切入点来输出品牌理念,即表达品牌尊重每一个微小而确切的消费者需求,并致力于切实改善消费者肌肤问题。

(五)电商品牌故事文案的写作技巧

品牌故事具有引人入胜的效果,而优秀的品牌故事文案更是能起到促进品牌宣传的作用,起到较好的营销推广效果。但是,内容完整的故事不等于好的故事,要写好品牌故事文案,文案创作者应参考以下几个方面的写作技巧。

1. 把握消费心理

不同的消费者有不同的需求,喜欢的品牌故事类型也不同,如中老年消费者一般偏爱有历史积淀的品牌故事,而年轻消费者一般更喜欢新奇、更有个性的品牌故事。品牌应根据自身的目标消费者定位来揣摩消费者的需求,理解消费者的喜好,然后根据其需求来创作故事,这样才能更好地激发消费者的兴趣,实现文案创作的目标。

2. 打造故事亮点

(1)营造意外。意外分为两种情况。从故事的角度来看,意外是故事内容的重要转折,是利用惊奇感吸引消费者的注意、用兴趣维持消费者注意的故事设计方式;从品牌的诞生原因来看,许多品牌的诞生本来就是一个意外。

(2)从不同角度切入。写作品牌故事时,文案创作者可以跳出创业故事的局限,将故事的主角从商品变成消费者,从消费者的角度写作也是一种亮点。例如,很多饮食类品牌故事围绕家和亲情来展开,因为在我国的文化体系里,食物和家总是紧密联系在一起的。这时,如果从食物本身或者食物以外的因素中给消费者一个选择的理由,就能充分吸引消费者的注意。

3. 引发独特思考

不同的事情可以引发不同的思考,不同的消费者对同一件事的思考也不相同。从某种意义上来说,品牌故事能否引发消费者思考是评价其成功与否的一个重要因素。如果品牌故事能够让消费者产生联想和思考,就能加深消费者对品牌的印象,达到传播品牌故事的目标。

4. 增强代入感

品牌故事应当向消费者传递某种情绪或观念,让消费者感受到品牌的精神和思想。简单来说,品牌故事应让消费者对故事中的角色产生代入感,可以将自身融入故事的场景中。这就需要品牌文案能抓住消费者的痛点,以情感人。

5. 促成分享行为

文案创作者在撰写品牌故事时,要努力提高品牌故事的可分享性。通常,内容新颖的、打动人心的,或者能引发消费者思考、引起共鸣的故事是能让消费者主动分享的。

【案例】

"自然堂"品牌故事

自然堂(CHANDO),于2001年在上海创建,产品涵盖护肤品、彩妆品、面膜、男士个人护理品。品牌的诞生灵感源于中国古典"禅道"哲学思想:人源于自然,具有自然本性,应遵循自然规律,师法自然之道。自然堂的英文CHANDO,就是禅道的音译。而"堂"意味着汇聚,"自然堂"则意味着"汇聚自然"。

地球上没有两片一模一样的树叶,也没有两个一模一样的人。自然堂相信每个人都是自然天成的杰作,都拥有与生俱来的独一无二的魅力。"你本来就很美"是自然堂传递的自然自信的品牌精神。只要你自信地展现自己,你就是最美的,自然堂要做的就是帮助你发现和激发你的美。

自然堂取材于地球"第三极"——广袤的喜马拉雅山脉,那里有地球上最纯净的冰川水、抗氧化能力超强的雪地植物、沉积亿万年富有天然能量的海洋矿物质,还有大自然的万千色彩和美妙气息,以及神秘古老的文化传承,这一切都是自然堂取之不尽的原料和创意之源。

自然堂一直致力于对喜马拉雅山脉冰川、珍稀植物、矿物、动物和独特文化的研究,将喜马拉雅的自然与精神的真谛,用心注入产品。从喜马拉雅提炼能量、汲取色彩,并专注于科技,在注重功效的同时,确保每一个产品的安全,将喜马拉雅的宝藏一滴一滴转化为健康美丽的生活方式,以合理的价格带给消费者。美丽,始于自然,师于自然。

(注:案例来自"自然堂"品牌官,https://www.chcedo.com/about/pinpai.html)

自然堂的品牌广告语"你本来就很美"非常经典,它不定义美,而是强调每个人都有独一无二的魅力,这种品牌理念和崛起的女性力量非常贴合。

第二节 营销软文

在互联网时代,受媒体环境影响,营销推广策略也扩展到了网络空间。营销软文作为一种非常重要的促进产品或品牌销售推广的文案类型,在当下广受商家和网民的追捧,它以文字语言作为外衣,进行产品或品牌的推广,让受众在获取自己想要的信息的同时,还能明晰文案背后想要宣传的内容。

一、营销软文的概念

营销软文是指一种以新媒体平台为营销载体,通过大篇幅文字(语言)进行产品推介和品牌营销的文案形式。它具有生动感人、易引发共鸣的特点,可以将商品、品牌巧妙地融入故事情节之中,借助文字(语言)的影响力来塑造品牌形象,并且给用户留下深刻、长久的印象。

营销软文的写作技巧主要涉及对产品的精准定位、针对目标用户的语言表述和传播途径等方面,如标题比较吸睛、情节设置递进、句子短小精悍等。此外,文案创作者可以通过多角度拓宽思路,如从产品的功能、品质、外观设计、用户评价、售后服务等角度切入,或借助公关媒体、新媒体等多元化的渠道进行分发和推广,从而打造一个有较强吸引力和传播力的营销文案。新媒体营销软文相比传统媒体和广告形式,具有互动性好、成本低、容易吸引受众的优势,逐渐成为互联网时代企业和品牌营销的有效手段。

二、软文在营销中的作用

软文在营销中有以下几点作用:增强广告效应;提升品牌价值;树立良好企业形象;建立口碑效应;引导网络流行。进入新媒体时代后,软文的主要载体从平面媒体更多地转向了网络媒体,依托网络进行传播的软文更能适应互联网经济时代的需要,更能实现产品或品牌的快速宣传与推广。

三、营销软文的特点及写作要求

(一)营销软文的特点

营销软文主要依托语言文字的组织与表达,生动而具体地介绍产品或服务的卖点,展示品牌形象,从而产生口碑传播效果,与公众形成共鸣,达到广告营销目的。

(二)营销软文的创作要求

1. 标题要有较强的吸引力

标题要简短明了,能迅速引发受众兴趣。快节奏时代,写标题不要有太多弯弯绕绕,用户没时间也没精力去猜你到底想要表达什么。所以标题要简单一点,让用户能在几秒钟内就对你的标题产生兴趣,这才是最重要的。

2. 语言表达风格化,文字表达要足够吸睛

如果用户对你的文字产生好感,那你的软文就成功了一大半。优秀的软文,能够让用户在众多的文章中,选中并完整阅读此篇文章。文案创作者可以在平时就多收集一些有亮点的风格语言、个性鲜明的文字表达等,这对于营销软文内容的创意生产是很有帮助的。

3. 软文内容与品牌产品紧密相连

紧扣主题是软文的基础,但是也有部分新媒体文案创作者撰写软文时,出现文不对题、"货不对板"的现象,这是非常危险的。文不对题的文章,用户可能看到一半,就没兴趣了,也可能看完之后很快就遗忘了,并没有对产品或者品牌产生记忆点。

4. 蹭热点有风险,需谨慎

热点的加持,能帮助品牌快速曝光、迅速吸粉,能为产品或品牌的营销带来最直接的影响。然而,在蹭热点之前必须想清楚,这个热点是否可以和自己宣传的产品相结合,蹭这个热点会不会给品牌或产品带来不好的影响。关于热点的选取,可以参考微博热搜、头条热榜、知乎热榜等,这些平台都有大量的热点新闻。但时刻要记住,热点不能随便蹭,要警惕由此而导致的不良后果。

（三）软文营销的类型与表现

1. 伪装成新闻或"段子"故事

新闻类软文的重点是"新"，文章的内容需要是人们不知道、不了解或是不熟悉的事物，且文章的形式要符合新闻写作规范。

说到"段子"故事类软文营销，不得不提在微博时代霸榜多年的年更博主"天才小熊猫"。他曾靠"小熊猫式"风格漫画段子风靡微博，聚集百万流量，如今他又从图文赛道转向短视频，在稳定发挥"无用"的好笑和神转折的段子风格的基础上，运用视频形式让段子更加生动，俘获了万千用户。

【案例】

"科颜氏"的软文营销

2022年2月"天才小熊猫"发布的《千万不要自己帮孩子剪头发》一文，讲述了小熊猫想帮孩子剪头发而引发的一连串啼笑皆非的"意外"。从想给孩子剪头发开始，到镶钻路灯闪瞎眼，再到科颜氏白泥清洁面膜导致小恐龙眼睛丢失的错误示范，以及最后和商家谈判的"无理要求"，看似离谱又搞笑的故事走向，经过"天才小熊猫"的讲述，一切又顺理成章。结尾还从侧面体现了产品去除黑头的强劲功效，并和品牌店铺实际联动，将小熊猫的故事延伸至戏外。据统计，该支视频的全网播放量超过3 400万次，视频上线当日有近20万受众涌入品牌直播间打卡。品牌也借势在直播间埋下恐龙梗，令直播间被"小恐龙""镶钻"等弹幕频频刷屏。同时，科颜氏白泥清洁面膜商品页访问人数达28W+，较前日增长178.4%，也实现了流量向销量的转化。

有网友评价"天才小熊猫"的作品："我永远期待小老师打的广告，他的作品就没有不好笑的。"正如网友的评价，全网粉丝近3 000万的"天才小熊猫"，其作品内容以记录生活为主，清奇的脑回路加上满分的故事逻辑不仅让读者"上瘾"、频频催更，也使其作品中的广告内容总是出现得恰如其分，顺理成章。

（注：案例数据来自《千万不要自己帮孩子剪头发——天才小熊猫》https://m.thepaper.cn/baijiahao_4486004）

2. 营造"概念"策略

软文营销策略的精华之处在于，人们总会不惜一切代价去了解、学习和尝试所有有用的新生事物。撰写概念策略型软文时，最重要的一点就是使概念与目标受众息息相关，高度符合受众需求，能够引起受众强烈的关注与足够的重视，从而达到推广营销的目的，比如可以结合新锐观点、网络热梗等进行创作。

【案例】

京东2022年品牌文案《致生活中极致主义》

什么是极致生活主义？
我相信凡事都要靠自己
也相信凡事不必都靠自己，

想追求极致的自律，

但偶尔，

也可以一懒到底。

「极致慵懒主义」

人们眼中的我，

是个极简主义者，

但我的每一餐，

践行极繁主义。

「极致美味主义」

来一场华丽的冒险

谁说一定要去远方。

「极致体验主义」

不放过每一个细节，

但也会适当放过自己。

「极致浪漫主义」

独当一面，

只是我的其中一面。

「极致完美主义」

什么是极致生活主义？

在这儿都能找到自己的答案。

（注：案例来自广告狂人，https://www.mad-men.com/casedetails/5005）

该软文营造出"极致主义"的概念，与当下个性青年消费群体产生情感共鸣，借此来增强品牌感染力和提升品牌价值，促进年轻人消费行为的产生。

3. 经验分享型

最容易打动和影响受众的就是经验分享类软文，这种经验分享主要是利用了心理学中的"互惠原理"，通过免费向受众分享经验，免费给予帮助，达到感动受众并影响受众的目的。通常，经验分享类软文都是无偿的，受众是以主动学习的态度进行阅读与观看的，这种类型的软文更容易得到他们的接受和认同，甚至主动的口碑传播。

【案例】

小红书洗面奶的经验分享文案

"油皮亲测有用的东西是它！体验抄家级清污！"

现在洗面奶出的花样是越来越多了，

啥洁颜蜜、土豆泥、慕斯……

不过对我这种万年大油皮来说，

目前还没有哪只能俘虏我的心。

不是清洁不彻底，就是用力过猛，

每次洗完脸，皮肤都在滑腻和干涩之间反复横跳。

好巧不巧,
洗漱时用了她的洗面奶,
晚上熬夜追剧时候摸摸脸！好清爽！
还顺带抠掉了一个油脂粒!! 黄色的！贼大颗！
这一下子就引起了我的注意……
追根溯源发现是这瓶洗面奶的功劳,
毕竟我当晚也没用其他新品。
小东西！姐这把必须搞到手!
用了一段时间还是会被它的清洁力折服,
不得不归功于,它超聪明的双管设计,
按压中间,1:1出料,
美国白泥＋亚马逊白泥＋氨基酸！
我日常用得最多的模式,
不仅能刮干净表面的脸油、灰尘和汗液,
还能钻到皮肤里一顿粉碎输出。
减少毛孔垃圾堵塞滋事！油渍污垢！Out！
按压瓶口,氨基酸多,
还复配了泛醇&北美金缕梅精华,
起床皮肤脆弱的时候用,
很温和,给脸蛋一个缓过神的时间。
按压管位,白泥多,
清洁力pro max!!!
我平时擦了防晒都是用它洗掉的,
无须格外再用卸妆水,
不怕过度清洁会出现烂脸红痒的情况咯。
关键它才60多!!
学生党也不用省吃俭用来买!
油皮洗面奶界解元！非他莫属!!
(注:案例来自小红书账号"腔调种草机")

4. 自创话题热度

在日常生活中,人们总会自发地谈论与传播最热门的社会话题,所以,制造热门话题是最容易在用户中引起口碑效应的策略。

【案例】

讯飞2022"祝你讯飞"

科大讯飞,祝每一位在校青年「讯飞」。
人生的十字路口,
只有自己知道方向。

烟花心中留，
无畏只帆行。
如果科技不能改变生活，
我们可以改变科技。
巴山夜雨未曾停，
可有人与君共话。
徜徉过历史的大河，
才能将它的壮丽续写。
从过去向未来，
「工」无不破。
除了自己，
没什么能让我们破防。
硬核起航，
为华夏造梦。
信号可以延伸多远，
我们就能走多远。
不随波逐流，
我们有自己的海。
路过山水漫漫，
方始漫漫人生。
得知而行，
必达欲达之处。

（注：案例来自微博账号"广告文案"）

科大讯飞的这则文案在商务、科技上印象分拉满，阐述了其产品为各种会谈、合作建立无障碍沟通的桥梁。讯飞品牌部从"祝你讯飞"四个字找到灵感，"讯飞"二字从品牌名变成了动词，"讯飞"又与"迅飞"同音，饱含讯飞对年轻人逐梦高飞的美好祝愿，由此引发话题。

5. 展示技术成果与专业性

技术通常与知识性、创新性等联系在一起，通过阐述两者的联系更容易获得用户认可和媒体的热捧。

需要注意的是，利用技术策略写作营销软文的关键是通过技术层面的知识去打动受众，这个技术不能是伪技术，而是真正具有一定先进性和创新性的技术，能够真正帮助受众解决一些实际问题。另外，在向受众描述技术时，不要过于深奥，要使用一些浅显易懂的语言和例子，让受众明白其基本原理，了解产品能够为其提供哪些帮助或受众能获得什么好处。

【案例】

农夫山泉——水源地篇

我们大明山的水好。
越往山里去，水就会越好。

越往山里,水就越好。
这是来自这片土地的生活智慧,
也是农夫山泉对于水源的始终坚持。
越源头越天然。
从1996年铺设第一条水管开始,
农夫山泉就坚持源头取水。
28年来修建了43吨饮水管道,
总长约300公里,
最高海拔1 400米,最长98公里,
最深水下45米、地下1 000米,最大落差400米,
向前一米,只为更安全、更天然。
每一滴农夫山泉都有它的源头。
我们不生产水,
我们只是大自然的搬运工。
(注:案例来自百度平台,https://baijiahao.baidu.com/s?id=17716581918799971210&wfr=spider&for=pc)

文案体现出该品牌产品在生产过程中实行全程质量管理,严格把关每个生产环节,力求最大限度地保证农夫山泉水的品质,营造了一个集专业和责任于一身的国产品牌形象。

6. 借助品牌形象进行权威造势

借力权威也是软文营销的一个切入点。比如,对于著名的大公司所生产的产品,我们会不加思索地肯定其品质;而大商场销售的产品,我们通常也不会怀疑其真伪。

借力权威编写营销软文时,可以围绕企业背景来打造权威。利用好的品牌形象和企业背景,能很快建立起产品权威性,增强营销效果。

【案例】

茅台1935文案

总有一段历史,
在岁月中回响。
听见1935,
激情在历史的歌声中飞扬。
看见1935,
匠心在岁月的长河中镌刻。
遇见1935,
荣耀在时代的辉映中启航。
1935是信仰,是永不褪色的理想,
他让茅台匠心,
世代相传、焕发光芒。
1935是方向,是生生不息的力量,

他让茅台血脉,
跨越历史、承载荣光,
1935是希望,是美好生活的向往,
他让茅台酿艺,
相伴时代、斗志昂扬,
从他们,到我们,
这一份坚守,薪火相传。
从过去,到未来,
这一杯佳酿,历久弥香。
茅台酱香,1935。

(注:案例来自小红书账号"飞鸟",https://www.xiaohongshu.com/explore/62fb52cd000000001101910c)

这篇软文便是借助贵州茅台酒雄厚的企业历史和品牌背景,以散文诗歌的形式,营造产品的权威形象,以达到营销的目的。

四、营销软文的创作技巧

（一）增强软文的说服力

文案创作者需要通过提升软文的写作技巧,让受众相信并记住文章中提出的观点和理念,以及相关产品或品牌的特点,并执行文中提出的行动目标。如果写出来的软文空洞乏味,缺少感染力,那么文章的可读性和耐读性就会降低,文章就很难引起受众的阅读欲望。尤其是故事类软文,其对感染力的要求会更高。要想写出富有感染力的软文,一定要对周遭事物具有很强的敏感度,能够捕捉日常生活中易于打动人的细节和场景,并用文字语言塑造场景,使消费者能代入其中、产生共鸣,更好地理解产品特点和品牌价值,从而引导对方产生实际行为。

（二）创作内容富有真情实感

亲情、爱情、友情,以及可以引发共情的突发社会性事件或现象等,都是一些比较有感染力的话题,可以激起消费者的情感共鸣,达到营销推广的目的。情感是消费者的精神所需,充满情感的软文很容易增强消费者的代入感,引导消费者立刻采取行动。

【案例】

天猫2023年3月上新月文案

在这个崭新的三月,
有些话想跟你说。
无数次见你装着「心事」路过,
但也有幸在这个春天,
遇见你的小小「新事」。
……
没关系的,都有走错路的时候。

会莫名其妙在路上突然掉眼泪,
会有走不动的时候,
会有垂着头不看路的时候,
但当你看到晚霞,
仍旧会重新爱上这个世界,
仍旧想要和这个世界发生一些新的故事。
不知不觉,
我们在崭新的路上跟过去挥手道别,
谢谢走过每一条漫漫长路的你。
越过了几个寒冬,
我们终究开在了同一个春天里。
天猫上新月,
记得生活始终在不断上新。

(注:案例来自 https://www.cmovip.com/detail/29605.html)

这一则文案便是结合"三月"的季节特点和受众对"春天"的感觉以及消费群体的特征所撰写的,文案体现了天猫电商自身的品牌特性,强化了自身的品牌形象,营造出"天猫上新月"的价值理念,为品牌即产品做借势营销。

(三)体现产品或品牌价值

一篇好的营销软文要能使消费者感受到产品的价值所在,无论是产品或服务本身具有的使用价值,还是品牌理念营造的认同价值。在创作营销软文时,文案创作者都要从满足消费者需求的角度出发,在文中体现出产品或品牌价值。

【案例】

"茶颜悦色"包装文案

我钟情于中国四千七百年的茶文化,
我也爱潮范十足的现代中国风。
喝东西,不盲从,取不同,原创自设计。
我是性感可人的「新中式茶鲜」,
我是天生不一样的「现代茶舍」,
我是「茶颜」名「悦色」。

(注:案例来自百度平台,https://mbd.baidu.com/newspage/data/dtlandingsuper?nid=dt_5190115679374468394)

这一则软文体现出了中国茶文化的深厚底蕴和内涵,赋予该品牌"新中式茶鲜"的品牌价值,营造出了产品和品牌价值的最大化营销氛围。

(四)营销软文要利于二次传播

提高文案二次传播率关键在于两点。一是争议性。每个人看待事物的观点和想法都有所不同,很多事情也就没有统一的评判标准。这时如果能够撰写一篇具有争议性的软文,就可以收到受众的不同意见和观点反馈，使文章能被广泛讨论和转发，甚至变成一个热门讨论话题。二是新闻性。新闻热点向来是人们比较喜欢的内容，如果文案创作者能够时刻关注新闻热点事件，做到及时、快速地更新热点信息，以当前的新闻或热点来打造软文，那么软文的关注度肯定也会较高。

【案例】

珀莱雅妇女节营销文案：性别不是边界线，偏见才是

珀莱雅（PROYA）在2022年的三八妇女节来临之际重磅推出了全新的品牌营销战略"性别不是边界线，偏见才是"，联手广州南兴合兴堂醒狮全女班倾力出演节日主题短片《醒狮少女》，并邀请中国女足队员王霜配音以及特别出镜。当铿锵玫瑰遇见醒狮少女，当少女成为狮子，她们将冲破偏见，写下属于自己的故事。

我知道你会害怕，
我知道你会担心，
我知道你会愤怒，
但我也知道会有那么一天，
玫瑰也可以用来形容男生，
狮子也可以用来形容女生，
我们不再以性别为边界，
阻止一个人成为 TA 自己本来的样子。
因为历史不仅是 his-tory，
也有 her-story，
如果没有人来书写，
那就让我们自己来书写。
不要让任何人阻拦我们，
不要去在乎那些争议，
想象自己是一头狮子，
以痛苦、以眼泪、以勇气、以坚韧，
无论何时，
都忠于自己，面对自己，成为自己。
那些看似高大不可逾越的性别偏见，
它们是纸老虎，
它们阻止不了你成为狮子的决心。
力量、汗水和狮子同样也属于女性，
温柔、细腻和玫瑰同样也属于男性。
你可以是狮子，
也可以是玫瑰。
性别不是边界线，偏见才是。

（注：案例来自知乎平台 https://zhuanlan.zhihu.com/p/480019285?utm_id=0）

不同于单独强调女性力量的营销话题，珀莱雅在致力于消除性别差异的意象表达中平

衡了男女对立的议题,相较于电影《雄狮少年》的"雄",珀莱雅想要强调的是"醒",它意在呼吁女性去唤醒内心的真实感受,摒弃社会中那些陈旧的糟粕观念,并提醒所有遭受歧视的人们:性别不是边界线,偏见才是。这一理念的提出,深得女性群体的认同,由此引发了一波转发热潮,也达成较好的品牌营销效果。

（五）呈现出文字风格的多样化特点

营销软文在不同的平台投放时文字风格也应有所不同。如果投放的平台是问答类论坛,文字语言就要有条理性;如果是生活分享或社交媒体平台,文字语言就要偏口语化;如果是企业官网、行业性的网站或论坛等,语言的专业性和权威性应较强。

一年一度的"520",当各大品牌都在发甜甜的文案时,台州中盛城市广场的"反骨"文案因为画风清奇,成功火出圈。

【案例】

台州中盛城市广场"反骨"文案节选

告诉桃花不必开了,
老子自己种花海!
我乃社会主义接班人,
岂能谈儿女情长!
恋爱,狗都不谈。
5:20睡的,
13:14醒的。
我可以死,
但浪漫不死。
(注:案例来自https://www.cmovip.com/detail/31821.html)

【案例】

太原北美新天地时尚中心"单身狗"文案节选

这个世界三种辣:
"微辣"
"中辣"
"你女朋友的花戳到我辣"
异地恋吗?
50 km的那种。
再远我的电动车就没电了!
我的男朋友很完美
不难看,不喝酒,不存在!
(注:案例来自https://www.sohu.com/a/679051584_121119351)

这类"反骨"文案是懂年轻人心的,傲娇的语气配上桀骜不驯的表情包,说出了00后单身人士的心声。

实训案例与设计Ⅰ：新媒体创意与文案

本篇内容将以学生参加学科专业竞赛的实训活动为背景，详细介绍全国大学生广告艺术大赛的具体实训过程。

一、全国大学生广告艺术大赛相关介绍

（一）赛事介绍

全国大学生广告艺术大赛（以下简称大广赛）遵循"促进教改、启迪智慧、强化能力、提高素质、立德树人"的竞赛宗旨，自2005年举办第1届至今，成功举办了16届，共有超过百万学生提交了作品。

大广赛是一场全国规模大、覆盖高等院校广、参与师生人数多、作品水准高、受高校教师欢迎、有较大社会影响力的全国性高校学科竞赛。参赛作品分为平面类、视频类、动画类、互动类、广播类、策划案类、文案类、UI类、科技类、营销创客类、公益类共十一个大类。

其以立德树人为根本，以强教兴才为己任，搭建了以赛促练、以赛促学、以赛促教、以赛促改、以赛促研、以赛立德的实践教学改革平台，把一群优秀的青年人聚集在一起，让他们的创造力互相激发，培养了他们的创新意识和解决问题的能力，展示了新一代大学生的才能，增强了他们的自信心，滋养了他们的成长。

大广赛整合社会资源、服务教学改革，以企业真实营销项目作为命题，真题真做，在现场提案的过程中实现教学与市场相关联。大广赛实现了高校与企业、行业交互，线上与线下联动，学生实践能力得以提升，同时企业文化与当代大学生所学专业课程相互融合，强化了创新创业协同育人的理念。

（二）组织并指导参赛

【案例】

以湖北经济学院网络与新媒体专业同学参加第15届大广赛为例

1. 举办动员大会

院系在大广赛即将开始之际开展动员大会，调动同学们的积极性，鼓励同学们参加比赛，并单独设立参赛指导小组，设置组织负责人。指导小组由经验丰富的专业指导老师担任。指导小组每周召开例会，沟通信息，交流意见，反馈参赛进度，及时解决参赛环节中出现的各种障碍和问题。

2. 搭建学生参赛团队

在确立参赛项目之前，学生以3~5人一组进行自由组队，并选定1~2位指导老师共同

参与。由于各参赛项目人数限制不同,比如文案最多不超过3人,视频不超过5人等。在确定团队成员之前,指导老师应提醒学生注意成员分工和责任,避免出现矛盾和问题。

其中文案部分,包括短文案、长文案、小红书推文、创意故事大纲等,学生需要尽力单独完成。而视频类、策划案、H5等较为复杂的项目,则最好是采取团队合作形式,团队成员各有分工,这样才能提升创意水平、增强沟通效果并互相取长补短,群策群力。

3. 确立参赛项目

每一届大广赛都会在官网和公众号逐一公布参赛命题,并附带链接,方便下载浏览。命题分为品牌命题和非品牌命题两大类。品牌命题就是有固定的品牌参与,学生需依照不同品牌不同产品的命题要求,选择合适的参赛项目,做创意设计或营销策划。

参赛的关键,便是要读懂命题,做好命题分析。

【案例】

第十五届全国大学生广告艺术大赛 命题解析

以下是第十五届全国大学生广告艺术大赛云南白药参赛命题策略单。

云南白药参赛命题策略单

品牌名称	云南白药口腔健康
品牌简介	1902年,一代名医曲焕章成功创制云南白药,其具有化瘀止血、活血止痛、解毒消肿之功效。问世百余年来,云南白药以其独特、神奇的功效被誉为"中华瑰宝,伤科圣药",蜚声海内外。云南白药发展至今已有120年的历史,已研发出云南白药气雾剂、云南白药创可贴、云南白药牙膏等家喻户晓的产品,无一不渗透着百年白药的"治愈基因"。 在口腔健康领域,尼尔森数据显示,自2019年起,云南白药牙膏已连续4年成为占中国口腔护理行业市场份额最大的品牌。云南白药为给消费者带来更全面、更专业的口腔呵护,推出具有饱满治愈力的劲爽薄荷香型牙膏系列,养护口腔的同时附加美白、防蛀、清新等功能的漱口水系列,专为脆弱口腔研发的彩虹牙刷系列,培养国人科学、周全地护理口腔的习惯,同时提升国人口腔健康品质,进一步引领口腔健康生活新方式。
产品信息	【命题产品】云南白药口腔治愈礼盒 【礼盒风格定位】医药科技、专业修护口腔问题、治愈力、年轻态 【礼盒内容物及产品功效】 1.<u>牙膏:云南白药牙膏劲爽薄荷香型</u> ・强健口腔、缓解牙龈问题:减轻牙龈出血,舒缓牙龈疼痛,提升口腔抵抗力 ・修护黏膜、改善牙周健康:独含云南白药活性成分,呵护牙釉质,修护口腔黏膜损伤 ・三重变奏格调:全新口感、清爽爆表 前调:薄荷香——穿香传口、清新爆发 中调:劲爽清香——香气愉口、元气开启 后调:甘草香——唇齿留香、时刻精致 2.<u>牙刷:云南白药云感彩虹牙刷</u> 专为脆弱敏感口腔设计,避免因刷牙用力过度造成口腔黏膜损伤,在口腔溃疡、牙龈疼痛时期也不会刺激口腔。 ・全身包胶设计:软糯入口,不刺激脆弱的口腔黏膜

续表

品牌名称	云南白药口腔健康
产品信息	・超90度弯曲高弹刷颈：减缓牙龈受力、避免口腔损伤 ・三重分区刷毛设计：分区护龈、清洁盲区 前段：蓝色区——0.15 mm柔软毛。深度清洁牙缝、智齿，灵活好用 内部：粉色区——0.18 mm柔韧毛。强力清洁牙齿表面，牙菌斑无处可藏 外圈：白色区——0.12 mm超软毛。特柔护龈，碰到溃疡也不刺激 3.漱口水：云南白药盐系漱口水夏沫海风 ・深层清洁：清洁覆盖全口腔、提升口腔抵御力 ・清新养龈：12 h长效清新口气、减少口腔细菌 ・盐系护口0添加：0酒精、0蔗糖、0色素，配方纯粹、成分温和，舒润口腔不辣口 注：可自由创造放入礼盒的其他相关产品或周边，增加的产品及数量不限，也可以不增加。
目标群体	1.Z世代、大学生、颜值控、新锐白领等年轻人群 2.牙龈出血、牙龈肿疼、口腔溃疡、口腔黏膜损伤、正畸等口腔问题人群
广告主题	1.诠释品牌"治愈感"及"治愈力" 2.围绕"治愈礼盒"自拟主题
主题解析	麻辣热烫的饮食、冰爽清凉的饮品、无法抵挡的灵魂消夜、熬夜晚起的作息，当代年轻族群的花式习惯里，你踩中了几个？你的口腔真的还好吗？口气异味、口燥不适、口腔溃疡、牙龈出血、牙龈肿痛等口腔问题接踵而至，总是让人痛苦不堪。云南白药"口腔治愈礼盒"，打造"专业口腔护理王炸BOX"，让日常烦琐的口腔护理变成生活中的小确幸，轻松俘获热衷美食的"你"。 治愈感，是一种暖心的感觉，治愈感让我们心灵净化。 治愈力，是一种修复的能力，治愈力让我们无往不胜。 本次命题以"治愈感"和"治愈力"作为切入点，深耕Z世代年轻群体，共创"治愈能量"；同时，增设"自拟主题"，鼓励Z世代开创脑洞，破壁出圈。我们期望通过你的创意，发掘云南白药百年品牌的治愈因子，传达云南白药治愈口腔的产品理念；用创意力量治愈Z世代的孤独感，治愈年轻族群的精神内耗，用品牌态度和匠心品质守护每个人的精致美好生活。
广告目的	1.在目标人群中提高云南白药健康专业口腔护理品牌的认知 2.充分发掘云南白药百年品牌的治愈因子，传达云南白药治愈口腔的产品理念；贴近目标人群的个性化消费观，实现产品在目标人群中的快速渗透
广告形式	一、平面类 1.包装设计 选定目标人群，结合品牌调性与产品功能定位，为云南白药"口腔治愈礼盒"设计专属包装设计方案。可考虑运用新工艺、新材料创造品牌个性，增加创新感。 2.平面广告 可以以"口腔治愈礼盒"整体创作1张或系列新媒体传播海报，也可以以"口腔治愈礼盒"中的3个单独产品，分别创作1张或者系列新媒体海报（如牙膏一张、漱口水一张、牙刷一支，表达同一个主题）。 3.IP形象设计 结合品牌调性与产品功能定位，设计云南白药口腔健康"治愈力"IP形象。

续表

品牌名称	云南白药口腔健康
广告形式	二、视频类 1. 种草短视频（30秒以内，含30秒）：向目标人群种草产品，直观展示产品优势，有传播度。 2. 创意视频（15秒或30秒）：充分诠释产品理念，可用于社交媒体、视频网站的传播。 3. 微电影广告（30~180秒）：展现品牌理念和产品特性。 ① 微电影：围绕品牌治愈力，创意视角独特，融入产品使用场景； ② "治愈力"MV：展现品牌治愈力，须原创词曲，适用于社交媒体传播。 三、动画类 1. IP形象设计及动态展示：结合场景、动态进行设计。 2. 创作15秒或30秒的动画广告，创意大开，符合品牌调性，吸引目标消费人群。 四、互动类 1. 以VR、AR等创作形式展开，创意新颖，提交链接和二维码。 2. 创作手机端的H5互动广告，互动形式创新，易于引发二次传播。 五、广播类 创作15秒或30秒生动有趣的广播广告，传达产品理念。 六、策划类 1. 新品策划案 基于对目标群体的洞察，根据品牌定位及产品核心卖点，匹配云南白药品牌"治愈力"优势，做"口腔治愈礼盒"的内容物构想、礼盒设计。须包含人群洞察、市场分析、产品创意方案，可以不涉及营销推广及预算部分。 2. 营销策划案 基于市场分析、目标人群洞察，结合品牌及产品理念，创新新品礼盒，并完成礼盒的整合营销上市方案。总预算500万元人民币。 七、文案类 1. 广告语 产品slogan，简要表达产品卖点，富有传播力，不多于30字（含标点）。 2. 长文案 种草产品，包含使用体验、促进成交等内容，须适用于微博、微信、小红书、淘宝逛逛等内容种草平台，可读性高，字数控制在100~300字之间（含标点）。 八、UI类（可在下列选项中进行任意一项的创意设计） 1. 图标设计 基于品牌调性，结合命题产品，绘制一套以"治愈口腔"为主题的图标。 2. 游戏场景设计 设计品牌的专属虚拟形象，须搭配角色氛围设计场景及互动要素。 3. 小程序界面设计 基于品牌调性，设计一款云南白药口腔健康小程序应用界面。 4. 电商详情页设计 根据命题产品特点，设计"治愈礼盒"产品电商详情页，需充分展示产品特点，符合品牌调性。

（注：引自"全国大学生广告艺术大赛"官方网站）

云南白药参赛命题的核心产品是"云南白药口腔治愈礼盒",由牙膏、牙刷、漱口水三类产品组成。营销的目标群体分为两类:一类是Z世代、大学生、颜值控、新锐白领等年轻人群;另一类则是牙龈出血、牙龈肿疼、口腔溃疡、口腔黏膜损伤、正畸等口腔问题人群。广告主题也有两项选择:一是诠释品牌"治愈感"及"治愈力";二是围绕"治愈礼盒"自拟主题。主题解析的内容旨在深度分析产品定位、核心竞争力、产品卖点、消费者痛点等,帮助和引导学生做相应的创意。命题中产品宣传的目的是增强目标人群对云南白药口腔健康专业口腔护理品牌的认知,充分发掘云南白药百年品牌的治愈因子,传达云南白药治愈口腔的产品理念,以及贴近目标人群的个性化消费观,实现产品在目标人群中的快速渗透。

学生在进行广告策划和创意时,首先要明晰参赛命题中的产品特点,通过市场调研围绕核心目标群体做好用户画像;其次要明确产品营销目的,凝练出主题和主旨,锁定自己感兴趣的参赛项目,提交小组讨论,最终确立主题,采取小组协商和全员头脑风暴的方法达成共识。

二、创意策划过程

(一)参赛命题的创意思维与表达

创意策划的过程都是围绕命题要求展开的,因此必须对命题内容烂熟于心。指导老师要根据每一组学生的特点、兴趣与能力,分小组进行指导。

基于学科背景和专业能力水平,大一、大二的同学倾向于选择较为简单的文案进行创意与表达,大三、大四的同学则偏向于选择短视频和营销策划的项目,借此来展示自己在整合营销方面的综合水平。

云南白药命题中所要求的文案类型有两种:一是广告语,即产品slogan,简要表达产品卖点,富有传播力,不多于30字(含标点);二是长文案,即种草产品,包含使用体验、促进成交等角度,须适用于微博、微信、小红书、淘宝逛逛等内容种草平台,可读性高,字数控制在100~300字之间(含标点)。因此,短文案部分可结合专业课上所学的广告口号(广告语)的创作技巧进行创意开发,而长文案部分则可借鉴小红书文案写作、微博文案写作、微信文案写作、电商产品文案写作和营销软文写作等相关知识进行创意表达。

倾向于选择视频类参赛项目的小组,应按照命题中对视频类作品的参赛要求进行创作,其中文案创意则主要集中在故事剧本、创意脚本部分。

选择策划案的小组,文案创意则更多集中在主题的凝练和文字表达、电商产品文案创作、电商品牌文案和活动文案的创作部分。

(二)参赛过程管控

(1)每个小组在参赛初期需撰写参赛计划表,合理安排参赛时间和把控参赛进度。

(2)老师指导各个参赛小组的频率要保证在每周2次以上,且准确有效。

(3)发现有小组误入创意雷区或到达创作的瓶颈期,指导老师应立即予以纠正并帮助其寻找新的突破口,及时止损。

以下为小组参赛计划表示例。

小组参赛计划表示例

（一）1-12周进度计划及实施的具体内容

时间	进度	实施内容
第一周： 2.21－2.27		①文案－构思文案中； ②广播－厘清广播思路中； ③微电影－已下单产品、正在构思微电影剧本
第二周： 2.28－3.6	选取品牌： ①文案－Canva可画 ②广播－非常可乐 ③微电影－非常可乐	①文案－尝试写了一点，但仍在构思文案中 ②广播－结合当前校园生活情况构思中 ③微电影－正在构思微电影剧本
第三周： 3.7－3.13		①文案－初步想了三个文案 ②广播－构思出了一个剧本方向 ③微电影－有想法但是还没形成完整的方案
第四周： 3.14－3.20	选取品牌： ①文案－Canva可画/非常可乐 ②广播－非常可乐 ③微电影－非常可乐	①文案－根据与老师的沟通修改文案思考方向；本周写了一个关于非常可乐的感觉还不错的文案 ②广播－尝试想了一些角度，初步形成文本 ③微电影－广播剧本完善后用在微电影上
第五周－第七周：3.21－4.10		①大广赛品牌更新，换品牌 ②文案和广播初具雏形 ③尝试拍微电影
第八周： 4.11－4.17 第九周－第十周：4.18－5.1	选取品牌： ①文案－快手 ②广播－喜临门 ③微电影－非常可乐	①思考广播脚本 ②修改快手文案——拥抱生活的亿万种可能 ③微电影尝试更换品牌 ④继续修改文案和广播脚本 ⑤更换视频品牌为平安银行，思考视频脚本
第十一周： 5.2－5.8	敲定最终选取品牌： ①文案－快手 ②广播－喜临门 ③微电影－平安银行	①广播已完成 ②长文案做修改 ③拍摄视频
第十二周： 5.9－5.15		作品做最后修改，总结整个过程

（三）提交作品的注意事项

学生注册账号在网上提交作品时，容易产生各种问题。因此，在提交之前必须和参赛小组反复强调创意命题中的参赛项目细则，如文案撰写格式要求、短视频长度、策划案主要部分等，避免学生上传之后出现问题。容易造成问题的往往有以下几个方面。

1. 格式错误问题

视频类作品很容易出现超时或格式错误的问题。有些影视广告作品超过了规定的30秒时长，或者微电影作品不足60秒，这些作品第一轮便会因格式错误被取消参赛资格。还有一些短视频作品拍摄时采取的是横版格式，不符合短视频作品的参赛要求，也只能抱憾而归。还有因视频作品的清晰度达不到要求，或者存储格式错误、文件过大等，导致无法上传参赛网站的情况。

2. 内容不符合规范

参赛的文案作品内容不符合要求，可能是超过了规定字数，也可能是出现违规透漏个人信息，导致上传失败或者失去比赛资格。此外还有营销策划案遗漏掉重点内容，或者版本提交错误等问题。杜绝此类问题的发生，要求指导老师在学生上传终稿之前反复确认其内容的规范性和完整性，防患于未然。

3. 个人信息的缺失

提交作品时，有的小组成员变化大，遗漏或者写错小组成员名字的情况也有发生。有的小组忘记在承诺书上签字，或者参赛队伍中有三位成员，却只有一位成员签名，致使其他成员遗漏签名。还有小组遗漏了指导老师的名字和联系方式，导致获奖以后赛务组联系不上组织方、获奖证书无法投递的问题。

（四）赛后总结

网上提交作品通道关闭、线下作品也由学校组织者打包邮寄之后，指导老师要对参赛小组的整个参赛过程的各个环节和全部参赛作品进行点评，分析闪光点和不足之处，这对于学生的二次参赛和今后参加同类型的比赛有着较大的帮助。小组成员还可以互相打分，分析其他小组参赛作品，点评进步与不足，同时对指导老师的指导教学提出建议，这是非常重要的一个环节。我们常说"以赛促教""赛教结合"，就是希望通过专业比赛，进一步夯实学生的专业技能和实操水平，而做好赛后分析和总结尤为重要。

以下是部分学生参赛的心得体会。

【学生心得一】

经过这次大广赛之后，我总结了以下几点收获。

①根据实际情况及时调整，不要恋战。因为刚开始着手大广赛的时候，品牌提供的信息很有限，所以往往会让自己陷入一种思维的循环，直到后来更新了命题。我是在跟老师沟通之后才确定之前几种想法确实要么难以实现，要么还不够好，所以才换了命题。

②学会将文案广告具体化，不要太空。相对于制作广播广告和影视广告，对于我来说，更难的是写好一个文案广告，因为我平时很容易犯的错误就是把很多空洞的辞藻放在一起。经过老师的指导之后，我慢慢学会将一些生活化的场景融进文案广告。

其实这次参赛的整个过程带给我的感受和值得学习的东西还有很多，但最重要的是锻炼了一种思维技能，这有助于我今后的实践和学习。

【学生心得二】

这可能是我大学期间最后一次参加大广赛了。对我来说，刚准备参赛时的第一大难题是看策略单、看选题，这需要不断地分析斟酌，最后才能选定主题。文案的字数要求看似不多，却需要我们用心思考。首先是选定创意，然后根据创意生出更多想法，再一字一句地慢慢修改完善。这是一个比较漫长的过程，不过这个过程也让我学习到了很多。我们在b站、小红书等地方查看各种大广赛的获奖作品，看看他们究竟是如何做的，分析他们作品的特点以及他们能获奖的原因。看到他们的作品时，我真的是自愧不如，感觉自己有很多地方都比不上他们，不管是创意还是文案、拍摄，我们都还有非常大的进步空间，需要通过不断的实践来提高自己。而参加大广赛就是一次非常好的实践机会，所以总体来说有很大的收获，但以后还需要不断地练习，培养自己发掘创意的能力和撰写文案的能力（因为发现自己有时候有想法，但不知道该怎么用文字去表达）。在我看来，不管是这门课程还是我们这个专业，实践能力对我们来说是非常重要的……成长就是不断认清自己然后不断完善提高自己的过程，加油吧！

新媒体影像制作篇

第四章
新媒体个人化短视频创作

新媒体短视频内容简洁明了、情节紧凑、视觉效果强烈,常常采用创新的叙事手法、特殊效果和音乐背景来增强影片的表现力。得益于互联网和社交媒体平台传播的便捷性,新媒体短视频能够以更快的速度传播和扩散,吸引更广泛的受众群体。它是一种传播快速、创意多样和互动性强的数字影像作品,是当代社交媒体文化不可或缺的一部分。

第一节 新媒体短视频个人创作者的优势

与团队机构创作者不同,个人创作者在进行新媒体短视频创作时有许多优势。

(1)创作自由度高。个人创作者在新媒体短视频创作过程中拥有极大的自由度。他们可以根据自己的兴趣、创意和风格,灵活地表达自己的想法和观点,无须受制于传统电影或电视的制作规范。

(2)制作成本低。相较于传统电影或电视制作,新媒体短视频的制作成本较低。个人创作者可以利用智能手机或经济实惠的数字设备进行拍摄和编辑,以较少的资金完成高质量的作品。

(3)传播速度快。通过互联网和社交媒体平台,个人创作者可以将作品迅速传播给全球范围的受众。这种快速传播的特点使得优秀的新媒体短视频作品能够在短时间内获得大量观看和分享。

(4)互动更直接。新媒体平台的互动性使得个人创作者与受众之间可以建立更直接的联系。受众可以在评论区留下反馈和评论,从而让创作者更好地了解受众的反应,与受众进行实时互动。

(5)品牌塑造与个人展示。通过新媒体短视频创作,个人创作者可以塑造自己的个人品牌和形象。优秀的作品可以帮助个人创作者建立良好的声誉和影响力,促进个人品牌的展示和职业发展。

(6)创意表达和社会影响。新媒体短视频是一个创意表达的平台,个人创作者可以通过作品传递自己的观点和价值观,引发社会讨论和反思。优秀的新媒体短视频作品还会对社会产生积极的影响。

综上所述,个人创作者在进行新媒体短视频创作时,可以充分发挥创作自由度,借助新媒体低成本制作和快速传播特点,与受众直接互动,展示个人品牌和影响力,并通过作品实现创意表达和产生社会影响。本章将结合新媒体短视频平台的优秀案例从创作的灵感来源、情节与冲突、影像表达三个方面来探讨新媒体个人化短视频的创作方法与技巧。

第二节　灵感来源——故事与生活

个人生活体验是个人创作者的丰富而独特的创作资源,因为个人的经历和感受是独一无二的,可以为创作者带来独特的创作灵感,增强作品的情感共鸣和感染力。创作灵感可能来自个人生活中的各个方面,例如情感体验、日常琐事、个人成长和面对挑战时的心路历程等。而创作者要做的,是进行自我探索和反思,挖掘自己的生活体验,并思考如何将这些体验转化为创作素材。

本节从新媒体个人化短视频作者如何从生活中获取故事的灵感来源入手,结合案例综合分析获取故事灵感的方法与技巧。

一、自我反思与观察

自我反思与观察对于创作者从个人生活体验中获得新媒体短视频灵感具有重要的意义。通过深入反思和细致观察,创作者可以挖掘内心深处的情感和细节,从而创作出更具真实性和感染力的故事。同时,创作者还要积极观察周围的环境和人物,包括家人、朋友、同事等,以及生活中的点滴细节。例如定期反思自己的生活,回顾过去的经历、情感和亲身体验。在新媒体时代,这种创作方式对于受众的吸引力和影响力尤为重要。

首先,自我反思有助于创作者更好地理解自己的情感和经历。根据心理学家卡尔·罗杰斯(Carl Rogers)的"自我概念"理论,个体对自我的理解和认知影响着他们的行为和创作。当创作者深入反思个人生活体验时,就能够更清晰地认识自己的价值观、情感、动机和情绪。这些内心感知将成为创作过程中的灵感来源,使得故事更加真实且贴近生活,增强受众与故事的共鸣。

其次,通过细致地观察周围环境和他人,创作者可以发现隐藏的故事潜力。根据美国作家安妮·迪拉德(Annie Dillard)的观点,细致观察是一种"注视神秘事物的精确形式"。在新媒体创作中,观察力是发现与日常生活有关的新鲜故事的关键。创作者可以尝试借助以下方法进行自我反思与观察。

(1)写作日记。每天记录自己的情感、感受和观察,以便深入了解自己的内心和生活。

(2)坐在僻静的地方,静观周围环境。观察生活中的人物、事件和情感细节,思考其中的故事潜力。

(3) 进行深度访谈。与亲友或他人进行深度访谈，了解他们的故事和情感经历。

(4) 学习倾听。学会倾听他人的故事，从中发现共鸣和联系。

通过以上方法，创作者能够逐渐学会如何从个人生活体验中寻找新媒体短视频的创作灵感，从而创作出更具感染力和深度的作品。自我反思与观察对于创作者从个人生活体验中获得新媒体短视频灵感有着至关重要的作用。深入反思可以增强故事的真实性和共鸣感，而细致观察可以发现隐藏的故事潜力。借助这样的创作方式，新媒体短视频才能够拨动受众的心弦，产生深远的影响。

二、记录灵感

记录灵感对于创作者从个人生活体验中获得新媒体短视频创作灵感具有重要的意义。灵感常常是瞬间闪现的，如果不及时记录下来，很容易随着时间的流逝而消失。通过记录灵感，创作者能够保存灵感、加深对灵感的印象，并将其作为未来创作的有力素材。首先是可以保存创意，灵感通常是创作者的宝贵创意来源，记录灵感可以帮助创作者将这些创意记录下来，避免因遗忘而失去了宝贵的创作素材。其次还可以加深印象。记录灵感有助于加深对创意的印象，让创作者能更好地理解和回想起灵感来源。记录灵感也可以帮助创作者在需要创作时快速找到创意来源，提高创作效率。记录灵感还可以促使创作者不断思考和拓展创意，从不同角度审视故事主题和情节，使创作更加深刻和富有内涵。

在新媒体时代，新媒体平台对短视频创作提出了更高的创意要求，而记录灵感能够为创作者提供不可或缺的助力。记录灵感的方法多种多样，个人创作者可根据当前所处的环境选择最合适以及最便携的方法进行记录。

(1) 笔记本记录。随身携带一本笔记本，将灵感用文字或简短的句子记录下来。这是最常见也是最方便的记录方法。美国作家欧内斯特·海明威就习惯在笔记本上记录他的创作灵感。

(2) 录音记录。使用录音设备或手机录音功能，将灵感以口述的方式记录下来。这对于一些在创作中需要表达声音、语调或情感的作品特别有效。

(3) 绘画和草图。对于一些需要以视觉形式呈现的灵感创作，可以通过绘画和草图的方式记录下来。这对于新媒体短视频中的视觉表现非常有帮助。

(4) 数字记录。使用手机或电子设备的便签应用或记录应用，将灵感以数字形式保存。这有助于对记录进行备份和整理，方便随时查阅。

(5) 照片和影像记录。通过拍摄照片和影像，记录灵感的视觉元素。这些照片和影像可以成为故事创作的参考和灵感来源。

(6) 社交媒体平台记录。将灵感以文字或图片的形式发布在社交媒体平台上，不仅可以记录灵感，还可以与其他创作者交流和分享创意。

综上所述，记录对于创作者从个人生活体验中获得新媒体短视频创作灵感具有不可忽视的重要性。通过记录灵感，创作者可以保存创意，加深印象，提高创作效率，并且能够更好地将这些创意用于未来的新媒体短视频创作中。同时，选择合适的记录方法也是关键，创作者可以根据个人偏好和创作需求选择最适合的方式，充分发挥灵感记录在新媒体创作中的作用。

三、探索主题，寻找共鸣

故事主题是短视频创作的核心，它承载着故事的核心思想和所要表达的情感。一个有吸引力的主题可以让受众产生共鸣，并赋予短视频更深刻的意义。因此，对于创作者来说，探索故事主题是非常关键的一步。

探索主题可以引导创作方向，故事主题决定了短视频的整体走向和所要表达的情感，它可以帮助创作者明确故事的核心目标和所要传递的信息。首先，一个明确的主题有助于指导创作者在创作过程中做出决策，确保故事紧密围绕主题展开。其次，情感主题可以触动受众情感，情感主题通常具有很强的共鸣力，能够触动受众的情感，引发内心的共鸣。通过将情感主题融入短视频故事，创作者能够让受众与角色产生情感共鸣，增强观影体验。再次，故事主题为角色性格的塑造和情节的发展提供了指导，有助于创作者塑造立体的角色和有机的情节结构，使角色和情节更加贴近主题，增强故事的一致性和完整性。

情感主题如亲情、友情和爱情是人类生活中普遍存在且易产生共鸣的主题，能够深深触动受众的心弦。通过深入探索这些情感主题，创作者能够在新媒体短视频中传递真挚的情感，打造引人入胜的故事。在新媒体短视频创作过程中，创作者可以从以下几个角度来确定作品的情感主题。

（1）个人经历。创作者可以从自己的亲身经历中汲取灵感，思考在个人生活中体验到的情感。例如，回忆亲情的关怀、友情的支持或爱情的美好时刻，然后将这些情感融入短视频创作中。

（2）对他人的观察。通过观察他人的生活和情感经历，创作者可以发现丰富多样的情感主题。例如，观察朋友、家人或陌生人之间的交往和情感互动，从中寻找新的创作灵感。

（3）文学与艺术作品。文学与艺术作品常常能够唤起人们深层次的情感体验，阅读文学作品或欣赏艺术作品，探索其中蕴含的情感主题，可以为短视频创作提供灵感。

（4）真实案例。与身边的亲友或他人交流，聆听他们的真实故事。每个人都有自己独特的经历和感受，这些个人故事可能包含着许多值得讲述的元素。

（5）社会现象。关注新闻报道和社会事件，挑选一些感人或引人深思的真实案例，如感人的故事、英雄事迹或改变人生轨迹的经历。这些真实案例往往是新媒体短视频创作的优秀灵感来源。

（6）社交媒体参与。在新媒体时代，创作者要想使自己的新媒体短视频作品更加具有网感，关注并参与社交媒体是必不可少的。社交媒体是一个展示生活点滴的平台。创作者要关注真实的案例分享和故事，从中获得创作灵感。例如，许多人会在社交媒体上分享旅行故事、日常心情等，这些都是创作灵感的来源。同时社交媒体上的热搜话题中很多都是围绕着情感主题展开的，创作者可以从中找到与自己作品相契合的主题进行创作，以吸引受众的注意。

一个明确而深刻的主题可以引导创作方向，增强故事感染力，为角色性格的塑造和情节的发展提供指导。创作者可以通过自我反思、借鉴经典作品、观察社会现象和发展个人兴趣等方法来确定短视频主题。案例也证明了一个好的主题可以使短视频更具影响力和深度，为受众带来启示和思考。通过细心挖掘和探索,创作者将能够从个人生活体验中发现更多令人振奋的故事主题,创作出引人入胜的新媒体短视频。

【案例】

抖音剧情类短视频账号"动物启示录"

挖掘人性的主题向来是抖音剧情类内容创作的重头戏。

2019年,抖音中充斥着各种放大人性特点的逆袭剧、反转剧,因为能够戳中用户的"爽"点而频出爆款。但由于过分追求爽感,这些套路化的剧情往往存在着"流于表面、过于浮夸"的弊病。因此,从2020年起,我们能够明显感觉到,类似的剧情类爆款视频少了很多。取而代之的,则是经过打磨、形式更加丰富、更注重人性内核的剧情类账号,"动物启示录"就是鲜明的代表。

"动物启示录"的账号定位是"揭秘人类的动物属性",其发布的每条视频中都会将人性中的某种特质对应为一种动物。随着剧情的推进,当人性中的某种特质达到峰值时,"管理员"白泽便会出现,将特定的人变为相应的动物打包带走,以此作为惩罚。在视频结尾处,还会有对应动物的科普。如以"八爪鱼"为主题的篇章,就讲述了一个花心渣男不断玩弄女孩感情,最终被白泽变为八爪鱼的故事(见图4-1)。

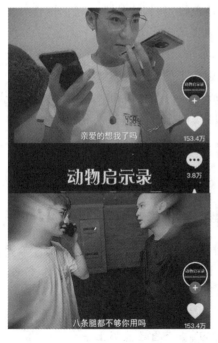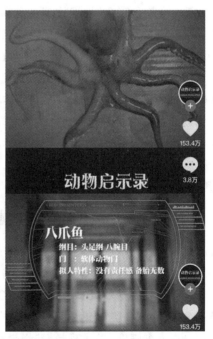

图4-1 "动物启示录"作品截图

(注:案例来自抖音账号"动物启示录")

将动物知识科普与对人性的挖掘进行融合,再加上"将人变为动物"的玄幻桥段,这种新颖的创意形式本身就有着很强的可看性,同时在对人性的挖掘上也不再只是一味刺激用户爽点,而是采用了更加自然、深入的方式,能引起更多有"后劲"的深思。

四、转化故事概念

在进行自我反思与观察、记录灵感和确立短视频主题后,创作者要做的就是将灵感转化为故事情节。我们从生活中汲取的灵感常常是零散的片段,要把它用到新媒体短视频的创作中,最重要的一步就是将灵感转化为故事情节。在这个过程中,要对灵感进行适当的扩充,使其结构更加完整。这个过程不仅能让创意更加具体化和可视化,还能帮助创作者构建完整的故事框架和人物设定。通过将灵感转化为故事情节,创作者能够更好地向受众传达自己的想法和情感,使故事更有说服力和感染力。

在这个过程中,创作者要完成具体化创意、构建故事框架、发展角色设定三个重要的内容,可以通过以下方法来实现。

(1)回顾灵感:回顾灵感的来源,思考其中的关键元素和情节。例如,如果灵感来自一段真实的亲情经历,就可以回顾其中的情感冲突、转折点和故事高潮。

(2)确定主题和情节:将灵感中的核心主题提炼出来,确定故事的基本情节。例如,如果灵感来自友情,故事的主题可能就是关于友情的力量和真挚。

(3)创造角色:根据灵感和故事主题,创造与之相符的角色。角色的设定要能够突出故事主题,使其与情节相呼应。例如,如果故事主题是关于爱情的,那么角色设定应该涉及情感的复杂性和成长过程。

(4)设定故事起承转合:根据故事主题和角色设定,构建故事的起承转合。确定故事的开端、发展情节,安排转折点和高潮,最后落实故事结局。

(5)挖掘细节:故事情节的转化需要考虑细节。通过挖掘细节,使故事更加丰富和真实。例如,可以添加场景、对话和情感描写,增强故事的表现力。

将灵感转化为故事情节是从个人生活体验中获得新媒体短视频创作灵感的重要步骤。通过具体化创意、构建故事框架和发展角色设定,创作者能够创造出更加真实、感人和引人入胜的故事。灵感转化的过程需要反复思考,并细致地描写,只有不断地完善,你的故事才能在竞争激烈的新媒体平台中脱颖而出。

【案例】

抖音剧情类短视频账号"李宗恒"

穿洞洞拖鞋,吃袋装方便面,住楼道1.64平方米隔间,自信发言"我一个月工资已经达到2 500块,但我才26岁"……短短十几秒钟,播主李宗恒就成功命中所有相亲雷点,将奇葩男参与相亲节目的场景生动展现出来,受众看了都直呼"太传神了"。

2021年8月,李宗恒开始运营同名抖音号。没有摄像,就和朋友互相帮忙拍摄;不会表演,就多拍几次,直到满意;不懂剪辑,就慢慢学习,直至自己能够上手。

早期,他的视频多以大学生的搞笑校园生活为主,展示在宿舍、课堂等场景下自己与室友、同学间发生的有趣故事,如"早起的迷惑行为""向爸妈要生活费"等,剧情简单直观且有笑点,他打造的大学生形象被粉丝广泛接纳、喜爱。不久后,就收获了自己的第一个爆款。

在这个爆款视频中,面对女孩喜欢的暗示,他展现的"高情商"发言以及自认帅气的摔手机动作成为出圈名场面,不仅令室友恨铁不成钢,评论区也在接连叹息"月老给你牵的钢筋都让你拧断了""送分题居然被你玩成了送命题"。作品最终获赞317.36w,总播放量超过1.1亿。

李宗恒的很多作品都是从生活中进行取材的,结合自身的生活经历来获取灵感。在选题上,首先应考虑与受众是否有共鸣的,尤其是考虑年轻一代的受众们的态度。李宗恒挑选的选题都非常接地气,好的喜剧就是要贴近生活但比生活夸张一些,这样包袱才会抖得响,受众才会感同身受。

(注:案例来自抖音账号"李宗恒")

第三节　情节设计——戏剧性冲突

在创作新媒体短视频时,戏剧性冲突扮演着至关重要的角色。它是情节发展的推动力,通过角色之间的矛盾和对立,让故事更具紧张感和吸引力。同时,戏剧性冲突也是角色成长和转变的关键因素,使角色在解决冲突的过程中展现出更加真实和立体的一面。个人创作者在进行戏剧性冲突设计时首先要考虑到新媒体短视频这一体裁的时长、画幅、平台特性、受众等特点,要与影视剧作品中的戏剧冲突进行区分。然后从冲突类型和来源,以及冲突的构建和发展方面来丰富我们的故事情节

一、新媒体短视频与影视剧中戏剧冲突的区别

短视频内容为三层——内层是主题,中层是故事,外层是画面。故事即剧本,是关键中枢,承上启下,而剧本的关键又是冲突设计。好的新媒体短视频作品情节跌宕起伏,背后原因就是巧妙运用了"冲突"。新媒体短视频的时长通常不到一分钟,不可能巨细靡遗地讲述故事,所以我们可以把冲突单独拎出来,达成一种"冲突解决即高潮,高潮即结束"的效果,带给受众意犹未尽的感觉。在设计戏剧冲突之前,我们要厘清短视频和影视剧在戏剧冲突的表现和表达上存在的一些区别。

(一)故事长度和结构

新媒体短视频通常时长较短,一般在几十秒到几分钟之间,因此其故事结构较简洁。在这种较短的时间内,需要快速展现戏剧冲突,并迅速推进故事发展,使受众在短时间内感受到情节的紧张,所以在新媒体短视频中,创作者通常会选择让戏剧冲突前置或使冲突更加集中的方法来吸引受众的注意。

影视剧通常时间较长,可能有数十分钟到几小时不等,甚至更长。因此,影视剧有更大的篇幅来展现复杂的戏剧冲突,允许角色和情节有更多的发展和转折,使受众有更多的时间去沉浸在故事世界中。

(二)受众需求和情感投入

新媒体短视频的受众通常只愿投入较短的观看时长,他们期望在短时间内获得情感冲击和对故事的完整体验。因此,短视频通常会加强戏剧冲突,通过情节高潮和情感共鸣来吸

引受众的注意。

而影视剧受众愿意花较长的时间投入故事中,他们期望故事有更多的发展情节和角色深度。因此,影视剧在表现戏剧冲突时会更注重情节的铺陈和角色的情感变化,使受众能够更深入地理解和感受故事。

（三）故事题材和表现形式

新媒体短视频通常以轻松有趣为主要特点,因此其戏剧冲突可能更偏向于喜剧性和搞笑元素。这些冲突通常更加夸张和幽默,能让受众快速产生共鸣、找到笑点。

影视剧的题材更加多样化,包含了各种不同类型的戏剧冲突,涵盖了爱情、家庭、友情、社会问题等多个领域。这些戏剧冲突可能更为复杂、真实和丰富,能够让受众在情节中深入反思和感受。

综上所述,新媒体短视频和影视剧在戏剧冲突的表现上存在一些区别。新媒体短视频注重在短时间内传达具有戏剧冲突的情感表达和高潮情节,而影视剧则侧重在更长的时间内深入展现戏剧冲突的复杂性和人物情感。无论是哪种形式的创作,都需要根据不同平台和受众需求合理运用戏剧冲突,以吸引受众、传达情感和展现故事的魅力。

二、设计戏剧冲突

优秀的编剧在进行新媒体短视频剧本创作时,可以设计出具有吸引力的剧情,让剧本充满冲突,吸引受众不断观看下去。在信息爆炸的时代,讲故事最重要的一点就是:不要乏味。因为对于大部分人而言,生活是平淡的,缺乏曲折离奇的故事,人们之所以容易被银幕上或手机屏里的内容吸引,就是因为它们展示了世界更加精彩有趣的一面。

故事是高于生活的,编剧必须舍弃掉那些乏味的陈词滥调,设计出富有戏剧性和冲突感的情节,才能牢牢吸引用户的注意力。设计出短而精彩的短视频剧情是非常富有挑战性的,如何才能在几分钟甚至是几十秒的时间内,构建起一个有吸引力的情节?这考验着短视频创作者的编剧功力,以及对新媒体、用户心理的了解程度。

由于短视频的时长太短,几乎容纳不了完整的剧情,因此传统故事讲述的"八点法"在短视频的世界里变得并不适用,创作者根本没有时间去完整地阐述"背景、触发、探索、意外、选择、高潮、逆转、解决"这八个过程。

对短视频创作者而言,如果能在脚本中创造出悬念、冲突或转折,就已经具备抓住用户注意力的能力了。悬疑类的剧情,对受众的冲击力和刺激性都较强,且自带强互动属性,往往能在较短的时间内吸引用户注意。

（一）引入冲突元素:在情节中埋下悬念的种子

制造悬念是一种激发受众兴趣和好奇心的手法,短视频创作者经常通过在情节中设置未解之谜或悬而未决的情节,吸引受众持续关注故事的发展。突发事件的发生、神秘人物的出现都会产生悬念,让受众对故事的进展产生猜想和期待。

（二）发展冲突:逐渐加大冲突的矛盾感和紧张度

发展冲突是推动情节发展和增加情节张力的关键步骤,它使故事更具吸引力和紧张感。

通过角色之间的对抗、冲突的升级、意想不到的情节转折等方式设置冲突,可以让故事更具戏剧性和吸引力。

(三)达到高潮:冲突的高潮时刻和转折点

冲突的高潮和转折是情节发展的高潮部分,它能在故事中创造紧张的情感氛围,让受众更加投入故事。通过将冲突推向高潮,设立冲突的解决方案,可以让受众为故事的发展感到紧张兴奋。

(四)解决冲突:冲突的解决和角色的成长

解决冲突是故事发展的收尾部分,它赋予了故事完整性,让受众对角色的成长和故事的结局有更深的感受。合理的解决方案和情节发展,使冲突得到解决,角色得到成长和改变,为故事带来合理而感人的结局。

【案例】

抖音剧情类短视频账号"梅尼耶"

抖音剧情类账号"梅尼耶"就凭借轻悬疑的"侦探剧"风格,取得一个月涨粉337万的成绩。"梅尼耶"每一期的视频内容时长都在30~40秒,主题通常是用户在日常生活中经常遇到的情景,比如住酒店、逛超市、乘电梯、酒吧消费,等等。在这些日常场景中,"梅尼耶"会在镜头中植入许多一开始受众很难注意到的小细节;比如在一个女孩入住酒店的视频中,就植入了"隔壁房间是空的却传来声音""门无法反锁""'服务人员'送毛巾太及时"等细节,让受众在反复观看中认识到住酒店可能遇到的种种危险,从而加强安全防范意识。

值得注意的是,"梅尼耶"每一期视频都会留下悬念,然后在下一期视频中公布答案,起到吸引用户关注和长期观看的作用。为了烘托账号的悬疑风格,"梅尼耶"视频的配乐也充满悬疑感,剧情非常紧凑,细节丰富,稍不留神就会错过,这也调动了许多用户聚精会神看视频的积极性,让视频的完播率和传播度大大提升。

(注:案例来自抖音账号"梅尼耶")

三、设计角色人设IP

由于单条短视频的时间太短,无法承载构建丰满人物形象的需求,所以创作者只能以视频的条数取胜,在每一条短视频中构建一以贯之的人设,从而打造出相对鲜明的形象。打造账号人设,可以遵循RCSC模型,R表示角色(Role),C表示性格(Character),S表示场景(Scene),C表示内容(Content)。总结起来,RCSC模型表达的就是"账号以什么性格的角色,在什么场景下,输出什么样的内容"。通过塑造稳定的角色性格和设置相对固定的场景和内容,可以构建具有自身特色的叙事语境。

一个精心设计的角色人设IP可以提升故事的观赏价值。受众在看到深度塑造的角色时,会对角色的成长和转变产生关注和期待,从而更加投入故事中。一个感人和有趣的角色人设可以让受众产生情感共鸣,与角色建立情感连接。这样的情感连接可以让受众更加投人,从而产生更好的观赏体验。创作者可以通过以下方法来设计并强化角色的人设IP。

(1) 角色性格塑造:确定角色的性格特点,包括外向或内向、乐观或悲观、勇敢或胆小等。通过细节描写和行为表现来展现角色的性格特点。

(2) 外貌和服装设计:设计角色的外貌和服装,确保其与角色性格、故事背景相符。外貌和服装是角色形象的重要组成部分,可以让角色更加立体和生动。

(3) 给予角色背景故事:为角色创造丰富的背景故事,包括家庭背景、成长经历和过往经历等。这些背景故事可以增加角色的深度和复杂性,使其更具吸引力。

(4) 设定角色目标和动机:确定角色的目标和动机,让角色在故事中有明确的行动动机。角色的目标和动机是推动情节发展的关键因素。

(5) 角色与故事情节的紧密结合:确保角色与故事情节紧密结合,角色的行为和决定应该与故事发展相符。一个好的角色人设应该能够推动故事发展,并增强情节张力。

(6) 与受众互动:在新媒体剧情类短视频中,与受众的互动是十分重要的。角色的表情、动作和情节发展都要能引起受众的共鸣和关注。

一个深入人心的角色人设可以让故事更加生动、感人,吸引更多受众的喜爱和关注。角色人设IP的成功打造是一个综合考虑角色性格、外貌、背景、动机等多个方面的过程,只有充分地思考和悉心设计,才能打造出与故事紧密相连的角色,使故事更加精彩和引人入胜。

【案例】

抖音剧情类短视频账号"这是TA的故事"

"这是TA的故事"短视频账号自2019年上线以来,凭借优质的内容与良好的口碑,迅速获得了极高的人气。短视频通过演绎一对对平凡夫妻的小故事,映射出普通人面对日常困境的善意和宽容,用充满正能量的故事治愈了许多人。视频中的小夫妻,男主叫闫亿林,女主叫陶菲菲,他们演绎的一个个描述平凡生活的短视频,被网友评价为看不出表演,完全是生活本来的样子。善解人意的菲菲,担当负重的老林,就像是我身边的邻居、同事……创作者对角色人设的精准把握使得"亿林""菲菲"两位角色赢得超高的人气。

菲菲:知名美院的高才生,爸爸是大学美术教授,妈妈是文工团演员,身边不乏富家子弟的追求。菲菲的家境优渥,本可以出国继续深造,但她"背叛"了自己的全世界,奋不顾身地选择了门不当、户不对的爱情。

闫亿林:来自农村的大学生,相貌平平,衣着简陋。不是他不想西服马甲三件套、跑车名表耍酷帅,而是他从小丧父,是母亲含辛茹苦培养他上大学。

外面的世界再好、再繁华,也不及村子里的袅袅炊烟、浮光掠影。展现在我们面前的是一位才华横溢,且勤俭、朴实、温暖、上进、忠厚老实、心里对母亲牵肠挂肚的大男孩。

在大学校园里,她只是在人群中多看了他一眼,再也没能忘掉他容颜,不管风雨坎坷,她一直守在他身旁,从未打算离开。菲菲披星戴月为爱而来,亿林也不负真心,给了菲菲意料之外的幸福生活,双向奔赴,真爱迷人。

(注:案例来自抖音账号"这是TA的故事")

第四节 自我表达——影像的力量

个人化新媒体短视频创作的内在动机源于创作者的内心需求,这是驱使创作者进行创作的内部力量。在剧本创作完成后,创作者应该考虑的是如何通过影像语言让受众理解自己想表达的内容,并成功地运用镜头语言优化和丰富短视频内容的表达方式,从而引导用户的情感走向,使受众感受到强烈的情感共鸣。

根据《中国互联网络发展状况统计报告》,截至2021年12月,我国移动电话用户总数达16.43亿户,其中5G移动电话用户达3.55亿户。这意味着,用户已经习惯通过移动终端接收信息,为满足用户需求、适应用户习性变迁,新媒体短视频的镜头语言表达方式必须有所创新,需要根据移动终端的便携化、竖屏化、移动化、碎片化等特点进行创作。

一、视觉元素的运用与创新

（一）拍摄机位

拍摄机位即摄像机与被摄主体之间的空间位置,包括摄像距离、镜头高度以及拍摄角度等。摄像机所处的位置决定了被摄对象在画面中所占的比例、造型特征以及同期声的收声效果。因此,在进行镜头创作时,找准合适的拍摄机位与角度能够更好地突出主体特征、渲染情绪表达。本节内容将探究抖音剧情类短视频拍摄机位角度的创新与运用。

近年来,短视频行业风生水起,大部分博主在视频中通常只采用一个机位、一种角度,虽然在一定程度上能够让受众沉浸式体验剧情的作用,但是重复的内容和纯粹的记录方式难免会让受众产生视觉疲劳,粉丝流失也就在所难免。

个人创作者想在种类繁多的新媒体短视频中脱颖而出,采用多机位多角度拍摄是必不可少的,即使人员有限,也可以通过摄像辅助器材和多次拍摄完成。一方面通过不同机位的切换,在展示大环境的同时也能够展现被摄主体的不同动作、神态以及情绪,给受众带来身临其境的感官体验。

（二）竖幅构图

随着移动终端的普及和5G技术的助力,越来越多的用户习惯从抖音、B站、快手等新媒体短视频平台接收碎片化的信息,媒介的不断升级与广泛应用正在悄然改变用户的信息接收习性。因此,更应当根据用户喜好、平台机制、媒介特征来进行短视频的创作。当前大众使用最多的信息接收终端是手机,其特征为小屏化、移动化和竖屏化。竖幅构图不仅广泛应用于短视频的制作,更有向微电影生产"进军"的趋势。当然,竖幅构图并不是完全脱离传统横屏创作模式的摄制形式,而是融合了传统创作理念,同时运用新媒体创作思维和创作技巧。下面我们将具体分析竖幅构图技巧对传统理念的继承,以及竖幅构图技巧在抖音剧情类短视频中的运用。

竖幅构图形式的运用可以贯穿新媒体短视频创作的全过程,在摄制的过程中要求摄像师运用竖版画面准确传达信息、突出主体、构建叙事。因此,竖幅构图技巧在视频中的使用策略包括如下几个方面。

首先,要主次分明地突出重点人物。剧情类短视频的重点在于人物之间的对话、矛盾与碰撞,所以画面中常常会出现两个或两个以上的人物。此时摄像师应当具有辨别主次的能力,实时调整画中人物所占比例的大小,不可本末倒置,给受众造成困惑。其次,要善于利用运动镜头调整画面中心。竖幅构图与横版构图最大的区别就在于竖幅构图的视觉画面变大,左右两边画幅缩小,导致传达的信息量被压缩,所以使主体始终处于画面中心既是一个重点,也是一个难题。摄像师要尽可能实时调整镜头使得画面内容相对集中、主体突出。总之,小屏移动终端的普及为构图形式的创新提供了契机,但摄像师仍需在继承传统形式的基础上进行创新,以创作符合大众审美的短视频内容。

(三)镜头调度

首先是固定镜头的运用。无论是以记录生活为主的VLOG短视频,还是以剧情为主的短视频,固定镜头都是运用得最多的。相较于运动镜头,固定镜头更有利于个人创作者进行拍摄实践。在拍摄剧情类短视频时,固定镜头可谓中坚力量。一方面,固定镜头能够展现画面细节,烘托环境氛围;另一方面,固定镜头组能够调节短视频的叙事节奏,重获用户注意。

其次是运动镜头的运用。运动镜头在短视频中的使用简称运镜,指通过移动摄像机的机位、改变镜头指向或改变镜头焦距等方式拍摄运动画面。在画面中,被摄主体既可以移动,也可以保持静止。只要画面富有动感,这些镜头均可称运动镜头。随着抖音、快手等短视频平台的崛起,运动镜头也越来越多地出现在各大短视频博主的作品当中。运动镜头的使用对于优化叙事结构、重塑画面空间、增强视觉体验具有重要作用。

【案例】

张艺谋系列微电影中的竖屏构图

张艺谋曾拍摄《遇见你》《陪伴你》《温暖你》《谢谢你》等系列微电影。其中,《谢谢你》主要使用了井字构图、对角线构图、中心构图、上下构图、对角构图和三点构图等构图方法。井字构图(三分法构图)和对角线构图因其呈现出的特殊视觉美感而被影视创作者大量使用。在《谢谢你》《温暖你》中,可以看到这两种构图法对于竖幅影片依旧适用(见图4-2)。金元宝玩偶作为画面的主体被放置在右下角的视觉集中点上,这与井字构图方法在横幅下的使用有着异曲同工之妙。首先,由于视觉集中点的存在,受众的注意力被集中到金元宝玩偶的所在位置,使画面的主体变得突出。其次,左下角视觉点上的金元宝玩偶打破了画面的平衡,打破了画面内的平静,渲染了影片的情绪。最后,前景钥匙的实和背景的虚塑造了空间的透视感。

在《谢谢你》中,对角线的构图方法也被大量使用(见图4-3)。

白领的手部、纸杯和"蜘蛛人"的手部被放置在画面的对角线位置,三者的连线将画面一分为二,使画面呈现对称的同时增强画面的平衡。三者前近后远的视觉呈现加强了画面的纵深效果,使得画面更具空间感。

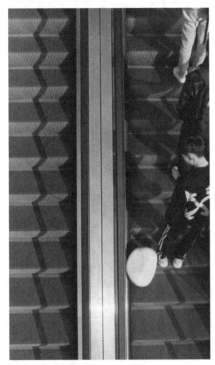

图4-2 "井字法"构图

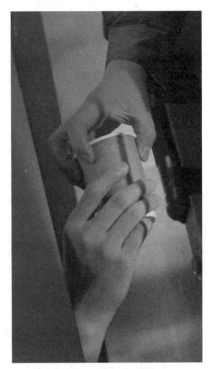

图4-3 "对角线"构图

线条构图不仅能将受众的视线集中到画面的主体之上,而且具有延伸画面空间范围的作用,让画面呈现出独特的视觉美感。线条本身具有"延伸性",通过线条的"延伸性"建立画内和画外的空间关系,使受众意识到画面外空间的存在,随后把想象画面叠加在表象画面之上去获得新的特征。平行画面的线条能将视觉空间向左右延伸,垂直画面的线条则会将视觉空间向上下延伸。这种构图方法常常使受众产生更大的画面想象力。在《温暖你》中,对电梯运行的拍摄就采用了线条构图法,电梯扶手位于画面垂直平分线上,将画面一分为二,使画面在视觉上呈现出明显的对称美感,同时维持了画面的空间平衡,左侧下行电梯和右侧上行电梯在画面中形成了三条垂直线条,垂直线条引导着受众的视觉想象力往画面外发散,使画面的纵向空间被大大延伸(见图4-4)。竖幅的对角线构图对于视觉空间范围的延伸效果更加明显,图4-5所示画面的电梯扶手构成画面的一条对角线,将画面分成玩偶人向男性致谢和帮忙捡金元宝的男性望向玩偶人两部分,但是线条的"延伸性"促使受众的想象力往画面外延伸,自行补充出画面外的空间环境,从而感受到电梯以外的世界的温暖,切合微电影名字《温暖你》。

图 4-4 "对称式"构图　　　　　　图 4-5 "对角线"构图

二、听觉元素的运用与创新

听觉元素是影视视听艺术的重要构成部分,也是影视语言的重要组成部分。人声、音乐、音效是听觉的构成元素,所以在将听觉元素运用到短视频的创作中时,为了增强作品的空间感和立体感,应充分发挥人声、音乐和音效的作用,让短视频作品拥有超出二维画面空间的能力,提升新媒体短视频作品的生动性和完整性。

(一)人声

非叙事镜头的主要叙述语言包括口述对话、内心独白和画外音旁白三种。在新媒体短视频创作中,尤其是剧情类短视频中,口述对话是最为常见的人声表达方式,可以在呈现人物关系的同时推动剧情发展,让受众感受到人物在当前故事情节下的心境和思想。若剧情类短视频在创作过程中涉及对话,要尽量选用自然、朴素的话语,同时根据人物特点运用具有个性化特征的语言,然后自然地说出对话,以此带动受众进入视频情境。

在非叙事镜头中,语言的设计安排需要有丰富的底蕴和内涵,一句具有潜在意义的语言往往会成为整个视频的点睛之笔,点题式的语句或强烈的暗示能够引起受众内心深处的共鸣。旁白的作用主要是补充剧情和背景,其夹杂着创作者的主观意识形态,有一些旁白是由剧中人物叙述的,所以更逼近人物真实想法,这对塑造人物形象和个性具有重大作用。

(二)音乐

音乐作为一种时间艺术,具有极强的动态性,是接近人们内心的艺术形式。音乐对于新媒体短视频而言,也有重要作用。在创作新媒体短视频时,创作者可以利用背景音乐增强短视频的生动性;在短视频情节不断发展的情况下,创作者还可以按照剧情发展设计音乐之间的韵律关系,以此铺垫、推进剧情和营造气氛,顺利呈现视频主题。另外,若是想要营造氛围或推进剧情转折,则最好选用纯音乐;歌曲可以应用于叙事镜头和非叙事镜头中,发挥代替人物说话、抒发人物内心情绪的作用,呈现一种内敛的情感表达。

(三)音效

在新媒体短视频中,音效是指作品内的所有声音,比如动作、摩擦、碰撞等声音,其作用主要是点睛。由于拍摄场景、环境的限制,一些声音需要后期添加,所以后期制作音效时,创作者要注重音效的艺术性运用,利用剪辑技术增强短视频作品的真实性、完整性和趣味性。

【案例】

抖音剧情类短视频《朱一旦的枯燥生活》

在《朱一旦的枯燥生活》系列作品中,编导在背景音乐方面统一使用了周星驰喜剧电影《国产凌凌漆》中的经典配乐(《美丽拍档》,胡伟立)来强化作品的系列感。同时,作品通过大量升格镜头来表现人物夸张而丰富的肢体动作和面部表情,以实施黑色幽默的叙事策略,这导致作品的配乐、声响等听觉元素在设计上相对简单。于是,人声便成为该剧中最为重要的听觉元素。

在《朱一旦的枯燥生活》系列短视频中,独白是最主要的人声表现形式。在原导演兼编剧张策离职前,片中主角朱一旦的独白都是由张策配音的。这是因为演员的原声偏细嫩,而张策的声线低沉而富有磁性,相比演员的原声更符合受众对于富豪形象的想象。张策的配音不仅有助于从听觉的角度表现"朱一旦"这一人物形象,其富有磁性且刻意拉长的音调也有利于剧中"黑色幽默"氛围的营造。这体现了独白在该剧听觉符号中所承担的辨识人物、塑造人物的重要功能。

(注:案例数据来自抖音账号"朱一旦的枯燥生活")

三、剪辑思维的运用与创新

和影视剧作品不同,新媒体短视频通常长度较短。由于时间限制,新媒体剧情类短视频的故事较为简洁,叙事节奏更加紧凑。掌握叙事节奏是一种把故事讲好的能力,决定了故事能否吸引人、能否调动人的情绪,让受众的情绪与故事共振。通过掌控节奏,可以不断打破人们固有的心理程序,促使受众心理活动增加,从而增添观看的新鲜感。剪出叙事的节奏感,可以从情节结构的剪辑和情绪表现的剪辑两个方面寻求突破与创新。

(一)新媒体短视频叙事逻辑

1. 开端即高潮

起承转合是最常见的叙事结构,无论是文学作品还是影像叙事,大都遵循开端、发展、高潮、结局的叙事结构。然而网络时代,受众的注意力容易被分散,短视频体裁的短小以及碎片化的传播方式要求它必须在极短的时间内抓住受众的眼球,因此在剪辑时,创作者要把高潮情节前置,把最吸引人的地方放在前面。不仅要开门见山,尾声也要干脆利落。精准的切入和截断,可以营造出好的悬念和强大的吸引力,使受众的思绪始终处于一个"接近获得"的状态。因为网络时代的受众要面对海量视频,多一秒对短视频而言都可能是画蛇添足、可能导致受众的流失。

2. 突破平铺直叙的逻辑——反转与戏剧性叙事

短视频的冲突点一般来自反转。制造反转,突出故事的戏剧性冲突是抓取受众眼球的常见手段。通过反转,打破生活常识、生活经验,或者挖掘同一件事情中的不同角度,创作者可以呈现出一种意料之外的效果。形象身份的反转、性别的反串是短视频常用的反转手段。

3. 打破心理逻辑——制造悬念

受众的视觉与心理逻辑是剪辑的重要依据。短视频可以通过制造悬念来适度打破心理活动的合理性,产生出人意料的结果。悬而未决、结局难料的情节设置会极大地激起受众对于接下来发展的迫切好奇心,进而引起他们的紧张、好奇等情绪。制造悬念感就是要抓住受众的这些情绪。只有让受众有极强的代入感,对片中人物、事件产生强烈的好奇心,受众才有持续观看的兴趣。剪辑师可以通过动作或者表情的升格、快切、黑场等剪辑手段有意识地创造悬念,比如刻意隐瞒一些信息、展露另一些信息,促使受众对后面发生了什么产生好奇。

(二)新媒体短视频剪辑方法

理解了短视频的叙事逻辑,下一步就是学会安排事件的发展顺序,巧妙地组织素材,也就是剪辑出别具一格的情节结构。

1. 连续式剪辑

连续式剪辑指沿着一条单一的情节线索,按照事件的逻辑顺序,有节奏地进行连续叙事。这种叙事剪辑手法主要依据事情发展的先后顺序、因果关系等,将镜头进行组接,给人自然流畅、朴实平顺之感。但由于缺乏时空与场面的变换,这种剪辑方式无法直接展示同时发生的情节,不利于概括叙事,易有拖沓冗长、平铺直叙之感,所以使用连续式剪辑手法时要求将故事的叙述剪辑得精练、流畅。同时,由于短视频时间较短,不宜过多铺陈,剪辑时要注意冲突矛盾的集中爆发。在短视频中,连续式剪辑多与平行、交叉剪辑一起使用,两者相辅相成。

2. 交叉式剪辑

交叉式剪辑是对两个或两个以上的情节线进行交叉叙述,各个情节线之间可以互不相关,也可以有关联,它们与平行式剪辑的主要区别在于各个情节线的叙述是交错地穿插呈现且最终汇聚在一起。交叉式剪辑的叙事方法提升了影片叙事的速度、节奏,增强了情节带给受众的快感。交叉式剪辑在最后完成收束汇合的刹那,既可以形成强烈的节奏感,也可以渲染紧张的气氛,塑造惊险的戏剧张力,是引导受众情绪的有效手法。

3. 颠倒式剪辑

颠倒式剪辑相当于小说中的插叙或倒叙,是指先展现故事的结局或者事件的当前状态,再展开故事的发展过程和原因,表现为事件概念上"过去"与"现在"的重新组合。这是一种打乱结构的剪辑方式,它常借助叠印、划变、画外音、旁白等手法转入倒叙。运用颠倒式剪辑时要特别注意,虽然打乱了事件呈现的顺序,但时空关系仍需交代清楚,否则就会使受众产生混乱之感。颠倒式剪辑的运用,打破了时间发展的自然顺序,对情节的展开进行重构,使视频画面具有跳跃性,能避免平铺直叙的枯燥感,便于设置悬念。

4. 重复式剪辑

重复式剪辑相当于文学中的复述方式或重复手法,是指将故事情节中出现过的视听画面或具有一定寓意的镜头重复剪辑形成前后呼应的叙事表现手法。这种叙事剪辑方法有助于呈现强调、对比、呼应、渲染等艺术效果,深化受众的印象,以达到刻画人物、深化主题的目的。重复剪辑一些重要的情景,使其在叙事进程中反复多次出现,一方面是为了前后呼应,引起受众重视,另一方面也有厘清脉络、划分层次的作用。

一些剧情类新媒体短视频为了讨巧,在实际的创作中往往采用紧凑的对话并辅以节奏较快的背景音乐进行叙事,这样呈现出来的作品情节缺少错落感,节奏单一,难以收到张弛有度的叙事效果。够灵活使用以上介绍的情节结构和情绪表现的剪辑方式,有助于增强短视频叙事的节奏感,剪出吸引人的故事,让受众产生共鸣。另外,把握好剪辑叙事节奏的同时也不能忽略色彩、光影等问题,高级的光影、色彩能让短视频熠熠生辉,提升影像质感和魅力。

【案例】

哔哩哔哩平台账号"派小轩"

哔哩哔哩平台"派小轩"的视频作品以展现现代社会男女情感和职场生活为主,其中男女主的内心旁白是视频的灵魂。旁白将情侣恋爱时的心理活动展现得淋漓尽致,真实的场景则给受众带来一种很强的代入感。此外,视频角色小轩与吕长隆之间的互动也是视频的亮点,作品多次运用快节奏的剪辑方式以及不断反转的剧情来吸引受众。

比如,在网恋"奔现"时,小轩紧张又激动地看着手机上两人之间的距离越来越近,原本以为这个"低音炮"网友是个帅哥,结果看到真人时幻想瞬间破灭,直接在心里吐槽"脸黑就不要穿白衣服了吧"。而后,她想到在网上聊天时说见面要给对方一个熊抱,直接尴尬到天际。这种紧凑的叙事节奏和不断制造悬念和反转的叙事风格,使作品的笑点更加集中,能够长时间地抓住受众的眼球,引起受众的共鸣。

(注:案例来自哔哩哔哩平台账号"派小轩")

第五章

新媒体商业影像生产

免费的观看平台、低廉的流量费用以及全新的计算技术推动了互联网视频行业的蓬勃发展,也汇聚了众多用户的目光。影像已经成为越来越多互联网用户用来表达个人想法、记录身边生活以及维持社交状态的新途径。对影像而言,这是最好的时代,普通消费者每天打开手机,点击APP,影像便会"直扑你的脸颊"(如今的新闻、广告、动漫、综艺节目、电影电视皆能以影像形式出现在受众面前)。根据《中国移动互联网发展报告(2023)》统计,截至2022年底,移动电话用户总数达16.83亿户,移动互联网用户数达14.53亿户。数量庞大的用户群是互联网兴盛发达的基础。

在移动互联时代,用户接收信息的方式也发生了巨大变化。首先是信息接收工具的智能化,几乎每个人都会随身携带一个可以播放影像的智能手机。从外形来看,手机屏占比逐渐增大,分辨率不断提升,在公交站内、在地铁里、在上班上学途中,用户可以随时随地观看影像。其次,日益低廉的流量费用让越来越多的消费者愿意点开视频作品,抖音、快手、火山小视频等平台的用户保有量居高不下,而原本以文案为主要内容形式的微信、微博、小红书等APP也纷纷开始借助视频作品开拓用户市场,这让越来越多的商家选择在平台上投放视频广告,以期获得消费者更大的关注度。

再次,"竖屏+互动"模式开始兴起,打破了传统视频影像的构图、剪辑和制作模式。在创作门槛不断降低的前提下,越来越多的非专业人士参与到视频创作之中。在新媒体技术不断更新迭代的当下,与这种全新媒介生态相关联的公司与个人都希望从中找到属于自己的财富密码,而影像作为互联网消费者日趋依赖的信息获取形式,不可避免地成为全新商业模式的重要组成部分。然而,不同于以往的影视广告或网络在线直播,新媒体影像的作品内容不但要适应新媒体的传播风格,同时也受到全新媒介环境的影响,需要在创作过程中逐步找寻兼具商业价值与内容属性的"双赢策略"。因此,本章将从新媒体商业影像出发,通过介绍不同的新媒体商业影像案例,从价值定位、视听符号与品牌叙事等角度重点阐释新媒体商业影像创作的基本思维与技巧。

第一节 理解需求——价值定位

当前的新媒体影像的制作模式大体可以分为如下几类：①PGC(Professional Generated Content)，即由专业制作团队主导的视频创作模式，其特点是团队拥有丰富的拍摄与运营经验，预算充足，作品精良；②UGC(User Generated Content)，即由非专业用户进行视频内容生产，并通过个人平台进行发布与传播的模式；③PUGC(Professional Generated Content + User Generated Content)，即将UGC和PGC相结合的内容生产模式，这种模式既有个人用户所附带的强烈个性色彩、人格化特点，同时背后又有专业团队参与编导、拍摄、剪辑与运营。然而，无论是哪一种制作模式，只要其账号是以长期、高频率地传播自制视频作品为主要目标，就必须要思考如何运用账号内容实现盈利。

本节将从新媒体商业影像的创意策略与价值定位入手，结合案例分析不同影像作品的基本创作思路。本章所讲的新媒体商业影像主要指那些具有独特内容且兼具商业价值，并能够满足商务需求的影像作品。这些作品都是在理解多方的需求的基础上，结合新媒体环境的独特生态进行创意设计的。

一、个性化风格的确立

马克思认为生产直接是消费，消费直接是生产，每一方都直接是它的对方。这段针对生产和消费辩证关系的经典阐释，用于描述新媒体商业影像作品的生产同样恰如其分。我们可以发现，不同于单纯承接甲方需求、制作并交付影视广告作品的广告公司，大多数新媒体公司更愿意创建集制作、发布、运营为一体的独立账号，并通过在账号上不断发布作品、持续运营来加强账号与受众之间的黏性，进而提升账号的商业价值，实现账号内容变现。因此，对于此类商业性新媒体账号来说，建立独特的风格是重中之重。很多账号会在创立之初预设"标签"，实现作品本身的定位。

（一）类型化

对于用户来说，清晰的类型定位能够有效地告知用户他们所观看的视频内容是哪种类型的。对于视频账号本身而言，合理的类型定位犹如标签一般，能够给创作团队提供明确的创作方向和目标，方便创作者在创作初期收集具体的信息资料，明确作品的核心主题并坚持作品的风格、模式，还能提升团队的创作效率。用户在搜索相关内容时，便可以依据视频的类型或标签来挑选，不仅方便平台进行较为精准的投放，也利于消费者更加方便地找寻自己需要的信息。与此同时，准确而合理的视频定位也能够让商家关注到账号本身，从而促进商家与创作者进行合作；创作者可以依据商家的具体需求，更加清晰地表现和传播商家的产品与服务。

（二）具体化

由于视频本身的时长限制，用户往往会通过标题对视频进行筛选，因此新媒体商业影像作品的标题十分重要。如果影像本身以传递美食讯息为目的,那么视频标题便应直截了当地标记出视频的基本内容,即美食推荐。同时,具体化并非平铺直叙地进行表述,而应以新颖有趣的形式叙事。比如,以推销某种生活工具为目标的视频,若标题直接表明"这种工具实用方便",则缺少了一些趣味性,不如变为"解决问题很难?那是因为你从来没用过这个工具!",从而可以提升受众对于视频推荐的工具的好奇心。

(三)奇观化

对于视频受众来说,观看新媒体影像的首要需求是寻求娱乐消遣,而非收看广告。因此,新媒体商业影像不但要满足商家所提出的商业需求,更要在适应全新传播环境的前提下,多拍摄常人较少经历的事件内容,以引起受众的好奇心。在影像语言上,新媒体创作环境降低了对视频创作者的专业技能和拍摄设备的要求,竖幅构图、节奏感强、冲击力大的作品更受市场认可。这一切都以在短暂时间内创造视觉奇观为要义,甚至需要将创意方式进一步扩大,以极度夸张、极具戏剧冲突甚至恶搞的形式来吸引消费者的目光。

(四)系列化

在新媒体环境下,时长过长的视频与受众快节奏、碎片化的观看需求不符,因此诞生了不少短视频商业性作品。但是,视频时长过短,又制约了创意的发挥,许多需要时间铺垫或让受众逐步沉浸体验的内容,无法在单一作品中进行表现。为解决这一矛盾,不少账号开始拍摄系列短视频,将时长较长且需要详细展示的内容分为2~6集进行制作,这种方法能够弥补单个视频所导致的受众沉浸感不足的缺陷,增加视频内容的厚度与深度。

【案例】

明确的账号定位有利于精准挖掘作品的商业价值

无论是过去的电视时代,还是如今的网络时代,美食一直都是受众喜闻乐见的主题之一。在新媒体环境下,尤其是抖音、快手、小红书、B站等以短视频为主的平台上,美食类短视频账号如雨后春笋般出现,并不断地更新形式与内容。这类视频的优势在于,我国拥有悠久且多元的美食文化,各个美食账号可以以此为基础长期输出优质内容。同时,餐饮、食品加工行业范围之广、从业人员之多、受众群体之大无须赘言,这给美食类短视频账号提供了非常优越的生存土壤。

视频号"大LOGO吃遍中国"定位于美食探寻、品尝。其在2020—2022年期间所发布的视频以带领受众探寻并感受各地特色美食为主。比如作品《最重螃蟹皇帝蟹大揭秘》中,创作者花费5000元购买了一只八斤重的螃蟹,在镜头前开箱展示螃蟹的巨大体形后,直接将其清蒸并重新放回镜头前。品尝螃蟹过程中,作者不断向受众形容其味道鲜美多汁,并配上方便面、柠檬等"探索"创意吃法。不难看出,在这一期节目中,视频最为出彩之处便是食材"皇帝蟹"的展示和品尝环节。因为在日常生活中,大多数消费者很少购买此类产品,所以视频内容能够激起受众的好奇心和观看欲,从而提升视频作品的观看数量、完播率、点赞率和转发率等。

又如作品《奔驰餐厅吃到爽要多少钱》中,创作者找到了全国仅有的三家奔驰餐厅之一,并在视频开头对其高定价的特点进行了简要介绍,用镜头带领受众进行品尝。在作品开头部分简要介绍奔驰餐厅的基本环境后,作者便直接进入点菜环节。餐厅菜品定价相对较高,创作者想要利用此点吸引受众注意。而在整个美食品尝过程中,创作者对菜品味道的描述也偏于平实,用简单的语言向受众形容菜品的内容。不难看出,这则视频能够得到众多观看者的点赞与转发,离不开奔驰餐厅这一"奇观化"地点。创作者向受众展现了日常生活不常去的场所,满足了受众的猎奇心理。

(注:案例来自抖音美食类视频账号"大LOGO吃遍中国")

不难发现,视频号"大LOGO吃遍中国"在将账号定位于美食品尝类后,巧妙地建立了自身特点,并有效融入商家需求,从而将趣味性与商业性有机地结合在一起。

二、商业性诉求的融入

对于新媒体人而言,新媒体行业永远充满激情与挑战。它需要你不断"燃烧"脑细胞、不断修改方法,同时不断接受质疑。在新媒体商业市场中,永远都有一对相爱相杀的"冤家"存在,他们就是我们常说的甲方、乙方。新媒体人为商家的商业需求提供服务,是商业市场中的乙方。因此,一个商业影像作品要顺利出现在大家面前,便必须经过商家,也就是甲方的同意。在新媒体商业影像的传播过程中,商家和影像创作者共同参与创意生产的过程,创意要通过一定的表达形式转化为具体内容被消费者接受,最终形成数据反馈给商家和创作团队。因此,很多影像在创作之初,便已经将商业性诉求融入创意之中了。

(一)流量要求

对于商家而言,影像内容的质量只是其关注的一部分,而刺激商家加入新媒体商业影像创作大潮的核心要素是流量。如上文所提到的,观看新媒体视频是绝大多数互联网用户在日常工作、生活间隙中的娱乐消遣。能够在这个间隙里吸引最多消费者观看视频,并记住其中的产品和服务才是商家的需求。同时,对于影像创作团队来说,其视频的收入来源也主要是流量变现,即在保持粉丝黏性的前提下,适时地承接商业需求,用视频广告的方式取得收入[①],这使得高流量成为商家与创作团队的共同诉求。

(二)互动化要求

互动化要求是流量要求的延伸。对于不同平台而言,流量可以具象为评论数、弹幕数、点赞量、转发量等数据,这些数据背后的实际要求则是粉丝的活跃度。为了增强粉丝的活跃度,更好地拉近用户与视频中产品的距离,创作团队需要在与用户互动方面多多思考。增加互动的具体方式有以下几种。

(1)提升更新频率。稳定且较高的更新频率不仅可以让视频更容易被受众刷到,同时也能加强受众对于视频的记忆。这要求视频创作者多采取系列化创作模式,在叙事模式、剪辑特征和画面风格上保持独有的风格,从而提高视频生产效率,保持稳定的粉丝黏性和活跃度。

(2)寻找话题"点"。优秀的视频作品往往需要将商业性诉求融入甚至隐藏在内容之

[①] 广告变现是新媒体商业影像的主要变现方式之一。除此之外,平台补贴、知识付费、电商、衍生品等变现方式也在逐渐出现和完善之中。

中,从而避免受众将视频判定为广告而拒绝观看,这便需要作品寻找合适的话题"点"进行借势营销。如电影《孤注一掷》在未上映之前便已受到众多受众的期待,受众期待影片的原因有两个方面。其一,国人对于电信诈骗的深恶痛绝,电影内容是以这一现象为基础进行创作的,符合受众的内心期待。其二,电影创作团队积极在抖音平台进行短视频作品的投放,其内容是对影片内容的二次剪辑,其中不仅有针对演员精彩表演片段的展示,还有直击受众"痛点"的片段剪辑,这些作品收到了众多受众的点赞、好评,更有一些作品成为其他视频账号翻拍的对象。

(3)用互动产生新主题。新媒体平台的高互动性颠覆了传统影像的创作与表达模式。对于传统影像而言,创作者往往隐藏于摄像机之后,用精彩的画面引导受众沉浸其中,进而叙述故事、传播情感。而新媒体平台将受众与创作者的距离拉近,双方可以在评论区进行直接交流,创作团队还可以依据受众在评论区的反馈,对作品内容进行针对性调整。

(三)自主性要求

新媒体平台打破了原有商业影像制作的"甲方乙方"的分工方式,部分商家已经不再满足于将创作权交给视频创作团队,而是开始积极介入创作环节,让消费者能够通过视频与自己形成连接。相比于单纯依靠乙方账号流量的做法,在自有账号发布作品的方式无疑拥有更大的创作自主权,同时,其内容偏向于以个人化形象出场,商家可以透过视频直接与消费者进行交流,从而重构商家和受众的关系,由一般的"使用—信任—喜爱—偏好"模式变为"共同成长—共同分享—共同承担—共同收获"模式,并由此培养黏性受众,或者说粉丝。

【案例】

商业诉求与个性化风格的有机融入

在抖音平台中,很多拥有一技之长的博主通过展示自己的"独门技艺"受到受众的追捧,从而获得可观的流量和强大的粉丝黏性。这促使许多商家乐于与这些博主合作并发布视频,进而提升账号的商业价值,更好地实现商业性用途。"米雷-RayDog"便是其中的佼佼者,其账号主要以分享自己的绘画作品为主。相比于单纯展示绘画过程和最终作品,"米雷-RayDog"偏向于用真人展现前半部分,配合音乐、故事进行表演,在某一动作定格后再转为独创绘画的视频画面。如作品《失恋的歌都这么甜吗?》,作者选用了当时抖音平台上传播度较高的音乐《Everthing Sucks》作为视频的BGM,创作者立于百叶窗前面对镜头进行表演。由于歌曲具有较为清晰的节奏点和故事性,创作者在表演时以人物表情为重点,并配上自创的绘画作品进行展示。这种形式受到了受众的喜爱(见图5-1)。不难看出,该账号作品的最大特点是作者本人出现在视频之中,从而提升了粉丝对于作者本人的熟悉程度,同时作者的绘画作品也是前半段表演的有力补充,提升了影像的故事性。

作品《今天你穿的什么香》中,创作者与洗衣液品牌立白合作(见图5-2),依照品牌方所提供的产品"立白大师香氛"进行创作。创作者选取了产品标签上的动物形象发挥创意,将动物动漫化,通过创作者之手绘于画板之上。前半段用两个镜头延续了创作者的经典风格——动作定位—绘画卡点,而当创作者"意外"将调色板撞翻到自己身上后,动物形象从画面中飞出,并解决创作者所遇到的困难。其后,创作者被小动物带入画中,运用多个场景变化进行互动,这延续了账号本身的内容创作风格。影像末尾,立白产品外形露出,从而完成了这一产品的新媒体视频广告。

图5-1 "米雷-RayDog"作品截图(一)

图5-2 "米雷-RayDog"作品截图(二)

作品《一点点实现自己的白日幻想》中,创作者向受众推荐了自己的画册,视频内容以翻看画册为主画面。由于创作者画册为以往作品合集,因此每一次翻看画册,都会截取过往视频中的"动作定位—绘画卡点"部分,以唤起受众对于以往视频作品的记忆。可以看出,创作者画册的推出不仅有利于增强粉丝与创作者之间的黏性,同时也打破了大众对于抖音博主仅在线上进行创作的刻板印象。此时的创作者也不再只是商家需求的承接者与实现者,而转变为了推荐自身产品,是积极探索粉丝流量变现新方式的创作者。

(注:案例来自抖音绘画博主"米雷-RayDog")

三、受众画像的模拟塑造

创建受众画像有利于帮助创作者精准定位受众群体,从而更加高效地吸引流量、保持受众黏性。目前,短视频平台的运营主要以挖掘视频大数据的方式分析受众的信息和趣味偏好,进而定位受众用户。然而,影像是具有画面内容的信息媒介,除运用大数据工具进行数据挖掘与分析外,创作者也可以配合运营阶段的数据分析工作对受众画像进行模拟和塑造。而相比于运营阶段更偏向对数据模型的理性分析,创作阶段的受众画像更偏向对虚拟人物的感性塑造,通过对影像作品的"标签化"将受众画像融入其中,从而尝试深度链接目标受众,具体而言有如下几个步骤。

（一）产品的"日常样貌"

在人物塑造中,"日常样貌"是指人物的基本属性,它包括外貌、年龄、性别等因素;而对于新媒体影像产品而言,产品的"日常样貌"则是影像内容的人格化方向。一般而言,新媒体商业影像的呈现方式有两种:一是呈现产品本身,主要运用镜头语言来展现产品的外观特点,运用拍摄和剪辑技巧来吸引受众注意;二是将使用产品的人作为拍摄对象,表现使用者的使用方法、感受和状态,从而引起消费者的共情。这两种方式的最终目的都是通过镜头语言来展现产品或使用者的状态,精细地修饰影像产品的"日常样貌",从而明确产品的外形、功能、使用价值等特点,让消费者能够认可画面中所呈现的产品或服务。

（二）品牌的"重要经验"

如前文所言,大多数新媒体商业影像都会将创作者作为引导者,由创作者带领受众理解产品或服务的特点。这时,创作者本身就成了影像账号的品牌标签。对创作者而言,"重要经验"是创作者行动的核心动力,也是支撑创作者选择拍摄此类作品的核心驱动力;对于受众来说,如果创作者在推介时能从自身出发,讲述自身的体验感受和评价,则有利于规避生硬的产品推销。因此,为了使产品体验真实可信,许多创作者会选择向消费者表述自己曾经用过某种产品,及其给自己的生活带来的便利和重大转变。这种方式能够有效吸引消费者注意。若创作者的"经验"与消费者自身经历相似,则可以在共情的基础上进行有效传播。

（三）受众的"人际互动"

"人际互动"指产品与受众之间的联系。创作者在按照"日常样貌"和"重要经验"原则制作影像产品后,最终还是要向受众传递影像作品内容,并积极与受众进行有效互动。比如,某品牌手机在制作传统的TVC广告时,一般会选择运用高超的拍摄技术创造美轮美奂的画面或请明星进行代言,这是目前影视广告的重要手段。但在制作新媒体商业影像时,我们可以在了解产品的"日常样貌"后,再对受众关系进行初步模拟。如果产品最具特点的功能是游戏功能,那么其创作前提便是先思考适合此功能的受众群体有哪些,以及如何在影像空间里展现目标受众熟悉的生活环境,并合理地运用这一功能。这样,创作者对于目标受众的年龄、性别等便能有一个大致的了解。

（四）缺陷的"风险规避"

目前,新媒体商业形象的类型化特征很明显,同类型的影像作品层出不穷,任何一个赛道都充斥着大量的相似作品。这不可避免地造成同类影像之间的激烈竞争。由于影像作品的高更新率要求,部分创作团队甚至选择直接引用和抄袭他人创意。比如,抖音号"二百者也"的内容的最大特点便是"200元盲盒试吃",创作者的表现力、美食的价格档位、剪辑的模式都非常适合抖音平台,贴近普通大众的生活,普通消费者能从视频中了解到各地独特的小吃和店家。但随着"二百者也"的爆火,一系列诸如"一百者也""三百者也""一千者也"的账号开始出现,受众逐渐对"盲盒试吃"的创意产生审美疲劳。因此,新媒体影像的内容应坚持原创,并在创作之初避免与他人的创意核心雷同。

第二节 动态画面——视听符号

众所周知,新媒体作品的表现形式多种多样,既可以用文字、图像呈现,又能使用声音、影像等媒介。而相对于以静态形式出现的文字、图像,我们更愿意将声音、影像等视听元素视为动态性符号。同时,以截取运动瞬间为主的平面摄影与绘画艺术,其审美性是最大限度地展现在瞬间之外延伸的动态美。而影像的艺术特征是能够在时间维度的延伸下,在二维平面内模拟三维空间的运动,以真实再现或创造动态过程。对于新媒体商业影像而言,如何在有限的时空中最大限度地运用视听手段吸引受众注意,实现对产品和服务的有效展示,是创作团队需要思考的关键问题。因此,我们需要注意动态画面的景别、影像时空、运动节奏等事项。

一、对主体的强调

区别于以生产个性化内容为目的的创作方向,新媒体商业影像更侧重运用视听语言对商家所提供的产品或服务进行展示,影像作品的创作者在创作之初不仅需要学会用镜头语言来进行表达,更要对画面的主体部分进行聚焦。

景别是以拍摄人体对象作为参考,以镜头中人体所占相对面积来划分的镜头类型。常见的景别有远景、全景、中景、近景、特写等,景别的实质意义在于框定画面面积的大小,不同的景别可以表示镜头与被摄对象的不同距离。因此,在新媒体商业影像的创作中,合理运营景别是非常重要的一点。

(一)远景

远景主要强调场景与人物之间极大的反差感。在远景镜头中,人物在画面中所占的比例很小。这类画面偏向于用场景制造辽阔空旷的氛围,使受众在银幕上看到广阔深远的景象,以展示人物活动的空间背景或环境气氛。由于远景镜头可以给人以辽阔壮丽的视觉感受,加之时下航拍设备的兴起与运用,远景镜头开始越来越多地出现在新媒体商业影像之中。

(二)全景

全景把人物全身展示在画面里面,用来表现人物的全身动作或者人物之间的关系。在传统影片中,全景镜头最主要的作用有以下两点。一是介绍镜头中人与环境之间的关系,二是展示人与人之间的关系。因此,全景多用在影片开头或结尾处,用来向受众介绍故事的环境、角色之间的相互关系。在新媒体影像中,竖屏构图相对于横屏而言,人物在画面中的占比更大,画面两侧留给场景的空间较小,可以很好地让受众聚焦于人物,所以全景镜头使用频率较高。

（三）中景

画框下边卡在膝盖附近的部位或场景局部的画面称为中景画面。在传统影片中，中景可以用于展现人物对话和内心戏，曾是传统影片对话场景的主力镜头。它不仅能够衔接全景与特写镜头，还能展示人物的肢体语言和面部表情。在新媒体商业影像中，中景的运用也很多，它非常适合拍摄人物站在产品展示台后的画面，可以兼顾人物的空间移动与对产品的聚焦展示。

（四）近景

近景主要将人物胸部以上或物体的局部展示在画面中，能让受众看清人物的细微动作。在新媒体商业影像的竖屏构图中，近景与中景之间的区别相对较小，但近景可以使人物头部之上拥有更大的画面空白，因此常用于在直播画面中把品牌LOGO或产品信息等打在人物上方。

（五）特写

特写主要指画面的下边框卡在人物的肩部位置的景别，主要用于展示被摄主体细微之处。此景别能够让被拍摄对象占满画面，极大地拉近受众和被摄对象之间的空间距离乃至情感距离。在新媒体商业影像中，特写镜头多用于对产品细节进行展示。

（六）大特写

大特写主要指仅在镜框中出现人物面部的局部，或突出某一拍摄对象的局部。将人的脸部在银幕上拉满的镜头就被称为特写镜头，如果把摄像机推得更近，让演员的眼睛充满银幕，这一镜头就是大特写镜头。在传统影片中，大特写镜头常用于表现人物的眼睛、嘴唇、肢体细节，着重强调被摄主体的与众不同或希望受众留存记忆的信息。而在新媒体商业影像中，大特写可被运用于与身体相关的产品上，如美妆、食物等品类，主播往往通过试用产品来强调产品功能和效果。

二、印象的加深

在新媒体影像创作中，创作团队不仅应该知道"何为主体"，将产品作为表现的"主角"，更应在画面的选择和组合上多加思考，不断加深消费者对于产品的印象。需要知道的是，大部分镜头的运用目的是识别画面中的景物。这要求创作者应确保画面中展示的对象在视觉感官上符合受众的日常习惯。此外，还有一小部分镜头更加强调镜头内部以及镜头与镜头之间的某种暗示或联系，创作者可以通过画面之间的组合衔接，创造出原有单个画面所不具备的新含义。

（一）镜头视角

镜头拍摄视角主要有三种：平视、俯视与仰视。

平视视角相当于普通人的视线，其特点是拥有较为稳定的视野。在新媒体商业影像中，部分创作者会平视摄像机，向消费者直接推销产品。因此，平视多用于被摄主体与受众的直接互动交流。

俯视视角相对于平视视角,可以拍摄出更为强烈的透视感。在创作中,俯视视角常见于运用摇臂或无人机设备,对广阔的环境、数量较多的产品进行全景式展现。

仰视视角拍摄的画面会有更强的透视感,加上我们生活中较缺少这一角度的视觉体验,这种画面会带给受众更多的新奇感。而在日常创作中,不少创作者会结合剪辑特效,对表演者的身体比例进行调整,从而获得更加赏心悦目的画面。

(二)轴线关系

轴线,是指影像的视线方向、运动方向和不同对象之间的位置关系所形成的一条假想的直线或曲线。在实际拍摄中,创作人员围绕被摄对象进行镜头调度时,摄影师会在轴线一侧180°之内的区域设置机位、安排角度、调度景别,用来保证被摄对象在画面中的位置正确和方向统一,这就是拍摄和剪辑中必须遵守的"轴线规律"。在传统影片中,遵循轴线规律可以保证不同机位拍摄的画面能构成一个固定的银幕方向和空间。同时,当摄像机都在轴线一侧进行拍摄时,可以避免越轴拍摄所需的重新布光,从而降低人工劳动的强度和拍摄成本。具体而言,轴线分为三种类型:强调人物视线方向;强调人物运动方向;强调不同对象之间的关系。

在拍摄一组相连的镜头时,摄像机的拍摄方向应限于轴线的一侧,以保证将视角变换的镜头组接起来时画面方向是一致的。若摄像机选择在轴线两端进行拍摄,便会造成人物方向、位置关系的混乱。

在新媒体影像中,相对于横屏构图而言,竖屏构图压缩了人物左右两侧的空间,同时移动镜头的增多使部分创作者开始忽略轴线规律。然而,越轴拍摄依旧会造成画面信息传递的混乱,尤其是当画面聚焦于某一人物时,频繁的越轴会让受众产生疑惑感。

(三)节奏的变化

众所周知,新媒体影像具有节奏快、画面冲击力强的特点。而在商业影像中,运动镜头的使用比例逐渐升高,快节奏的剪辑风格更是受到众多受众的喜爱。因此,在创作新媒体商业影像时,合理运用拍摄与剪辑技巧,通过节奏变化来拓宽产品展示形式是一种可行的思路。

在新媒体影像中,动态镜头的占比远超传统影像,因此,创作者首先应对镜头的运动有初步了解,基本的运镜方式分为推、拉、摇、移、跟、升降、甩。摄像机运用动态镜头拍摄的方式,来突破画框边缘的局限、扩展画面视野。同时,运动摄像符合人们观察事物的习惯,在表现固定景物较多的内容时运用运动镜头,可以变固定画面为活动画面,增强画面的活力。

1.推

推是将拍摄物置于画面中,将镜头推向拍摄物。在创作中,推镜头较多适用于产品展示,创作者通过推镜头把产品从环境中分离出来。推镜头的运动方向具有强调作用,能够突出产品的某个细节。

2.拉

拉与推正好相反,它把被摄主体由近至远,由局部到整体地展示出来,使得主体或主体的细节渐渐变小。拉镜头适用于展示主体与环境的关系。在创作中,推、拉镜头可以作为一组相反镜头,甚至与镜头变焦相配合,形成"希区柯克变焦"。

3. 摇

摇是指摄像机的位置不动,只做角度的变化,其运动方向可以是左右摇或上下摇,目的是逐一展示被摄主体的各部位,展示场景规模,巡视环境等。在创作中,摇镜头可以拓展画面横向的空间,使原本置于画面外的被摄主体自然地进入画面中。

4. 移

移是指摄像机沿水平线做移动,并同时进行拍摄。移动拍摄可产生巡视或展示景物的视觉效果。如果被摄主体处于运动状态中,使用移动拍摄可使画面产生跟随的视觉效果。在新媒体影像中,很多较小的景别,使用移镜头可以减缓节奏,从而更详细地表现产品。

5. 跟

跟是指跟随拍摄,即摄像机始终跟随被摄主体进行拍摄,使运动的被摄主体始终在画面中,其作用是更好地表现运动的物体。

6. 升降

升降是指摄像机上下运动进行拍摄,常用以展现事件的规模、气势或表现处于上升或下降运动中的人物的主观视像。一些宏大的场面,也经常使用升降镜头。

7. 甩

甩的具体操作是在前面一个画面结束时,镜头急骤地转向另一个方向。它的作用是表现事物、时间、空间的急剧变化,给人们的心理造成急迫感。

创作良好的节奏不仅要在拍摄过程中合理地运用运镜模式,而且在后期剪辑时要高度注意画面的衔接方式。

首先,拍摄同一被摄主体时,画面景别的过渡要自然、合理,景别必须有明显的变化。景别差别不大时,必须改变摄像机的机位,不能同景别、同角度相接。运动镜头接运动镜头,静止镜头接静止镜头,动静之间需要有完整的变化过程。动接动,动指的是画面内主体的运动和镜头的运动;静接静,静指的是画面主体的静和镜头的固定。

其次,要重视被摄主体在两个画面之间的"出画入画"。出画入画是指被摄主体在前后镜头中,有出镜和入镜的过程。它是视听语言中一种非常有价值的手法,很多空间的转换与时间的压缩都是通过出画入画来实现的。

再次,要重视搭配固定镜头。固定镜头指在摄像机不改变机身位置和没有任何运动时所拍摄的画面。严格的固定镜头是静态构图的单个镜头,只有人物调度变化,没有摄像机的移动,不改变基本构图形式。机位不变,而摄像机有变焦或运动的镜头不是严格意义上的固定镜头。

【案例】

《雀巢咖啡,快乐起飞》

《雀巢咖啡,快乐起飞》作品曾获2022年创意星球学院奖银级奖,品牌方为雀巢(见图5-3)。品牌方在策略单中提出要求:

1. 创意新颖独特,契合"雀巢咖啡 提醒每一天"的品牌主张,结合学生群体的咖啡饮用场景,突出不同产品的利益点(可以选择1个产品,也可以选择多个产品);

2. 传递品牌活力积极的形象,获得大学生群体的认同与关注;

图 5-3　短视频《雀巢咖啡,快乐起飞》作品截图

3.时长控制在30秒至4分钟,单个视频和系列视频均可,系列作品不超过3个;

4.需要结合"雀巢咖啡 提醒每一天"的视觉icon进行创意发散,提交作品的同时,需要同步发布到抖音和b站,带话题#雀巢咖啡 提醒每一天#,并@雀巢中国。

《雀巢咖啡,快乐起飞》创作团队遵循品牌方的需求,吸收了抖音短视频平台卡点视频的创意方式,在找寻了合适的背景音乐后,选择将产品呈现方式定位于"魔性卡点,喝一杯雀巢咖啡,扫清疲惫,活力满满,快乐加倍"。由于所选择的音乐BGM节奏较快,因此大部分画面选择用固定机位拍摄。同时,为配合音乐强烈的律动感,大部分画面在后期剪辑时都选择了用变速方式加快被摄主体画面内的运动速度,从而将节奏感与产品理念"快乐起飞"融合起来。

(注:案例来自2022年中国大学生广告艺术节学院奖学生作品)

第三节　情感注入——品牌叙事

由于拍摄与剪辑门槛的降低,影像创作竞争加剧,新媒体影像想要走出符合自身特点的商业变现之路,"以情动人""用故事思维进行营销"不可或缺。各类广告早已充斥于各个新媒体平台之上,无论是手机、平板、电脑等设备内置的APP应用,还是打开各类软件后出现的开屏广告、插播式广告、植入广告等,都使消费者产生了审美疲劳。诚然,这些平台所创作的影像作品耗时良久、制作精良,也拥有更多的影像空间来容纳商业性广告,但消费者早已疲倦于传统的广告投放方式。相比之下,新媒体影像由于时长较短、节奏较快,能够在满足消费者观看习惯的前提下,创造出与平台环境与作品内容相契合的商业化作品。

一、情感的注入

感人心者,莫先于情。情感是人生最重要的方面之一,特别是当今社会,生活节奏日益加快,人们大多忙碌于自己的工作而淡忘了情感的需要,以感性为诉求的新媒体影像正好满足了人们的这种需求。同时,就商品形态的发展而言,消费者已经经历了"追求数量—追求质量—体现自身个性与价值"的三个阶段,而如何能在快节奏的过程中将情绪更加高效地传递给消费者并引起他们的共鸣,则是新媒体商业影像创作者需要思考的问题。

(一)亲情

亲情是每个人都有的情感体验,它是中国"家"文化的代表之一,不仅是人们社会生活中不可或缺的情感之一,也符合人们的日常需要,是能够引起人们兴趣的话题。因此,创作者应该挑选适合承载亲情故事的产品进行创作,或从产品中发现能与亲情产生联系的功能和特点进行展现。

【案例】

《三分钟》

《三分钟》是2018年春节由导演陈可辛拍摄的一部微电影,讲述了一位女性列车长过年当天无法回家团聚,其子在车站等待与母亲短暂团聚的故事(见图5-4)。在这短暂团聚的三分钟里,儿子努力将九九乘法口诀背诵给母亲听,向受众传递了母子之间无声胜有声的亲情。全片由苹果手机iPhone X拍摄完成,但在影像中产品本身并未出现,只是作为拍摄工具来表现这一亲情画面。诚然,这部微电影的拍摄不可能仅靠一部手机完成,其辅助设备的价值早已超过手机的价格,但从影片中,我们能够看出导演是如何将中国人对于亲情的感受细腻地表达出来的。

图5-4 微电影《三分钟》作品截图

全片的主角是母亲与小男孩,导演用小男孩手拿烟花等待远方火车的画面开场,然后镜头转场至火车之中,无数携带着各式行李的旅客在车厢内欢声笑语,烘托出过年回家的喜庆气氛。而站台上,儿子与其他旅客一起等待着列车缓缓进站。当火车停稳后,等待在站台上的人们开始与从列车上下来的亲人相互招手、拥抱,儿子被小姨带往母亲处,利用火车停靠的三分钟时间团聚。但导演并未在这里设计儿子扑向母亲怀抱,或为母亲设计过多台词,而是让镜头着重表现儿子努力背诵九九乘法表的情节,并采用正反打镜头的方法展现儿子专注于向母亲展现成果、母亲微笑地看着儿子努力背诵的温馨画面,让受众自行感受母亲与儿子之间深层次的亲情关系。这种含蓄的表达方式符合中国人对于亲情的理解,在无声胜有声之中,将亲情展现得淋漓尽致。

对于品牌来说,这部微电影的目的不在于体现iPhone手机的拍摄功能,而是运用一则饱含亲情的故事,从情感价值角度让消费者认可其品牌价值和品牌文化,从而产生情感认同。

【案例】

《啥是佩奇》

《啥是佩奇》是导演张大鹏2019年为大电影《小猪佩奇过大年》拍摄的一部宣传片,影片播出后迅速在网络上传播开来,深受网友好评(见图5-5)。影片讲述了居住在农村的爷爷在等待家人回乡过年前,得知孙子喜欢小猪佩奇,但他并不知道佩奇为何物,便开始在整个村庄里询问乡亲好友。询问过程中,他所得到的答案千奇百怪,令人捧腹大笑,最终爷爷选择利用吹风机自制了一个佩奇并送给了孙子。影片末尾全家前往电影院观看电影。由于本片为电影的宣传片,而电影本身在春节档上映,因此,这部影片依旧以亲情为主要情感诉求。在叙事上,为配合大电影的"合家欢"特质,导演将喜剧元素融入剧情设计之中。爷爷因不知佩奇为何物,便去请教众人,在此间铺垫多次误会,从而以反转的方式让受众捧腹大笑。同时,其情节点铺设之密集、叙事节奏之快使其非常适合在新媒体环境中传播。

图5-5 微电影《啥是佩奇》作品截图

(二)友情

友情同样是很多新媒体影像乐于去展现的情感因素之一,其具体表现有"兄弟情""姐妹情"等。不同于有可能跨越几代人之间含蓄的情感联系的亲情,友情常常显得更为直白而纯粹。以友情为诉求的作品,传达给受众的观念常常是分享。朋友之间分享喜悦、分享忧愁,美好的事物都需要分享。

【案例】

《卸载重启,随锋而行》

《卸载重启,随锋而行》曾获2022年创意星球学院奖优秀奖,所选品牌为丰田汽车,品牌方在策略单中有如下要求:"通过有记忆点的广告,打开全社会对车型的认知……让更多人认识锋兰达并产生好感度,扩大锋兰达在年轻人群中的影响力……让'锋玩'标签更深入人心,围绕锋玩精神打造锋兰达专属'锋玩'文化。"作品以青春为背景,以友谊为线索,来展示人物认知的发展和情感的变化,让受众产生共鸣和激情。主人公面临着沉重的压力和挑战,但在好友的陪伴和开导下,逐渐卸下伪装与负担,重拾对生活的热爱和追求(见图5-6)。此时,青春友情被赋予了更多的寓意和象征,代表着年轻人无限的力量和生命力。创作团队希望通过本作品向大众传达锋兰达年轻有活力,以及宣传锋玩创想的品牌调性和理念,让更多Z时代的年轻人与锋兰达一起无限"锋玩"。

图5-6　微电影《卸载重启,随锋而行》作品截图

（三）爱情

爱情是人类情感的永恒主题,更是现实生活中被不断提及的情感类型。在以青年消费者为目标受众的产品中,商家们十分乐于选择以爱情为诉求构建受众与产品、品牌之间的关联。

【案例】

《Feel Love Follow Me》

《Feel Love Follow Me》曾获2023年第15届全国大学生广告艺术大赛湖北赛区微电影类二等奖,所选品牌为朗圣药业,品牌方在策略单中要求:"从朗圣药业关爱人类生殖健康普及正向防护知识、呵护女性生殖健康的角度出发,采用不同作品形式,从各方面展现女性对自己人生的掌握,传达朗圣药业专注生殖健康的企业理念。"因此,创作团队将产品进行人格化模拟,给单纯的功能性产品加上爱情元素。故事从男生的独白开始,以男友视角表达在两人相处时自己有些笨拙,但自己会努力地爱与呵护女友的恋爱观,以此象征产品对于女性消费者的呵护和承诺(见图5-7)。不难看出,创作团队首先确定了用爱情故事来展现品牌对于女性健康的重视的创意点,在叙事中避免直接表现产品的功能,而是从呵护女性健康、关爱女性情绪的角度"以情动人"。同时,将产品以人格化的方式,更加生动地向消费者传递出品牌方的价值理念。

图 5-7 微电影《Feel Love Follow Me》作品截图

二、场景的构建

在当今时代,由于媒介技术的不断发展,身处全新媒介环境中的消费者,不仅"身经百战"、阅片无数,更是品位独特,非一般影像所能满足。为了让广大消费者持续关注眼前的影像,创作者可以针对产品或品牌塑造一个独有的场景,并将这个场景作为展示产品或品牌的空间。有效的场景搭建不仅能够将产品的使用环境直接呈现在消费者面前,从而让消费者更加明确地知道产品是否符合自己需求、自己应该如何使用产品,还能将情绪融入场景构建之中,直接通过画面与消费者产生情感共鸣,产生出其不意的效果。

(一)怀旧类场景

怀旧类场景的创建灵感源于人们对于过去时光的追忆和怀念。在快速变化的日常生活中,消费者需要不断去面对与适应快速变化的状况,而旧的时光记忆则是脑海里最令人怀念的过往。同时,对过去记忆的不断回溯也是一种对自身的认同,消费者可以通过怀旧类场景唤起过去的快乐时光。因此,很多新媒体影像创作团队乐于在室内搭建怀旧类场景,并将产品作为道具植入画面空间之内,让受众在不知不觉中对产品及品牌留下不错的印象,继而达到营销产品与品牌的目的。

【案例】

抖音号"寻味旧时"

抖音号"寻味旧时"的作品《三更半夜,谁能拒绝一碗黯然销魂饭,好吃到流泪!!只是越吃越孤独!》,主要展示了表演者在怀旧的场景中用砂锅做出一碗叉烧煲仔饭的情节。然而,当我们细观作品的场景布置时,便可以发现墙上挂满了20世纪90年代港台明星的照片、小时候的奖状、茅台酒瓶、老式热水瓶、玩偶,地面上摆放着老式28自行车、小孩三轮车等旧物件,让整个空间看起来颇具年代感。同时,从灯光设计来看,整体灯光偏向于昏黄的光线,背景音乐也选用了90年代的港台乐曲,这使得整个场景具有非常强烈的年代感(见图5-8)。

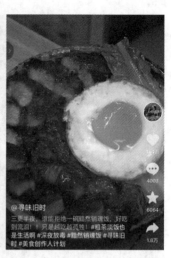

图 5-8 "寻味旧时"作品截图

翻看该账号的商品橱窗,消费者可以发现其以售卖零食类食品为主,其中有许多大众耳熟能详的老品牌。其作品会将合作商家的产品陈列于场景中,从而吸引对怀旧场景中所存在的道具感兴趣的消费者进行选购。

(注:案例来自抖音账号"寻味旧时")

(二)幻想类场景

幻想类场景的创建灵感源于人类对于未知世界的探索和已知世界的解构。"如果世界变成这种样子""假如我们进入一个全新的空间",那么会发生什么事?这种思维是幻想类场景得以被大众所接受的原因。相对于还原过去时光的怀旧类场景,幻想类场景通常会充分运用影像技术的"造梦"特性,建构大家无法想象的场景并将其放在影像空间内。这种场景构建能充分发挥创作者的想象能力,创作者可以运用天马行空的创意来展现产品与场景之间的关系,或者利用场景的奇观性来衬托产品的文化价值内核。

【案例】

《畅玩云端"积木云端"》

《畅玩云端"积木云端"》曾获2023年创意星球学院奖益青春视频类一等奖,品牌方为网易。在策略单中,品牌方对背景进行了说明:"过往的内容营销创作方面,网易产出了如穿越皇冠假日元宇宙、开启超感未来之旅……如今新的技术和多样化手段给品牌提供了丰富的内容触达方式,也让用户对于内容有了更加严格的要求。"而其传播目的方面的要求是"向年轻人传递'内容玩家'的内容创作理念和数字生活哲学,使互联网用户,尤其是年轻用户群体对这一理念产生认知与情感的共鸣。展示'内容玩家'精神在我们的数字生活中所能创造的无限可能与乐趣体验,并具备一定的自发传播特性"。

该作品通过积木的搭建模拟对云端数字内容世界的想象与构思。用户能基于网易开发的接口以"内容玩家"身份进入这一云端数字世界,通过个性化虚拟形象的构建,实现与其他"内容玩家"的深度交互,体验云端世界的无限乐趣(见图 5-9)。该作品旨在强调,云端世界将成为未来数字化娱乐的新模式,用户能够极大地克服现实中空间和时间的限制,结交更多兴趣爱好相似的"内容玩家",并在此寻得精神休憩之地。在现实世界中,主人公表情严肃、动作迟缓、画面色彩单一且饱和度较低,画面整体节奏较慢,体现了主人公在现实世界中的不如意;而进入数字世界后,主人公的表情多为惊讶和微笑、动作幅度较大,画面色彩丰富且饱和度高,整体节奏较快,表现出了主人公对新世界的新奇和喜欢。通过对画面节奏的控制,创作者展现出了主人公在现实世界和数字世界中体验感的差异,最终成功向用户传递了云端世界将成为未来数字化娱乐新模式的理念。不难看出,作品从形式上采用了定格动画的方式进行创意拍摄,而积木式的场景构建也充满了幻想,能够更大限度地体现品牌方想要针对年轻用户展现数字生活特质的需求。

图 5-9　动画《畅玩云端"积木云端"》作品截图

（三）现实类场景

现实类场景强调还原真实生活中存在的场景,创作者可以自己日常生活中所经历的场景为基础进行设计,将与消费者日常生活息息相关的产品直接融入场景构造里。

【案例】

《写给妞妞的一封信》

《写给妞妞的一封信》曾获2022年第14届全国大学生广告艺术大赛湖北赛区二等奖,品牌方为喜临门,品牌方在策略单中要求:"基于对品牌潜在消费人群的深入洞察和调研,打开关切消费者的路径;通过有创意、有传播度的广告创作,进一步提升品牌认知度和好感度,实现在年轻人群及其家庭范围内的有效渗透。"本作品结合喜临门床垫"致力于人类的健康睡眠"的品牌调性,选择女性为受众代表,以喜临门床垫陪伴其一生(少年、中年、老年)为主题,将不同时期喜临门床垫对于受众的作用展现出来(见图5-10)。作品对喜临门床垫进行拟人化,以它的视角为主人公写信。这一独特新颖的角度,既体现出产品的经久耐用的特点,又塑造了喜临门床垫这一暖心的守护者角色,进一步提升了品牌调性。

图 5-10 微电影《写给妞妞的一封信》作品截图

根据床垫的应用场景，创作团队选择民宿作为拍摄场地。他们依据脚本内容，优先选择有窗台、书桌、书架、阳台的宽阔场地，场景整体色调以暖色为主。场景的设计上，童年回忆部分用暖色光源营造温馨美好的氛围，并布置娃娃、日记本、天蓝卡通床套等道具以强调童真童趣。青年回忆部分采用冷色光源，并通过后期制作压暗画面营造压抑疏离的感觉，利用笔记本作为道具体现忙碌疲惫的状态。老年回忆部分用暖光，选用灰色床品，利用相册道具烘托回忆的美好。整部片子围绕产品拍摄，多角度地展现喜临门床垫的守护之意，拉近了产品与消费者之间的距离。

三、叙事的强化

优质的内容往往与其讲述的故事密不可分。一个生动有趣的故事更容易让消费者与视频创作者或所属品牌建立起情感联系。这便要求影像创作者具有"故事思维"。那么，何谓"故事思维"？首先，我们必须知道，故事的特性是能够将"事实"的真相性转化为真实性。它并非百分之百还原事实，可以在"意料之外"，但必须在"情理之中"，只有这样才能打动受众，从而使故事传播开来。因此，所谓故事思维，便是偏重传播效果的叙事思维。那么，对于新媒体商业影像而言，让受众快速看到故事、理解故事，进而通过故事产生对产品或服务的认可则是创作者的核心要务，这要求我们在故事叙述上采取独特的技巧。

（一）悬念性的开场设计

制造悬念是文艺作品中的一种常见表现手法，其特点是通过具有不确定性的开头，引起受众的好奇心，激发其继续探究故事的欲望，进而引导其关注产品的相关信息。悬念大师希区柯克曾说："你要表现一群人围着一张桌子玩牌，然后突然一声爆炸，那么你便只能拍到一个十分呆板的画面。另一方面，虽然你是表现这同一场面，但是在打牌开始之前，先表现桌子下面的定时炸弹，那么你就造成了悬念，并牵动受众的心。"由此我们可以发现，悬念是影像创作者刻意设置的情节，它利用受众关切故事发展和人物命运的期待心情，在剧作中创设悬而未决的矛盾现象。缺乏悬念的情节,很难吸引住受众。对于创作者来说,制造悬念是一种技巧。这种技巧,对于时长较短同时亟须快速抓住受众眼球的短视频作品很适用。

具体而言,悬念可以分为如下两大类。

一是"怎么办"型悬念。此类悬念是指在影像开篇不久,便给受众展现一个棘手的麻烦或苦恼,受众将带着创作者所制造的"困难"观看影像。其优点在于影片从开场便紧紧抓住受众的好奇心,促使受众随着人物或剧情的发展继续观看。

【案例】

抖音号"垫底辣孩"

在作品《如何成为品牌代言人之阿玛尼》中,创作者开篇便向受众提出"如何成为一个品牌代言人"的问题,并指出今天要拍的是阿玛尼。随后受众便能在影像中看到创作者从大家所熟知的生活场景中寻找木板、颜料、刷子、电吹风机以及挂在晾衣线上的西装外套。其后,创作者使用了品牌方提供的粉底液产品,并在涂妆过程中对产品的功能进行了简要介绍。最后,创作者坐在自己搭建的简易背景板前,视频卡点变为适合品牌调性的平面定妆照(见图5-11)。

图5-11 "垫底辣孩"作品截图

此视频受到众多受众的认可,而当我们点开其视频账号,可以发现"垫底辣孩"已经用这种创作模式拍摄了多种奢侈品品牌。一方面,每一个作品前半段的内容都极具生活化特色,所使用的道具偏向于家庭常见物品;另一方面,作品末尾的平面定妆照和开头素颜造型形成了强烈的反差,这促使受众乐于在系列视频中观看创作者是如何完成这种变化的。

(注:案例来自抖音账号"垫底辣孩")

二是"为什么"型悬念。此类悬念的最大特点是开头先出现结果,让受众在得知结果的前提下对原因产生强烈的好奇心,从而观看完视频并对产品留下深刻印象。

【案例】

抖音号"老爸评测"

作品《近视越来越严重,有可能是你的眼镜出了问题!快来一起自辨一下》,先通过结果向受众提问"大家是否存在近视越来越严重的现象",从而吸引受众对原因产生好奇。随后运用消费者都能使用的方法自测出问题所在,从而提醒消费者注意眼镜镜框的应力对镜片的挤压。

可以看出,这种非营利性的评测能够快速建立起受众对于账号的信任度,而在作品《细软扁塌发质要提升气质:必须不能忽略洗发水的选择。然而又蓬又顺的产品,很难做》中,作者开场便说明想二者兼得的洗发水产品很难找到,并急需运用产品评测的方式向受众推荐了一款抽检过的洗发水产品。而在这段视频中,创作团队对甲方的研发团队进行了采访,作者在面对镜头时也特地将产品放在身旁的桌子上,以增强消费者对于产品的印象。

(注:案例来自抖音账号"老爸评测")

（二）反转情节设计

设置反转情节是提升故事戏剧性的重要手段之一。所谓"反转",是指情节从一种情境转变为另一种情境,从而出现预期与结果之间产生极大反差或背反的剧情。反转剧情常在人物、环境与情节上进行设计,用"隐藏人物身份""掩盖部分环境"或"出现意外结果"的方法来实现。而在新媒体影像中,反转情节常采取如下方法:误导预期制造反转;关键道具发生意外造成反转;改变戏剧情境引发反转;人物身份转变引发反转。

【案例】

抖音号"疯狂小杨哥"

抖音号"疯狂小杨哥"的作品《新年真热闹,祝大家新年快乐》分为四个部分。第一部分,大杨哥手持镜头向父亲和弟弟表示准备了新年礼物,但当二人对礼物怀有期待时,他们发现自己得到的是超大号的衣服、裤子与鞋子,二人试穿并滑稽地出现在镜头前。第二部分,小杨哥骄傲地向哥哥展示自己过年收获的红包,但此刻门突然开了,小杨哥的老婆站在门前,并让其离开房间。当小杨哥再次返回时,红包已经尽数消失,只余下小杨哥面带苦涩的微笑。第三部分,大杨哥问父亲是否给母亲准备了新衣服,父亲说准备好了,当其继续询问是什么样的衣服时,父亲说是"复古风",也就是去年的衣服。第四部分,大杨哥将一个扫地机器人盒子拿给弟弟与父亲,并向他们说明这是自己给母亲准备的新年礼物,可以以两人名义送给母亲。弟弟与父亲欣然同意,而当母亲拿到盒子并打开后,却发现是一个扫帚头,从而使母亲误会弟弟与父亲。

可以看出,"疯狂小杨哥"创作团队在剧情设计上善用反转剧情,常用"误导预期制造反转"和"关键道具发生意外"来制造笑料,进而让受众捧腹大笑,增强了粉丝黏性,提升了账号的商业价值。

(注:案例来自抖音账号"疯狂小杨哥")

【课后作业】

用本章所学的方法,任选品牌制作一部新媒体商业短视频。要求将产品或服务植入视频内容,并将完整的视频作品投放到新媒体平台上,实现对产品的营销传播。

第六章

新媒体纪实影像创作

电影诞生之初,卢米埃尔兄弟就在《工厂大门》《火车进站》《水浇园丁》等影片中呈现出影像最为直接和不容忽视的"纪实性"特点。长期以来,影像的纪实手法被广泛运用,长镜头的使用以及现实主义影像的创作都离不开影像的纪实手法。相对于纪实影像,纪录片更加注重"真实性",而作为当代媒介驱动力的新媒体,也正被纪录片的创作、生产及传播渗透。与此同时,纪录片的内涵与形式也得以在新媒体中延展,其选题独特、叙事创新、镜头具有美感的特点使其文化价值被广泛传播。

本章从新媒体纪实影像的具体创作方法切入,重点阐释新媒体背景之下微纪录片的创作特点及创作方法。

第一节 找准视角——确立选题

新媒体的发展为内容传播尤其是影像传播拓宽了道路,也为纪实影像的创作和传播注入了新的活力。随着流媒体的迅速发展,文化市场需要大量的精短影像来反映和再现历史瞬间、人物故事等。如今,由于新媒体纪实影像作品制作门槛低,人人都能是创作者、人人皆可成为剧中人,微纪录片不仅拍摄时间较短、制作成本较低,而且具备快餐文化的要素,能直击受众的内心。要进行内容创作,首先需要找准视角、确立选题。

一、获取选题的路径

一部优秀的纪录片离不开创作视角的精准切入和选题的成功选取。然而,很多创作者在进行纪录片创作时容易忽略前期选题的重要性。结合当下新媒体传播的特点,我们总结了获取纪录片选题的相关方法。

（一）巧用媒介，汲取灵感

媒介技术的发展和形式的多样化可以为创作者提供更多灵感，电影、电视、报纸、书籍以及现如今的自媒体平台作品等均可成为纪实作品。这就要求创作者积极主动地关注时事、留心生活，及时记录可能成为素材或选题方向的事件。相当一部分纪录片的选题需要从其他媒介传播的内容中汲取灵感，而后再以时下受众喜欢的方式进行再创作，以新的风格、新的形式、新的视角创作出独特的作品。

（二）关注生活，积极思考

纪实影像创作素材的最直接来源即生活，创作者需要留心生活中的大事小事。生活中的细微变化和重大改变都值得我们去关注，我们需要积极思考其发生变化的原因，而后挖掘素材、形成想法，并创作出作品。

（三）找寻线索，整合信息

想要确立选题，前期的研究工作和资料准备必不可少。首先，在确立大方向后要围绕相关主题找寻合适的材料，可以不局限于选题内部，找寻的信息范围可适当延展；其次，进行现场调研、背景调研、预拍等相关准备；最后，将所收集的材料整合汇总，与组内成员进行可行性分析，综合讨论具体选题。

二、选择题材的方向

纪录片题材的选择是决定纪录片是否成功的重要基础。对于微纪录片的创作，很多人找不到合适的选题、缺乏灵感，我们不妨从以下几个方面进行尝试。

（一）关注时代发展

时代发展与每一位公民息息相关，创作者应当通过纪实影像记录时代发展，展现特定背景之下的社会现实和人们的内心变化，比如记录2020年新冠疫情流行背景之下的城市影像，或者记录时代发展下某个群体的变化。纪录片《高考》就从多个侧面走近并记录了2014年高考。

【案例】

纪录片《好久不见，武汉》记录真实的武汉

2020年6月26日，《好久不见，武汉》在网络播出不到24小时，播放量就已超过2 500万次。截至2020年8月4日，该片在所有平台的点击量累计超过了3 000万，外语字幕被翻译成了12种语言。

新冠疫情暴发后，定居南京的日本导演竹内亮发现不少在日本的友人都很好奇武汉地区的情况。此时外网上依然有很多谣言，竹内亮萌生了拍摄一部有关武汉的纪录片的想法，希望向全世界展现疫情之后武汉人真实的生活状态。5月中旬，竹内亮在微博上募集"住在武汉的人"作为拍摄对象，有100多人报名。他从中选取了10个故事，通过这些故事讲述一座城市。

6月1日，竹内亮带着一位编导、两位摄影师来到武汉，历经10天，拍摄了"十个家庭十个故事一座城"，用镜头呈现武汉各行各业的人的生活现状。比如，竹内亮拍摄团队跟着日料

店老板到疫情平息之后的华南海鲜市场采购;热爱分享武汉文化的初中英语老师胖辫熊用无人机记录武汉,还创作了一首关于武汉"过早"的说唱歌曲等。①

深挖此类纪录片可以发现,时代背景之下社会生活的变化、自然灾害的来临抑或意外的发生都会引起受众的关注和共鸣,这些也都是属于人们的集体记忆,是无法复制的。

(二)聚焦不同群体

纪录片的真实性特点决定了它能够反映社会生活,关注不同身份群体的生活面貌。首先是主流群体,传统意义上的主流群体即"工农商学兵",但这样的划分已不适应时代发展,主流群体的内涵正发生着改变。如网购、外卖的蓬勃发展,使得快递、外卖小哥也逐渐成了主流群体,相关纪录片《外卖》《我是快递员》等都是反映这一群体生活面貌的纪录片。同时,农民工大量进城务工改变了原先的社会结构,针对他们的相关纪录片也不少。还有一些非主流群体,这一群体的内涵也在不断变化,比如与传承非遗文化的民间艺人相关的纪录片有《我在故宫修文物》《了不起的匠人》等。此外还有关于社会边缘群体,如小偷、妓女、同性恋者等的纪录片。

【案例】

微纪录片《这十年》第38期《鼓浪屿上的"快递生活"》聚焦快递群体

从2012年至2022年,我国快递业务量从57亿件增长到1 083亿件,连续8年居世界第一。如今,电商和物流打开了连通鼓浪屿居民和岛外世界的窗口,岛民足不出户就可以轻松买到丰富多样的商品,岛上的特产也能更便捷地寄往岛外。

鼓浪屿是世界文化遗产,岛上街道窄小、纵横交错且人流量大,出于安全和环保等多方面的考虑,岛上禁止机动车、自行车等各种交通车辆通行。与别的地方的快递员不同,鼓浪屿的快递员每天收派件工作均是步行完成,胡友亮就是他们其中的一员。鼓浪屿虽小,但多的是九拐盲肠小路和无尽的陡坡台阶。与邻居们打完招呼,胡友亮开始了他一天的工作,刚出发,转角便迎来一个蜿蜒小坡,一弓背,撑直双臂,扎出马步,低头用力一拉,小拉车顺利上坡。泉州路、鼓山路、笔山路……都是胡友亮这样用"铁脚"踩出来的。如果碰上节假日,鼓浪屿熙熙攘攘,投递工作会变得更加困难,要吆喝着才能开辟出一条道路(见图6-1)。

图6-1 胡友亮徒步运快递

---

① 参考自百度百科词条"好久不见,武汉"。

岛上数不尽的上坡路，劝退了很多快递小哥，但胡友亮在鼓浪屿生活了十七年，对家乡深厚的情谊让他选择留下来。从便利店老板到成为快递员，胡友亮直言居民们回馈的温暖和满意让他有了更深的自我认可。①

影片以小见大，聚焦现如今的主流群体"快递小哥"，并通过胡友亮的讲述见证了电商、物流为岛内居民带来的便捷，印证了党的十八大以来，我国商贸流通领域发生的巨大变化和取得的巨大成就。

（三）关注民生百态

新媒体时代，人人都能成为创作者，民生百态遂成为人们创作的灵感源泉和关注的焦点。人民对生活品质的追求已越来越多样化，包括衣、食、住、行、教育、养老、医疗等各个方面。民生是创作者易于切入的角度，也相对容易收获成效。

从创作者角度来看，民生问题遍及生活的方方面面，无论是专业生产内容还是用户生产内容，创作者都可以从生活中发现值得记录的东西，可以从自身感兴趣的角度抑或是时下人们关注的角度出发进行创作。

从观者角度来看，现如今无论是穿衣搭配、出门吃饭还是旅游出行等，大家都可以通过微信、微博、抖音、小红书等平台找到相关攻略，民生内容是受众会主动搜索且乐于接受的内容。

【案例】

热播与翻拍热潮——纪录片《舌尖上的中国》

2012年开播的系列纪录片《舌尖上的中国》，不仅在国内产生巨大影响力，还激发了国外受众来中国旅游的欲望。这部纪录片通过"民以食为天"的主题准确地抓住了受众的心理，带动了中国多地的美食文化传播和旅游发展。

不仅如此，该纪录片还引发了网络翻拍热潮。"北京海淀，太平洋吹来暖湿的季风，学霸正在疯长，又到了大学生们最忙碌的季节——考试季。由早餐带来的大量碳水化合物，可以维持繁重的复习后身体所必需的蔗糖。"这是由中国青年政治学院的青少系思想政治教育专业学生制作的《舌尖上的宿舍·泡面篇》的开场旁白。该作品采用《舌尖上的中国2》的解说词、桥段和配乐，将美食的内容换成了学生宿舍里的泡面。短片一经发布就引起了网友的极大关注，有网友留言评论其"深得舌尖精髓！"

《舌尖上的中国》的粉丝们根据文案和影像语言的特点仿制出了《舌尖上的宿舍》，草根气息的背后是对经典的热爱与致敬。在流量IP的基础上对视频进行再造，生成新的内容，成为二次创作者，他们享受着创作带来的快乐。

（四）关注环境保护

保护自然环境和生态环境是每一位公民的责任，通过新媒体传播与生态环境保护相关

---

① 王平.日行四万步，送货不停歇，芒果TV《这十年》讲述鼓浪屿上快递小哥胡友亮的故事[BE/OL].(2022-10-10)[2023-03-11].https://baijiahao.baidu.com/s?id=1746270173215354210&wfr=spider&for=pc.

的纪实影像可以帮助人们认识到环境保护的重要性。大自然是人类赖以生存的基石,然而在过去的上百年里,人类的活动对大自然造成了巨大的破坏和威胁,其中包括气候、山川、水源还有动物等。

通过聚焦自然环境保护这一主题,将自然生态的现状和未来可能面对的问题融入作品之中,从不同的角度给大家带来多样的思考,可以启发和呼吁更多人关注环保主题、加入环保行动。

【案例】

泡泡玛特首支生态公益微纪录片《自然,就有答案》上线

2023年5月22日是国际生物多样性日,泡泡玛特联合"中国环境"发布了生态公益微纪录片,通过潮玩艺术家AYAN和野生动物保护者初雯雯两个年轻人的故事,唤起年轻人对动物保护和环境保护的关注。

DIMOO这个头上顶着云宝宝的小男孩由设计师AYAN创造,"共生"的理念、充满幻想色彩的设计主题,俘获了无数粉丝,是当下最具人气的潮玩IP之一。

AYAN曾表示,创作DIMOO时,就是希望能够通过潮玩的形式,呼吁大家更多地关注自然界的生物多样性,拉近人与自然的关系,实现与大自然的和谐共生。这一次,AYAN将设计灵感锁定在蒙新河狸身上。"我希望让DIMOO的粉丝,乃至更多的人能够关注蒙新河狸,关注保护动物这件事情。"①

微纪录片片尾,泡泡玛特DIMOO×蒙新河狸联名潮玩形象也对外公布,通过微纪录片展现人与自然的密切关系,在宣传创意产品的同时进一步深化了环保理念。

(五)关注科学教育

纪录片不仅能记录时代变化、关注生活,还能够通过记录真实、情境再现、搬演过去等方式对某一领域的知识内容进行普及。创作者既可以从人物的角度,也可以从事件的角度去发掘、拍摄以及展示相关主题。

【案例】

微纪录片《文物也新潮》科普文物知识

《文物也新潮》是网易有道博闻联合科普中国出品的系列科普视频(见图6-2)。该视频由中国国家博物馆、中国科学技术出版社特别指导,以寓教于"潮"为立足点,结合创意动画的呈现形式与幽默风趣的讲述风格,创新科普国宝文物及其所处历史环境中的人文知识,通过短小精悍的视频带领大众领略文物背后的科技与美,增强青少年的人文美学素养与文化自信。

《文物也新潮》微纪录片共六集,分别从隋朝、唐朝、商朝、西汉等历史时期精选中国国家博物馆收藏的6件代表性文物,科普其背后的历史人文知识,"与时俱进"的展现形式和讲述风格成为其最大亮点。②

---

① 央广网.泡泡玛特发布首支生态公益微纪录片 潮玩IP助力生物多样性保护[BE/OL].(2023-05-23)[2023-07-18]. https://baijiahao.baidu.com/s?id=1766666441492921122&wfr=spider&for=pc.

② 参考自百度百科词条"文物也新潮"。

图 6-2 《文物也新潮》画面截图

（六）发现新视角

学会用独特的视角看问题，同样的题材和人物从多角度去展示就会形成不一样的东西。在选材和拍摄时一定要摒弃说教思维，不要无限度拔高立意，应该实事求是地进行二度创作。传播正能量是每一个纪录片工作者和拍摄者应该自觉履行的义务和理念。

【案例】

微纪录片《早餐中国》展现独特视角

清晨路边的早餐店，炊烟顺着老旧的屋子袅袅升起，热腾腾的食物散发出诱人的香气，熙攘的食客挤满小店。他们有的面色困倦，有的行色匆忙，但一碗带着暖意的早餐下肚后，每个人的神色都变得满足而幸福。

这是微纪录片《早餐中国》中呈现的美好画面。早餐，是最具幸福感的存在（见图6-3）。中国各地各省市的早餐店，有着不同的市井早餐：湖南长沙的米粉、广东潮汕的猪血汤、贵州凯里的酸汤粉、福建福安的水煎包、陕西西安的麻花油茶、湖北武汉的豆皮等。纪录片里既有令人垂涎欲滴的美食，也讲述着美食制作者的故事。

图 6-3 《早餐中国》武汉"过早"

相比《舌尖上的中国》,《早餐中国》将视角切入更加具体和细微的"早餐"类目,运用独特的视角再次呈现了中国的美食,并通过美食传播正能量。

三、确定策划案和脚本

作品选题确立后,接下来非常关键的一步就是确定策划案和脚本。微纪录片的拍摄是否需要前期策划和文案脚本?这是很多人都会有的疑问。这个问题没有确切的答案,但事先通过文字将自己的构思和想法呈现出来,并预判可能发生的问题和情节,对于纪录片的拍摄是绝对有利的。因此,在拍摄之前我们可以从以下这些方面着手撰写策划案。

(一)选题背景

选题背景需要陈述创作原因和相关的背景知识,包括选题的来源(网络、媒体或其他)、选题的基本背景、选题的类型。最主要的是阐明该选题的基本背景信息,包括时代背景、社会背景、经济文化背景等。比如,选题聚焦的是环保问题,那么选题背景就应指出环境现状、当今社会人们对于环境保护的态度、在经济飞速发展的时代环境保护的问题所在,等等。

(二)目的和意义

阐明选题背景后,需要对创作该作品的目的和意义进行解释。目的部分主要说明作品想实现的效果和达到的要求;意义则是该作品有利于哪些方面的推进和提升,比如对受众、社会、国家的影响等。

(三)内容策划

内容策划部分是策划案中的核心部分,也是相对繁杂的部分,但厘清该部分能够使中期拍摄和后期制作取得事半功倍的效果。内容策划具体可以从这些方面入手。

(1)纪录片名称。纪录片名称包括片名和分集标题。片名是纪录片的名称,创作者需要简洁明了地阐释这一名称的意义和内涵;分集标题不是每部纪录片都有,主要是针对系列纪录片而言,如微纪录片《这十年》有多集,那么创作者可对每一集的标题进行简要说明。

(2)片长。主要说明该纪录片的时长,若有多集则须说明总时长和分集时长。

(3)纪录片主题。说明该纪录片想表达的主题,若此时主题还不够明确,就需要通过实际记录进一步明确主题。创作者可以在此列举想呈现的主题范围和可供选择的方向,避免拍摄时漫无目的。在拍摄和后期制作中需要注意,主题的出现要顺理成章,有一定的支持,不要凭空拔高。

(4)纪录片的主要人物。列出该纪录片中出现的主要人物,并对他们进行前期调研,根据其与主题的关联性对年龄、外貌、性格进行简要介绍。

(5)纪录片的形式与风格。阐明该纪录片的类型,以及通过何种方式表达主题,如片中是否运用自然素材或人工素材,自然素材与人工素材如何结合,在拍摄时会运用到哪些特别的拍摄技巧,最终呈现的效果如何等。还要明确该纪录片的整体基调是怎样的,如严肃的、轻松的、有趣的、自然的、平实的等。

(6)纪录片的冲突。预判拍摄过程中会产生的戏剧冲突,如人与人之间的冲突、人与环境的冲突等,为纪录片的看点打下基础。

（7）纪录片的表现方式。阐明纪录片的表现手法及特点。

（8）纪录片的结构。在拟定拍摄主体后和正式拍摄纪录片前，需要拟定纪录片的结构，特别是主线的结构设计，为拍摄脚本的撰写奠定基础。

（9）纪录片的拍摄内容。列举拍摄大纲和分镜头脚本，需要注意的是，创作脚本不是进行故事创作，而是为纪实影像的拍摄提供方向，切忌按照脚本去进行虚构演绎。

（四）拍摄场地

创作者可将准备去的拍摄场地列举出来，考虑场地借用是否需要提前沟通、是否需要获得拍摄许可以及可能产生的费用等问题。

（五）受众分析

对该纪录片的受众进行分析，确定受众画像是怎样的，会吸引哪些群体的关注。

（六）实施可行性分析及可能遇到的困难

分析拍摄该纪录片的可行性，要提前将可能遇到的问题列举出来，预先准备应对方案。

（七）效果分析

对该纪录片投放后的数据和影响进行预测，比如投放到新媒体平台上会产生多少播放量、点赞量、评论量等，并对受众观看该作品的感受或社会影响进行分析。

（八）拍摄设备

拍摄用的机型、灯光、音响都需要事先做好准备。要列举拍摄期间所需要的设备，例如摄像机、云台、三脚架、手机，提前做好设备的调试工作，检查设备是否可以正常运行，避免拍摄期间出现故障影响拍摄进程。摄制团队的组成也相当重要，摄制团队一般包括编导、摄影师、制片人、录音师等。

（九）拍摄预算

对拍摄期间产生的费用做好预算，比如场地费用、设备租赁费用、餐饮费用、交通费用等，并在拍摄结束后将实际费用与预算进行比对，对于严重超出预算的部分做原因分析，及时做好复盘工作，为后续的方案实施积累经验。

（十）复盘总结

这一部分需要在中期拍摄完成后进行，主要是将实际拍摄的情况和前期策划方案进行对比，分析二者之间的契合度和相关性。如果实际拍摄基本按照方案进行，那么该方案就能有效地指导本次创作。若实际拍摄情形和策划方案相差很大，则需要考虑方案的可行性和合理性，以及实际拍摄工作中出现的意外状况，为再次拍摄提供经验教训。

这里以学生作品《校园环保行》为例进一步阐释上述内容。创作该作品的同学通过记录校园内的食物浪费现象，呼吁校园内的学生关注环保。

【案例】

学生作品《校园环保行》策划案及脚本

一、选题背景

保护环境、抵制浪费是人们的普遍共识。过去三十年间,全球生物种类减少了35%。以地球七十亿人口来计算,每天全世界浪费的水资源接近200亿千克。在如此庞大的数据面前,身为大学生的我们常常会想,每天都有这么多资源被浪费,我们应该为保卫地球做些什么?随着时代的发展,越来越多的资源被循环利用。与此同时,浪费粮食的现象在大学校园里还时有发生。生产食物需要耗费大量的土地、水资源和能源,浪费食物无疑就是在浪费宝贵的资源和能源。

勤俭节约是中华民族的传统美德,也是大学生应有的品质。随着我国经济快速发展,人民生活水平提高,人们的生活慢慢从生存型转为享受型,铺张浪费的现象时有发生。是什么心理在诱使人们铺张浪费?我们决定通过微纪录片的创作来记录校园身边的浪费现象和垃圾分类问题。

二、目的意义

此次拍摄意在创作一个10分钟左右的微纪录片,通过聚焦校园内的环保问题,引发同学们对浪费行为的关注。通过拍摄这些看似不重要却组成我们校园生活重要部分的行为,以及向同学们展示环保工作者对当前学生环保行为的看法,来鼓励同学们注重环保,勤俭节约,爱护我们生活的校园环境。

本次创作的意义在于通过身边的影像记录引发同学们的共鸣,提升同学们的环保意识,促使他们养成勤俭节约的生活习惯;通过向学生宣传环保知识,使大家自发地行动起来,保护环境,爱护校园,号召同学们从不同的方面做一些力所能及的事情。

三、内容策划

(一)纪录片名称

片名《校园环保行》,能够准确且恰当地表达本片的主题。本片从当下校园中不环保的现象如食物浪费和垃圾分类问题出发,试图呼吁学生从自身做起,在环保的道路上迈出第一步。

(二)片长

10分钟。

(三)纪录片主题

以校园环保为背景近距离感受大学生对于校园环保的看法以及校园中相关工作人员对于学生的食物浪费行为和不进行垃圾分类行为的看法,记录食物浪费和垃圾分类的现实状况,以此来号召同学们在校园生活中增强环保意识、用实际行动保护校园环境。

(四)纪录片的主要人物

学校食堂餐盘回收处的阿姨:常年在食堂内回收、清理学生倒掉的饭菜。

学校垃圾回收处理站的阿姨:常年在校内清理垃圾、回收垃圾。

随机采访的学生:在食堂内用餐完毕或正在进行垃圾处理的在校学生。

(五)纪录片的形式与风格

影片主要呈现轻松愉快、积极向上的思想情绪。通过实时拍摄相关人员在校园食堂、楼栋垃圾回收处的工作场景,展现他们在这类工作环境下的工作态度。

本片属于人文纪录片,关注现实世界中普通的生活场景,通过采访和对资料的分析表达主题。解说词从学生的视角出发,发挥对画面内容的补充作用。本片也将采用空镜头和采访镜头,对采访对象运用长镜头拍摄,着重捕捉人物的微表情、细节表现,可以通过人物的情绪来展现他们对环保话题的看法。在空镜头的选择上,针对不同的事物也有不同的记录方法,延时摄影可以用来展现校园的生机勃勃,特写镜头可以表现美好校园中存在的"美中不足"。

(六)纪录片的冲突

关于食物浪费和垃圾分类,每个人都有不同的看法。很多大学生原先对于环保的认知与当下真实的情况存在一定的差异。还有的学生抱有"无所谓""无能为力"的态度。纪录片可以将采访中的不同观点进行对比;食堂阿姨和回收处阿姨在进行食物处理和垃圾分类时也会遇到诸多难题,可将其与现实情况进行对比,对学生形成一定冲击。

(七)纪录片的表现方式

采用生活化的手法来表现纪录片的主题,以摄像头作为眼睛观察学生生活,从多方面入手渗透环保话题。纪录片的节奏随着被采访人物的表达而推进。

(八)纪录片的结构

本纪录片围绕抵制校园浪费、保护环境这一主线来展现当代大学生对于环保的理解和看法。全片以第三人称的视角来进行解说,当中穿插对食堂、校园垃圾处理站的工作人员和学生的采访。在影片的开头通过列举一些与环保主题相关的数据和当前校园的基本概况来引出纪录片的主要事件,使用画外音和与情境有关的空镜头来交代地点和事件。并在顺叙中适当插入相关人员的采访,从而较为完整地展现事件的过程和主旨。

在结构设置上,纪录片主要分为两个部分:校园食物浪费部分和校园垃圾分类部分。在展现校园食物浪费的部分,先拍摄食堂琳琅满目的食物,再到食物端上餐桌被学生品尝,以及一些浪费食物的现象出现;然后是食堂餐盘回收处将剩余的食物作回收处理,当中穿插对食堂餐盘回收处工作人员的采访。校园垃圾分类的部分,要拍摄学生将一袋袋垃圾丢进垃圾处理站的大垃圾桶,再由垃圾回收处的工作人员进行二次分类的场景,并对垃圾分类的工作人员进行采访,以了解当前校园垃圾分类处理的一些情况。最后随机对学校内的同学进行采访,了解同学们对于校园食物浪费和垃圾分类的态度和看法。

(九)纪录片的拍摄内容

1.段落式

(1)通过对当前社会的大背景进行概述,引出环保主题,再将视角转向校园中的不环保现象。

(2)随机在校园里采访三名同学,了解当下学生对于环保的看法和了解程度。

(3)走进学校食堂,用镜头捕捉同学浪费食物的情况,并在食堂餐盘回收处拍摄真实的校园食物浪费现状。

(4)对校园内拾荒者这一群体进行介绍,并且向他们了解当前校园垃圾分类的情况。

(5)简单介绍未分类的垃圾的处理方式。

(6)呼吁青年人抵制食物浪费,践行垃圾分类。

2.框架式

(1)地点:武汉设计工程学院。

(2)主角:校园内随机选择三名学生;食堂餐盘回收处梁阿姨;宿舍楼栋垃圾回收处周阿姨。

(3)作品立意:让更多的人了解到环保的意义,呼吁更多人为环保事业贡献自己的力量。从当前社会的大背景出发,着眼于校园生活中的不环保现象,通过对三名学生的采访了解其对食物浪费和垃圾分类的看法,并通过对相关人员的采访和场景事件来证实当下校园环保的真实情况。

(4)表现中心:环保、食物浪费、垃圾分类。

(5)风格基调:自然、平实。

3.分镜头式

分镜头脚本如表6-1所示。

表6-1 纪录片《校园环保行》分镜头脚本

镜头	拍摄内容	解说词
一	中景拍摄校园内的国旗,将车辆穿行和人群流动的场景进行混剪	21世纪以来,人类社会发生了巨大的改变,人们的生活环境和生存现状都有了很大的改善,科技的进步、交通的便捷使我们每个人感受到了新时代的美好
二	跟拍校园中学生走路时的背影	与此同时,环保的重要性也在日益凸显,抵制食物浪费和践行垃圾分类也成了时代新话题
三	三段网络视频素材	当我们浪费食物的时候,我们很难相信,全球70多亿人当中,还有8.2亿人仍在面临饥饿问题
四	堂吉诃德的铜像	守护我们的地球家园,让这个世界变得更加美好,是一件功在当代、利在千秋的大事,和我们每个人息息相关
五	近景拍摄水池中来回游动的鱼	食物浪费和垃圾分类问题,在校园生活中尤为显著
六	黑屏切换,中间字幕显示:"校园环保行"	背景音乐
七	对几位同学的采访合集	现场音
八	食堂外部的空镜拍摄	食堂是学生每天必须来往的地方,而这里也是浪费的重灾区
九	对食堂内部的菜品特写	琳琅满目的菜品,干净卫生的进餐环境,为什么还会产生浪费呢?

续表

镜头	拍摄内容	解说词
十	横向移镜头,拍摄食堂内部	于是我们找到了食堂餐盘回收处的梁阿姨,梁阿姨已经在这工作六年了,她的日常工作就是将学生用完的餐盘进行整理,并将剩下的食物进行回收
十一	中景拍摄学生选择麻辣烫菜品的场景	在这里一切都变得直观起来。而面对食物浪费,梁阿姨能给我们提供什么细节信息呢?
十二	对梁阿姨进行采访,穿插阿姨收拾剩菜剩饭的场景	现场音
十三	拍摄学生在食堂用餐	研究结果表示,在中国,我们的食物浪费大多数发生在餐饮环节。《中国城市报新食物浪费报告》显示,2015年,我国城市餐饮业仅餐桌食物浪费量就有1700万至1800万吨
十四	显示数据内容	
十五	中景拍摄食堂窗口打包和学生拿外卖	梁阿姨告诉我们的这些情况只包括堂食的浪费,打包和外卖的浪费就不得而知了
十六	学生在食堂用餐买饭混剪	其实在人类诞生至今的几百万年里,只有最近的短短几十年才由于科技的进步,解决了大多数人的温饱问题。在此之前的任何时代,人类所面临的最大问题都是食物问题。一粥一饭当思来之不易,半丝半缕恒念物力维艰
十七	剩饭剩菜倾倒在垃圾车内	当然也有人认为言之过重,人倒掉的食物不还有猪吃吗?实际上,由于2018年非洲猪瘟的爆发,现在厨余垃圾喂猪已经被叫停
十八	垃圾车开走	除了食物浪费,垃圾分类也是校园生活中不可忽视的一部分
十九	学生丢垃圾混剪	背景音乐
二十	拾荒者分拣垃圾混剪	全世界一半以上的垃圾分类工作都是由拾荒者完成的,国内有600万人从事拾荒工作,也有许多人称他们是捡垃圾的。在我们的校园里也有着这样的一个群体,但许多人不知道,拾荒者的工作十分危险。《纽约时报》的一篇报道统计,垃圾分类与回收是第四危险的工作。其原因,除了可能接触到有毒的化学物质和病变食物外,拾荒者还可能被尖锐的垃圾所伤等。他们每天都围绕在垃圾桶旁,从事着分拣垃圾的工作。尽管他们大多都是以盈利为目的,但他们至少能够把可回收的塑料瓶和纸箱子分拣出来,推动了废品回收再造产业链的完善,让可回收物能够被回收和再次利用,为环保事业做出了巨大贡献。他们可能是这样的……这样的……也可能是这样的……

续表

镜头	拍摄内容	解说词
二十一	拾荒爷爷开着垃圾车远去	最初我们的采访屡屡碰壁,多数叔叔阿姨都认为这是一件不光彩的工作,不愿意接受采访,但是为了了解校园垃圾处理的现状,我们多方询问,最终找到了楼栋垃圾处理处的周阿姨进行了采访
二十二	采访楼栋垃圾处理处的阿姨	现场音
二十三	爷爷将成包的垃圾装车	垃圾分类有时也藏着意想不到的问题
二十四	将关于垃圾处理的三种方式进行镜头混剪	未分类的垃圾通常有焚烧、填埋、填海3种处理方式,大部分未分类的垃圾会通过焚烧的方式处理,这种处理方式会产生大量有害物质。填埋处理的垃圾堆成山,剧毒的腐烂物和脏水会渗透到地下污染水源。填海处理的垃圾可能会危及海洋生物的生命,每年约有1300万吨塑料垃圾入海
二十五	校园空镜头混剪	垃圾作为物质循环的重要部分,更需要引起我们的重视。环保的要求给我们带来了压力,污染日益严重的环境也让我们没有了退路。一切对环境的破坏最终伤害的是我们人类自己,一切对环境的保护最终也是在保护我们人类。一个和谐、文明、洁净、优美的环境,需要每一个人自觉行动
二十六	女孩捡起瓶子丢进垃圾桶	无论是抵制食物浪费还是践行垃圾分类,青年人都需要迈出第一步,有时候改变世界也从个人的一小步开始

四、拍摄场地

场地一:校园食堂。

场地二:校园楼栋垃圾处理站。

五、受众分析

(1)在校大学生。

(2)从事校园环境保护的工作人员。

(3)环保相关行业从业人员。

(4)对环保感兴趣的人。

(5)想要了解垃圾分类和食物浪费的人。

六、实施可行性分析及可能遇到的困难

被拍摄对象均在校园之中:人员为学生和校内工作人员,相对固定,便于进行采访拍摄,整体流程可控性强,所需要的拍摄设备较为简单,场地的选择上相对容易,基本不需要二次置景来辅助拍摄。在拍摄纪录片的过程中,有专业老师进行指导,能在理论上提供一定支持。拍摄中的大部分情节都是被采访者感情的自然流露,保留了纪录片的真实性。

可能遇到的问题是被拍摄对象在接受采访时会有紧张、不自然等情况,对纪录片最终呈现的整体效果有一定的影响。同时在寻找采访对象的过程中,也可能会遇到拒绝配合的情况。另外,对于如何更好地升华纪录片主题,究竟是对于采访对象进行深度挖掘,还是通过解说词配合画面进行呈现,还需要进一步商讨。在场面调度、节奏把控、后期剪辑配音等技术方面也还存在着一定挑战。

七、效果预测

(1)将作品投放到校园公众号、抖音号上,通过话题讨论、互动交流实现传播裂变。

(2)该作品一定程度上能增强大学生的环保意识,减轻校园环境建设工作人员的负担。

(3)通过对校园生活的实录,让大学生了解到校园环境建设工作人员的日常工作。

(4)让同学们了解校园生活中的无意识浪费现象,提醒同学们注意纠正自己的不当行为,买饭时先认真思考再选择,依据自己的情况量力而行。

(5)该作品可以使大多数学生了解到减少浪费的重要性,做一些力所能及的小事来改变现状。同学们在倒垃圾时也要有意识地开始进行简单分类。

八、拍摄设备

摄像机一台、手机一台、三脚架一个。

九、拍摄预算

拍摄费用预算如表6-2所示。

表6-2 拍摄费用预算

类别	预算(元)	实际(元)
餐饮	200	150
场地	100	0
道具	50	10
摄像师费用	500	0
总计	850	160

第二节 实景拍摄——精选素材

在前期一切准备就绪的情况下,创作者就可以依照策划案和拍摄脚本展开具体的拍摄工作了。在实景拍摄过程中需要注意掌握一定的拍摄技巧,娴熟地运用拍摄手法、合理地运用镜头能使创作事半功倍。拍摄技巧和拍摄手法在很大程度上影响着纪录片的拍摄质量。拍摄结束后的素材挑选也至关重要。

实景拍摄需要有针对性地进行,如采访人物就需要提前设置好问题,确保被访者能够回答出切合主题的答案。同时还要避免一个误区,那就是将纪录片拍成访谈节目,要注意采访的篇幅不宜过大。创作者还需要考虑筛选出的素材是否符合主题,是否能够体现自身想要传达的内涵。

一、拍摄技巧及注意事项

纪录片的拍摄与宣传片不同。不管纪录片是以人为主题还是以动物为主题,拍摄团队都需要提前熟悉场地环境、人物,包括他们的生活习惯,尤其需要掌握恰当的采访技巧和细节。

(一) 采访技巧

"直接电影"强调拍摄者尽可能减少对拍摄对象的干扰,以旁观者的态度进行创作;"真实电影"则强调主动参与,在真实电影的代表作品《夏日纪事》中就出现过拿着话筒采访路人的主持人。如今,纪录片作品中主持人引导被摄对象谈话、交流的方式极为普遍,这样的做法能够较为直接地找到事件相关者对问题进行陈述,易于得到理想的素材。

关于采访,应当掌握以下技巧。

事前了解采访对象,进行有效沟通。有时候为了顺利开拍,创作团队应尽可能提前全面了解被采访对象,在获得许可的情况之下熟悉被采访对象的生活、工作或常去的地方,把握被采访者的形象、性格特点、喜好等,而后明确采访方式,提高拍摄效率。

合理安排采访内容。对事前了解到的有关采访对象的信息进行综合分析,结合纪录片主题、已有线索、想要达到的采访效果来梳理采访问题。尤其需要注意采访问题的设立不能突兀,更不能与纪录片主题偏离,避免没有目的、纷繁散乱地提问,要抓住重点,深入挖掘有价值的信息。

掌握采访策略。在采访时,尽量让受访者舒适放松,避免提出过于尖锐或开放的问题,否则会导致拍摄氛围陷入尴尬或采访对象的回答不够具体。很多时候,采访对象不是单一的,其中包括该事件的当事人、知情者以及与之有间接关系的人。对于当事人的采访,要尽可能深挖背后的故事。若当事人方面难以突破,则可通过采访事件知情者来补充事件的全貌,让他们尽可能多地叙述自己所知道的情形。而对于有间接影响的群体,则须简要采访,呈现事件最终的影响即可。

综上所述,如果创作者安排了采访环节,就需要对采访对象进行深入了解,与受访者拉近距离,这样在拍摄期间才能更为顺畅地实现良好的采访效果。采访内容的安排也尤为重要,需要做到有的放矢、抓住核心。掌握正确的采访策略,有助于纪录片的主题凸显和故事呈现。

【案例】

微纪录片《这十年》第38期《鼓浪屿上的"快递生活"》

该片中的采访问题并不多,且未出现主持人这一角色,但这并不代表创作团队不需要采访技巧和做事前的准备。片中的采访能够顺畅地承接前后影像,不显突兀、节奏较快,能够较好地契合主题。

片中共出现了两次采访,每一次都恰到好处。第一次采访是鼓浪屿快递小哥胡友亮给岛上居民送完快递后进行的。采访对象是"鼓浪屿街道居民",受访居民甲说道:"送快递的人也非常辛苦,我们也很感谢他,(他)有时候还要用板车拉过来的。"受访居民乙说道:"鼓浪屿是全国唯一一个叫作'步行岛'(的地方),(送快递)全部都是靠双脚的,大热天的也是很辛苦。"由采访对象的回答可以分析,此处设置的问题与"岛上居民对快递员每日步行送快递的工作有什么看法"相关。该问题具有针对性,能够通过前面的纪实影像呈现快递小哥辛勤工作的情景,再通过他人的看法做补充,可以更加全面地构筑起鼓浪屿岛上快递员的勤劳形象。

第二次采访出现在胡友亮和岛上居民陈某吃饭交谈过后,陈某说道:"我们小时候点(菜)的时候都要收着点,现在饭量一下子是我的三倍啊,(因为他)每天走好几万步。"而后,胡友亮以第一人称解说:"以前只有个别住户会网购,这十年电商发展起来了,几乎家家户户都需要电商物流,我们岛上也有越来越多的快递小哥加入进来,方便了居民,我们也觉得自己做的事情更有价值。"紧接着便是对鼓浪屿街道居民李某的采访,李某说道:"从实体到电商非常重要,节约了我们很多的时间,然后也节约了我们很多花销,有网购是我们这代人的幸福。"而后是对鼓浪屿街道茶店商户曹某的采访,曹某说:"我们这边主要就是卖福建各个产区的茶叶,早期其实我们花了更多的时间在处理客人来店以后购买的东西上,需要打包送到码头。有了电商以后,我们会更加方便,快递小哥会直接上门取件,然后送到客人的家里面,我们能有更多的时间和精力去完善客人的服务细节。"从受访者的回答可以分析,此处设置的采访问题和"有了网购后,生活和工作和以前有什么不同?"相关,问题准确且简洁,顺畅地承接了主角前面的解说,并且接续了结尾处的情感升华,顺利地完成纪录片的价值传导。

(二) 细节技巧

微纪录片比传统纪录片的时长短,难以实现详尽且完整的叙事,因此创作者应当将创作重点放在完善故事的画面之上,强化视觉冲击,给观者留下深刻印象。这就要求创作者能够把控好细节的呈现。微纪录片的美体现在细节上,对于特殊音效的捕捉以及大特写的运用都能彰显出微纪录片的美学意境,比如人物的一句话、一个回头、一个眼神在慢镜头的展现下都能充满意味,这便是微纪录片的生活化美学,也是它能够被大众所喜爱的重要原因。

细节最能体现纪录片的细腻之处,有了细节的呈现,微纪录片才能突出主体。在微纪录片的拍摄过程中,很多创作者容易忽视对细节的捕捉。这就要求创作者在前期策划时就预想到可以拍摄的细节。在拍摄过程中,创作者还需要有快速的应变能力,去敏锐地洞察到可能成为点睛之笔的细节。

合理运用镜头有利于细节的顺利呈现。在纪录片拍摄过程中,除了用远景、全景交代环境以外,还可以用近景或特写镜头突出人物的表情、动作等,让受众观察到此刻人物的细微变化;在展现特别的物件或物体时,也可聚焦其细微之处,以小见大,诠释该片所想表达的内涵。

【案例】

《沸腾吧火锅》中的"涮、烫、撕"

《沸腾吧火锅》将火锅与民族文化相关联,以"锅"聚友,把人们熟悉的潮汕牛肉火锅、东北酸菜白肉火锅、重庆火锅、云南野生菌火锅、北京铜锅涮肉,以及冷门小众的贵州牛瘪火锅、四川高县土火锅、海南糟粕醋火锅通过每集12分钟的影像进行呈现(见图6-4)。

值得关注的是,该片在拍摄时,沿用了传统纪录片的拍摄手法,同时也关注到新媒体环境下受众的喜好,运用显微镜摄影、超微观摄影等手法极大程度凸显了纪录片的美感,其对于细节的把控更是值得学习。影片采用了大量的特写镜头展现有关"撕""烫""涮"等动作细节,有丝丝分明的云南野生菌被撕开的瞬间,酸汤鱼火锅里鱼皮被撕离的瞬间,肥牛被氽烫的瞬间,各种食材涮好送入口中Q弹的瞬间等,这些细节都在片子里得到了极为鲜活的呈现。

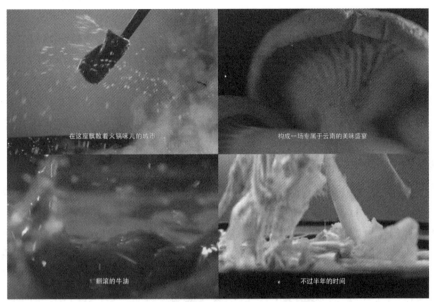

图6-4 《沸腾吧火锅》中的"涮、烫、撕"特写镜头

由于微纪录片的时间限制,在有限时间讲述更多信息显得更为重要。特写镜头在这一过程中无疑起到了至关重要的作用。传统纪录片较少运用特写镜头,大多以中景以上镜头展现背景。但在新媒体时代,手机作为主要播放媒介,其屏幕较小的特点则要求微纪录片尽量展现食物最吸引人的部分,在最短时间内抓住用户的眼球。

相比传统纪录片,微纪录片的时长受限,信息的展现无法做到全面,因此该片借助特写镜头突出有关火锅的细节,不仅切合主题,更是弥补了叙事方面的缺陷。

(三)注意事项

在掌握了采访和把握细节方面的技巧后,现场拍摄时还需要注意以下方面。

在拍摄现场的管理方面,尽管纪录片最讲求的是真实,但在实景拍摄现场依然需要做好清场和秩序维持工作,比如来往的路人可能会遮挡镜头,抑或未做好提前沟通导致拍摄时被阻拦的情况。

在内容拍摄方面,除了按照前期策划和拍摄脚本有条不紊地进行拍摄以外,很多时候现场还会出现一些脚本没有预估到的镜头和画面。不要低估了这些内容的重要性,宁可多拍,也不要在后期剪辑时发现素材不够。

在意外情况处理方面,有时候会存在局面失控的状况,在某些没有办法正常拍摄的情况之下,注意把握尺度,确保自己所做的事情不会触及法律,或引发与当事人的冲突,要对不可预测的事件做好准备。

二、素材挑选

纪录片创作素材的选择是决定纪录片价值的重要因素。在完成实景拍摄之后，创作者会获得大量的原始影像素材。此时，很多创作者会面临毫无头绪、不知从何开始的困扰。我们不妨从以下这些方面着手素材的筛选，为后期的剪辑工作做好准备。

整理素材，去粗存精。完成拍摄工作后，我们首先需要做的就是整理素材，在庞杂的影像素材中选择符合本片主旨的内容。以本章第一节中的学生作品《校园环保行》为例，在拍摄完成后，该组学生将不同地点拍摄到的素材文件进行了分类，以便随时取用。在整理素材时，有时会发现部分素材里被访者未准备好、羞于面对镜头，导致采访效果不佳，还有受访者回答的内容与本片主题偏离，这时就需要对这些素材进行取舍；有的素材画面质量欠佳，此时需要斟酌是否能通过后期制作进行处理，若不能则需要考虑是否能够及时补拍，若均行不通则需要选择放弃该素材，通过其他方式予以弥补。

对照策划，查漏补缺。创作者需要将素材与开拍前写好的策划案和拍摄脚本进行对照，查看目前的素材是否能够完整且清晰地表达主题。首先对照拍摄脚本，具体检查现有素材是否完整。如果不完整，则需要总结出现该状况的原因，及时拿出弥补方案。其次，针对脚本之外临时获取到的素材，思考这些素材是否有助于实现策划案中预想的成片效果，是否会显得多余，是否能够带来超出预想的效果，若能则保留。最后，针对必不可少而又缺失的素材进行补拍，其中包括去实景地再次取材，以及收集相关影视、文字资料，必要的情况下还要进行搬演。

寻找亮点，构建故事。在素材整理完备、补足缺失后，就可以带着剪辑意识去寻找素材中的亮点及可能成为关键情节的内容，这部分素材在后期剪辑时应作为叙事的重点。首先，观察素材中是否有可以体现戏剧冲突的内容，如人与人之间的冲突、人与环境之间的冲突等，这些内容能够极大引发观者观看的欲望，避免传统纪录片的枯燥感。其次，对可能存在多义性的镜头进行分析，考虑受众是否能够理解，是否会对此镜头产生误解，必要时在后期配以解说词进行阐释。最后，若提前写好了解说词，解说词应与对应的素材进行排列。若是按照脚本镜头排序，则需要注意素材和脚本之间的差异，及时调整顺序。

以上三个步骤可以帮助创作者有条理地将已经拍摄完成的素材进行分类及筛选，为后期剪辑奠定基础。微纪录片的素材虽没有传统纪录片的素材那么庞杂，但是较短的时长限制了许多内容的呈现，尤其考验创作者的叙事和展现信息的能力，因此精选素材尤为重要。

第三节　创新叙事——价值传播

在新媒体时代，纪录片要求画面切换速度快、叙事节奏快、解说词风格年轻化以及叙事策略有创新。这里就要说到纪录片"真实性"的范畴和概念，纪录片的真实是非虚构，而非将原始素材完全不做任何删改地呈现。

纪录片的客观性和真实性一直是众多创作者所坚守的准则,与此同时,平淡、无趣也成了纪录片的代名词,受众在接受层面的困境逐渐显露,故而忽略了作者的精巧安排以及长期记录的匠心。由于"故事性"相对缺乏,纪录片所蕴含的时代价值和文化意蕴陷入难以传播的僵局。叙事策略的运用可以让情节紧凑、矛盾突出,在不影响真实性的情况下贴合现今新媒体影像的要求,实现价值传播。

一、叙事策略及解说词的创新

与传统纪录片相比,微纪录片在叙事策略方面的创新主要体现在,它往往是以微观叙事聚焦大时代之下的小人物、小事件,更加关注个体表达,而故事化的叙事策略可以让微纪录片更具看点。微纪录片的解说词,比传统纪录片的解说词风格更加轻松愉悦,多以第一人称为视角进行解说。叙事策略和解说词的创新让微纪录呈现出轻量化、趣味性、易传播的特点。

(一)叙事策略的创新

微纪录片摒弃了传统纪录片全知视角式的宏大叙事策略,通过微观叙事,将镜头聚焦于时代之下具体的小人物、小事件、小物件,实现以小见大的效果。微纪录片在叙事主题、叙事内容、叙事视角等方面较传统纪录片都有所创新。

在新媒体传播环境之下,微纪录片的主题表达策略更加关注个体价值,主题的选择方面更加贴近生活,偏向于记录身边事;在主题的叙事表达上(即使是宏大主题)也更多关注个体的呈现,用亲近性、生活化的讲述,真实还原人物生活。例如,微纪录片《早餐中国》第三季第二十九集,便展现了武汉人清晨生活的景象:早餐店前塑料凳摆成一排,人们坐在小板凳上吃早餐;早餐店里热闹非凡,武汉人赶着来"过早"。一对夫妻经营着一家早餐店,还在锅里煎着的吱吱冒油的豆皮让人垂涎欲滴,店内前来吃热干面、豆皮的食客络绎不绝,武汉人的"过早文化"被巧妙地浓缩进了一支 7 分钟的视频中。而观看这个视频的受众可能有身处异乡的武汉人、清晨通勤的打工人、饿着肚子的"夜猫子"等。该片采用了传统纪录片纪实拍摄的手法,同时又恰如其分地融合了当下互联网视频产品的传播思维,体量小而轻,内容轻松且有趣。

随着短视频平台的兴起,纪录片也逐渐朝着接地气的方向发展,给予了普通人创作和自我表达的空间。微纪录片的叙事策略方面,尤其是其叙事内容的故事化,是创作者应该去重点考虑的方面。考虑到微纪录片的投放平台多为抖音、快手等短视频平台,它在叙事内容方面需要更有看点。这里就要提到纪录片中的一对词语:"纪实性"与"戏剧性"。二者并不矛盾,很多人在创作纪录片的时候容易陷入一个误区,那就是一味地追求真实,忽略了影片的看点。而现今的微纪录片可以通过人物讲故事,以故事带主题。"故事化"的叙事策略已成为当今纪录片创作的重要叙事手法,比如学者王磊在其文章中提到纪录片的故事化叙事策略:"旨在以真实的事件和人物为创作基础,在叙事过程中不是单纯地刻板记录,而是对素材进行故事化的表达。"[①]叙事策略与"戏剧化"手段的确立为纪录片的价值传播开辟了道路。微

---

① 王磊.故事的力量——纪录片故事化的叙事策略[J].戏剧之家,2020(34):142-143,168.

纪录片既是纪录的艺术，记录是它的本质属性，同时也是叙事的艺术，这是它在媒介传播中的必需属性。

综上所述，微纪录片在主题叙事和故事化叙事策略方面具有创新之处，相比传统纪录片更加注重个体表达，同时更加关注用户体验和接受程度。

【案例】

微纪录片《人生一串》中的叙事策略

《人生一串》是一档烧烤类美食纪录片，它以独特的视角真实展现烧烤美食背后的情感，以"美食为主、故事调味"的叙事结构，深入隐藏在城市街头巷尾的小店、小摊，真实记录各种本土特色的烧烤美食，探秘其背后隐藏着的风土历史和人情世故（见图6-5）。

《人生一串》第二季第二集中，在辽宁沈阳的"琴江串店"里，"冷峻犀利"的二哥对挑选羊枪、羊炮、羊腰颇有经验，一副扑克脸在对待羊货时毫无波澜，羊身上的万物皆可烧烤。穿羊枪则是二嫂的活儿。面对二嫂，二哥对羊的狠劲儿消失得无影无踪，这形成了奇妙的家庭组合二：哥收拾羊，二嫂收拾二哥。在二哥打麻将后，二嫂大喊道："你输多少钱？"沈阳的老炮们聚集在这家店中谈天侃地，好不热闹，烧烤架上嗞嗞冒烟的羊串把烟火气凸显得淋漓尽致。

该片用极具生活化的讲述，真实还原了"琴江串店"这家烧烤小店里的烟火气，从二哥的性格特点入手，体现他在挑选羊货时的那股狠劲，而他面对二嫂却是又爱又怕，人物形象被鲜活地塑造出来。店内的食客们在此能够完全放下戒备，侃侃而谈，更体现了这家小店烧烤美味之外的魅力。

图6-5 《人生一串》中的"二哥"与"二嫂"

（二）解说词的创新

纪录片中的解说词是创作者了解拍摄主体时主观意识活动的直接体现，具有连缀画面、交代背景、阐释历史、叙述情节、升华主题、抒发情感、烘托氛围等作用。微纪录片的解说词较传统纪录片有所创新。

首先，对于微纪录片的影像叙事来说，解说词发挥了引入话题的作用。相比传统纪录片交代时代背景的宏观叙事，微纪录片的解说词更加灵活，同时使得叙事变得更为流畅。比如《人生一串》第二季第二集开头的解说词就说道："这是沈阳的隆冬时节，人们在凛冽的日常夹缝中,需要享受片刻的暗夜欢愉。沈阳人都明白一个道理,藏在陋巷中的小店,才是最有人情味的地方……"这迅速将受众带入情境之中,让受众将目光聚焦到藏在陋巷的小店上。

其次,口语化表达,风格轻松有趣。微纪录片的解说词比传统纪录片更有意思,措辞不会一板一眼,有时还会使用网络热梗、流行用语等,极大地增添了影片的趣味性。依旧以《人生一串》为例:"沈城冬季天黑路滑,夜宵的世界很复杂。想要在这里享受老饕级别的口味待遇,听到虚实难辨的狠人传奇,你需要二哥这样的朋友给你引路……"这段解说词不仅幽默诙谐,还将"滑"和"杂"进行了单押,颇有网感。

最后,善用第一人称,拉近与受众的距离。传统纪录片通常会以全知或第三人的视角将主人公的故事叙述出来,此时解说词的叙述就会将创作者的意志和感受全盘诉诸受众,但这种视角的交流感较弱,与受众之间的距离和情感连接没有第一人称近,会与受众产生一定的距离感。

【案例】

微纪录片《这十年》第38期《鼓浪屿上的"快递生活"》中的解说词运用

该纪录片的开头是以第一人称开始叙述的:"总有人问,鼓浪屿有什么在吸引着我,赤岸黄墙屋,清波白板船,有人来这里打开世界遗产,有人来这里邂逅浪漫爱情,而我停留的原因,除了电商的机遇,还有居民的笑脸,我是胡友亮,一个送货上门的快递小哥。"这段解说词以快递小哥胡友亮的视角清晰直观地介绍了他留在鼓浪屿的原因和自己的身份,带领受众走进鼓浪屿,走进他的"快递世界"。

该纪录片结尾的解说词依旧以第一人称道出电商和物流给居民带来的变化:"这里以前是个封闭的小岛,电商和物流打开了连通居民和岛外世界的窗口,如今居民足不出户就可轻松买到丰富多样的商品,岛上的特产也能更便捷地寄往岛外。从便利店老板到快递员,我用新的职业,新的身份为居民们带来了便利,而他们回馈的温暖和满意让我有了更深的自我认可。这十年,在感动中前行。"这段解说词既平实自然,又升华了主题。

二、价值的正向传播

如今,越来越多的微纪录片作品在发挥积极的影响,这离不开它易于传播、年轻化的特点。比如,非遗纪录片展现非物质文化遗产的现今状态,引发人们的关注;科普类纪录片传播科学观念,具有教育和启发意义;民生类纪录片映照社会现实,展现人间百态,引发受众思考……微纪录片正在以自己的力量进行价值的正向传播。

首先,优质内容助力价值实现。融媒体时代,纪录片不断找寻传播的新切口,借力各平台优势,积极传播内容,但归根结底,影像的质量还是要做到严格把控,要在保证内容具有看点、能够抓住受众眼球的前提下,做到不用过多的说教便能顺畅地传达影片所想表达的价值观。例如,微纪录片《如果国宝会说话》《中国微名片·世界遗产》等都通过精短的纪实影像生动传达出其背后蕴含的中国精神、中国审美与中国价值。

其次,良性互动彰显创作价值。在抖音、快手、微博等平台上,创作者可能就是微纪录片的被摄主体,比如李子柒的短视频就是将非遗文化融入生活场景,将当下生活与传统手工艺进行连接,体现日常生活美学,极大地拉近了受众与非遗文化的距离;再如,很多非遗传承人作为视频的主创和参与者进行非遗视频的传播,此种参与方式具有反客为主的特点,同时能够更好地掌握影片内容,和受众产生良性互动。第一人称视角的讲述可以让受众更好地融入非遗故事和场景中,受众可以随时与传承人进行交流、随时下单。这既有利于普及非遗文化,同时还实现了经济价值。

最后,百花齐放构筑文化价值。新媒体的飞速发展让纪录片的创作不再囿于以往的桎梏之中,微纪录片的出现以新潮、简洁、有趣的特色为纪录片的发展注入了新鲜血液。创作者须秉持一颗学习优秀传统文化和不断创新的初心,在新媒体时代探索更多有益于纪实影像的创作方式及表现形式。

课后作业

将拍摄素材进行后期剪辑,构建微纪录片的故事,突出看点;将完整的视频作品投放到新媒体平台上,运用营销策略进行宣发。

第七章 新媒体"纪实-表现向"的影像创作

第一节 "纪实-表现向"影像类型辨析

在"纪实向"和"表现向"影像之间,有一种相对独特的影像类型,这个类型包含了无法归类于"纪实向"和"表现向"的、仅属于自媒体的影像形式。该类影像按照纪实因素和表现因素所占的比重不同,分为分享类视频和创意类视频。

分享类视频作为近年来最为常见的自媒体短视频制作形式,和剧情类短视频有着较大的不同。它在影像风格上探索较少,偏重纪实,更关注知识、经验、观点等内容的分享,与网络直播有着更为紧密的关系。相比网络直播强调即时性和互动性,分享类视频更强调视频在结构上的完整性,因此文案创作依然是分享类视频的重中之重。分享类视频由于短小精悍,易拍易得,剪辑起来相对容易,成为各大网络博主们常用的视频内容发布形式。

创意类视频,即"二创"(含致敬、恶搞、鬼畜、戏仿、拼贴等)视频。二创即二度创作,本意是指将原著小说或文学剧本用视听语言形式呈现的再创作过程,是传播媒介和符号系统的整体转换。而在网络语境下,"二创"的内涵发生了改变,主要是指在不改变传播媒介和符号系统的前提下,打破符号建构的完整性和原本的意义,再将这种碎片化的视听觉符号进行重新剪辑和改编,以赋予符号新的意义。由于打破了原作符号建构的完整性,创意类视频的技术性在重要程度上要远高于传统意义上"内容"的完整性。因此,创意类视频的突出特点是:重剪辑,重颠覆效果,形式就是内容本身。

分享类视频和创意类视频在技术层面上似乎完全是两个类型,为什么它们能被统一到"纪实-表现向"影像这个领域之中呢?其根本原因在于,二者都是既有纪实因素,也有表现因素。分享类视频虽然纪实性因素远大于表现性因素,但"纪实"的目的实则是进一步"表现"个人观点、展示自身。如李子柒虽然是美食类博主,但她用土法制作乡村美食技术的传播意义并不仅限于教会受众制作方法,而是通过视频内容表达出一种"田园生活"的闲适感。再如,Bilibili网站2022年度百大UP主之一候翠翠,其发布的主要是分享类视频,这些视频彻底颠覆了传统观念中"农村、大龄、单身女青年灰头土脸"的刻板印象,转而以一种带有个人哲思和乡村闲适生活风情相结合的形式表达个人特质。这些视频的特征都不仅限于"纪实",而是带有浓厚的个人表达意味(见图7-1-1)。

图 7-1　侯翠翠原创分享类视频

图片来源：视频《城里呆累了就回村 我做糖葫芦给你吃》,https://www.bilibili.com/video/BV16G4y1S7JX/?spm_id_from=333.999.0.0&vd_source=2271d19151a2d85c5de6f57707e0d8fa。

【案例】

"傻白甜"的侯翠翠,唠嗑唠出百万粉丝用时仅131天,凭什么呀?

一、反内卷取胜的UP主

侯翠翠将"摆烂"精神发扬光大。她发布的50多个视频,几乎期期播放量过百万次。继暴火的"二舅"在互联网上刷屏后,"内耗"一词也随之走红,成为网友最常提到的热词之一。考上985、211还要继续考研考博,找到工作还要继续996……从内卷到内耗,现代年轻人似乎总是活得太匆忙,终日与压力和焦虑为伍。

点开侯翠翠的视频主页,里面既有对工作的吐槽,也有家长里短的唠嗑,但更多的还是回到乡下放飞自我的快乐。凭借着对生活的"摆烂"态度,她被粉丝盖章认证为"反内卷区UP"。侯翠翠向大家展示普通人如何接受失败,活出属于自己的生活节奏。她让你明白：在追逐别人脚步的同时,不少人渐渐忘记了其实自己也有优点,即使平凡,自己也可以是独一无二的普通人。侯翠翠看似随心所欲的话疗和摆烂,实质上饱含生活的真谛、职场的智慧。

二、返乡青年新代表

2023年以来,B站生活区涌现出一类"反内卷"UP主,诸如"侯翠翠""王芳芳的快乐生活""hello刘小备"等。这些UP主大都选择不再在大城市拼命,而是返回小县城或农村,拍摄一些生活或才艺类的vlog。视频里,侯翠翠戴着草帽在村里追大鹅、进修《母猪的产后护理》,田间地头随手一掰的黄瓜和苞米又脆又甜,搭配着永不过时的农村视频之光——《稻香》。BGM一响,所有人的DNA都动了。

不过,与"张同学""帅农鸟哥""林果儿linguoer"等新农人相比,侯翠翠又不太一样。她更像一个导游,把游客带到自己的家乡,在田园风光中享受快乐。2022年,大连全市进入了封控状态。在新公司已经干了三年多的侯翠翠,收到了一个晴天霹雳般的消息：她被辞退了。此时赋闲在家的侯翠翠,脑海中渐渐出现了一个想法:我为什么不做一个自己的短视频账号呢?至于短视频的内容,她也早有计划:分享日常生活。她知道自己的优势所在:接地气。

三、认知心理与价值观输出

到底粉丝喜欢侯翠翠什么?我们可以用认知传播学理论来分析侯翠翠的视频,可以通过弹幕了解粉丝对她的喜爱,通过评论知道粉丝对她的认同,百万播放量就是在互动中得以实现的。侯翠翠的职场吐槽有点像"papi酱",但她没有像"papi酱"那样进行夸张化表达,而是在充满喜感的戏说中,颠覆人们的刻板认知,吸引受众由共情而共鸣。启发同龄人走出旧的认知怪圈,可以说侯翠翠的视频戳中了用户的痛点。

侯翠翠很可爱,但可爱不是必杀技,摆烂也非真颓废。侯翠翠的视频制作看似简单随意,其实都是经过精心设计的。最好的输出一定是价值观的输出,侯翠翠这种输出形式是独一无二的,内容是丰富新颖的,风格是轻松愉悦的。反内卷、向往自由的观点的确引起了很多年轻人的共鸣。侯翠翠说她不会也不配讲大道理,其实她是用唠嗑这种方式巧妙地讲她的道理。我不得不佩服侯翠翠能让教化变成了治愈,即使是"恰饭"(广告代言)也变得那么好玩。①

创意类视频的表现性因素虽然远大于纪实性因素,但此类视频依然是以已有的视频素材为主进行创作的,符合纪实性影像"以剪辑为主"的制作形态,其本质依然是纪实影像式的重新加工,并通过剪辑、配音等手法与原视频素材中的视听形象形成"互文"来获得审美效果。同时,创意类视频"以形式为内容"的影像特点,使这类影像体现出一种后现代的风格。主创者依据的个人喜好进行再加工的过程,也是一种综合运用视听符号进行个人情绪表达的过程,这类作品极其注重创意,其实现效果更接近于"表现向"的作品。如《元首的愤怒》《分家在十月》等,就是对已有的电影进行重新配音来制造夸张、搞笑的审美效果。鬼畜类的创意视频则是对原始视频素材进行加速、变调等特效处理来制造鬼畜效果。这些极富创意的视频创作手法更加凸显"网生代"们鄙弃权威、反对灌输、乐于颠覆、娱乐至上的后现代审美特征。因此,将创意类视频归类于"纪实-表现向"影像类型也是实至名归的。

【案例】

十八年了,幸好《元首的愤怒》还没被封禁

《元首的愤怒》,是互联网鬼畜文化的图腾——这个梗刚出现时,大家就发现了它有多搞笑和百搭。但今天,再回头去看,你可能才会意识到它有多神奇。

《元首的愤怒》是B站建站初期火起来的鬼畜视频,也是最早、最火的鬼畜视频之一。它取材于《帝国的毁灭》,这是一部讲述纳粹德国坍塌前的情况的电影,其中有一段希特勒对高官训话的戏,因为表现力太强,情绪爆发过于有张力,被人做成了鬼畜视频。

但《元首的愤怒》最神奇的地方是,18年里,它从来没有真正地过时。一直有国内外网友用它"二创"视频。

---

① 对线者老谭."傻白甜"的侯翠翠,唠嗑唠出百万粉丝用时仅131天,凭什么呀?"[EB/OL].(2022-09-05)[2023-10-11].https://www.bilibili.com/read/cv18456075?spm_id_from=333.999.0.0.

《元首的愤怒》真正诞生于2006年，离油管开站也就隔了一年，是油管上最早的恶搞素材之一。而且，它不是在英语区成名的。第一个走红的"元首视频"配的是葡萄牙语恶搞字幕，第二个是西班牙语的。

　　很快，"元首"就开始在配有各种语言字幕的视频里咆哮。为原片加上恶搞字幕和配音，是鬼畜文化（"音MAD"）的雏形。

　　2年后的2008年，第一个蓝蓝路视频在日本网站niconico动画上出现了，这标志着我们熟悉的鬼畜文化正式诞生。此后，"元首"的咆哮立刻跟上，无数"元首"的鬼畜视频涌现。

　　再后来，空耳文化被N站和B站发扬光大，这种把"鸡你太美"听成"只因你太美"的小黑子行为，传遍当时的亚洲互联网，而"元首"的咆哮正好与其完美契合。

　　我到河北省来、这星期、妨碍咱的渣渣、七万个嫂夫人挨个来biu……这些台词十多年来一直鲜活而具有生命力，直到今天还能被很多人背诵。

　　德语说啥都很凶狠的刻板印象，本就是个搞笑梗。而"元首"的德语则已经不只是凶狠了，每个发音都像在挑战血管被撑爆的极限。

　　2010年，"人力VOCALOID"被大众化，网友又迷上把视频剪成歌唱片段。"元首"再度成了潮流领军人，他的咆哮被剪成ACG歌曲和古典名调。那个砸铅笔的片段，被很多人剪辑成了在打击乐器。

　　一直以来，不论互联网发现了什么鬼畜新乐子，愤怒的"元首"都会现身其中，然后引领潮流。"元首"是和众多经典鬼畜素材一起诞生的，比如上面提到的麦当劳小丑，以及更火的杰哥、金坷垃。

　　如今的热门鬼畜视频已经很少了，哪怕有热门视频，也很少是鬼畜视频。但"元首"却没放弃鬼畜界活化石的身份。每年，它都会出现在播放量破百万的鬼畜视频中，还有不少数十万播放量的"元首"视频紧跟各种潮流。直到2020年，每年都会有人在B站举办"元首祭"，集合制作新的"元首"鬼畜视频。

　　这是一个包含各种文化潮流，囊括所有互联网发展时间点的梗中之王，不论何时聊它都不奇怪。"元首"身上那种有点地狱感的黑色幽默，背后映射的可能恰恰是人类漫长历史上难得的至高成就：长达近百年的和平。哪怕经常被用来喷人，《元首的愤怒》也是属于幸福与和平的年代的地狱幽默感，是我们和平一代的特权。[1]

　　总而言之，"纪实-表现向"视频模糊了传统媒体时代纪实与表现之间泾渭分明的特点，体现互联网时代全新传播方式对传统的传播关系的彻底颠覆。在传统媒体时代，受限于集体创作的传统影像制作模式，个人表达往往被忽略。然而随着自媒体时代的到来，"新媒体的社会地位不断上升，'新媒体'从单维度的通信工具、技术名词发展成为多维度的信息公共平台、舆论构建平台和娱乐休闲平台的'代名词'，成为公众生活中不可或缺的一部分"[2]。"纪实-表现向"影像作为新媒体时代的融合产物，使以往被边缘化的高度个性化、交互性的"小

---

[1]BB姬studio.十七年了，幸好"元首的愤怒"还没被封禁[EB/OL].（2023-06-09）[2023-09-11]. https://baijiahao.baidu.com/s?id=1768193975827389178&wfr=spider&for=pc.

[2]宫承波.新媒体概论[M].4版.北京：中国广播电视出版社，2012：8.

众传播"形态,逐渐成为网络视频的主要内容输出形式。带有浓厚个人创意特点的作品能够以一种规模化的效应广泛出现在各大视频网站上,成为一种潮流风气,以及当代年轻网民的一种重要表现形式。这是新媒体时代的典型特点。

第二节 个人创意——文案主题

"纪实-表现向"影像的类型不同,对文案的创作要求也不尽相同。分享类的"纪实-表现向"影像涉及范围广泛,在文案设定方面注重内容充实、丰富,流程简单易上手,强调内容大于形式。但这并不代表着形式完全不重要。由于文案往往以解说词的形式呈现,因此文案的内容也是视频内容的有机组成部分,对文案创作者有着很高的要求。创意类的"纪实-表现向"影像虽然也对文案有要求,但多基于已有的视频内容进行再创造,对文案的依赖性总体而言相对较弱,更强调创意与剪辑效果。本节重点介绍两类视频的创意和文案问题。

一、分享类视频

分享类视频从内容上看大体可以分为生活服务类(如探店、团购、美食、房产、汽车、旅游、美妆、穿搭等)、才艺类(如唱歌、跳舞、魔术、杂技、武术、运动休闲等)、知识分享类以及日常类等。视频形态上与新媒体个人化短视频关联紧密,但与带有表演性质的短视频相比,分享类视频更注重知识性内容的传播和才艺的展示。此类视频在制作形式上与电视片的创作原则接近,因此在文案主题等前期策划阶段具有较强的电视思维特征。

(一)分享类视频文案写作的思维特征

写作是一项复杂而精微的脑力劳动,是借助语言文字符号来制作文章的过程,只有依照一定的程序,运用正确的思维方法,才能完成开掘、辨析、设计、表达等工作,写出比较满意的文章。

视频文案写作(包括电视写作、新媒体影像写作)既是传统写作延续和发展的产物,承袭了传统写作的基本规律和基本过程,又因视听媒介的特殊性具有与传统写作不同的特点和规律,具有独特的思维方式。传统写作的思维表述媒介是文字和符号,构思过程中主要以文字符号为媒介进行创作;视频文案写作在思维表述过程中借助的媒介却是多样的,既有画面,又有声音,画面包括图表、动画、字幕等,声音则包括解说词、同期声、音乐等。同时,视频文案写作还要考虑画面的构图、光效、色彩、影调等要素。

视频文案写作的表现元素包括多样性的媒介,每一部视频作品都是由这些多样性的媒介组成的。在电视作品中,这些多样性的媒介作为表现元素,都不能以单独完整的形式存在,每一种元素发挥什么作用,发挥到什么程度,既要受到作品内容和风格的制约,还要受到视频博主创作个性的制约,更要受到它自身表现力的制约。但无论如何,各种元素之间应当是和谐互补的,它们之间互相配合,构成一个完整的作品。创作者要将图像、同期声、音乐、音响及解说词等诸多元素有机地融合、统一在一起,进行综合分析、判断,根据各元素的特点和功能,以及各自的职责范围,分配各元素所承担的任务,同时将其协调在一个有机统一体内,从而更好地表现主题。

因此,视频文案写作,是将捕捉和营造观念形象(即意象)为特征的形象思维和把描述转化为具象的技术思维相结合的思维活动。从创作实践来看,视频文案写作思维应当有以下层次。

1. 感性形象思维层次

感性形象思维层次,是形象思维的感性认识阶段,主要是对现实生活中鲜活而具体的感性材料(即生活表象)进行记录和反映。在这一层次,创作者要根据自己对生活表象的感受和经验来进行创作。感性形象思维指导着创作者在生活中进行习惯性的资料收集,并进行一般性的视频节目制作。在感性形象思维指导下采编和制作的视频,一般停留于"是什么"和"发生了什么"的层面,而不进行"为什么"的分析。由于人们会因个人的经历、感受和知识的差异而形成不同的思维习惯和思维定式,因此这样创作出来的作品具有明显的个性特征。

2. 理论思维层次

进行视频文案创作,不应满足于对知识进行客观的介绍或者单纯的分享,更重要的是抒发情感、发表见解、传达理念,以陶冶情操、影响舆论。这就要求视频文案的立意要上升到理论思维的层次。理论思维层次包括抽象思维、意象思维和灵感思维三种。

(1)抽象思维层次。这一层次主要是指视频博主对知识信息进行选择、提炼和组合。任何想从事自媒体分享类视频创作的视频博主都希望将自己的发现、了解乃至毕生所学都展现给受众,但受众并不一定对视频博主所分享的一切都感兴趣,因此,创作者需要运用抽象思维对素材进行组织和有序编排。

(2)意象思维层次。意象思维是理性的形象思维,它是对感性形象思维阶段捕捉到的生活表象进行联想、想象和典型化处理的思维能力。意象即"蕴意之象",它虽然借助视听觉形象来呈现,却代表着创作者内在的抽象之意,是对事物一般特征的理性反映。意象思维是决定视频内容由"反映"层次向"表现"层次升华的关键。它是创作主体创造性思维和个人风格的充分体现。意象思维可以把互不关联的画面交融在一起,传递出独特的神韵,可以创作出源于生活而又高于生活的画面,甚至可以把教科书上的概念转化为令人称道的优美形象。

(3)灵感思维层次。视频文案创作需要灵感思维,否则就不可能产生令人叹为观止的意象。灵感思维是指一种在潜意识中酝酿问题,然后突然与显意识沟通,于是一下子得到答案的信息加工活动。[①]灵感思维并非毫无章法可循,而是需要长期的知识积累和全神贯注的投入。只要平时能做好积累,那么灵感总会到来。

总而言之,视频文案始终是为视频作品服务的,因此视频文案创作的思维方式必须是一种立体思维方式。既包含初级思维层次的感性形象思维,又包含理论思维层次的抽象思维、意象思维和具有非线性特征的灵感思维。

(二)分享类视频解说词写作要领

一部视频影像作品是由叙事、造型、抒情三大因素构成的。叙事因素是指片中交代事情

---

① 曾杰,张树相.社会思维学[M].北京:人民出版社,1996:97.

的发生、发展或者展示人物行为过程的因素,它包括画面、解说词、同期声、字幕等。造型因素是指画面、声音展示的形象,它是叙事过程的瞬间,不强调时间的推移,而强调空间的直观感觉、直观冲击力。实现造型功能的重点是画面,而画面造型主要通过构图、光效、色彩和影调等要素来完成。抒情因素是指电视片中用来烘托气氛、营造情调和抒发感情的因素。画面、声音都有抒情的功能,尤其是音乐。①视频影像的传播特性要求分享类视频的文案写作者必须有明确的创作意识,能自觉地对影像作品的传播规律进行认识和理解,继而正确把握和运用视频媒介的特性,发挥影像传播优势。

分享类视频文案大多涉及解说词的写作,解说词是一种文字语言,但它却是以解说员播讲的形式呈现给受众的。解说词离不开画面,但它又不从属于画面,它可以用来解释、议论、介绍背景、抒情、表达思想等,更多的是补充抽象的画面内容。解说词是受众在观看画面时,诉诸听觉器官的文字语言,用于帮助受众看画面,它和画面是相互补充、相互加强的关系。同时,解说词又不能干扰受众看画面,在片中它有自己的位置和的作用,它应和画面及其他元素完美结合,向受众传达完整而准确的信息,受众通过接收这种联合起来的信息传达,获取知识,得到享受。

每一段解说词都要和画面相配合,但并不是每一段画面都必须有解说词。解说词创作的关键在于处理好解说和画面的辩证关系。解说词要与画面相融合,构成特定的屏幕语言。创作者必须做好声画对位和形声因素的有效配合,摆脱形声"两张皮"的现象,同时也不能使解说词"看图识字"式地重复画面已有的内容。比如画面内容为博主正在阅读,如果解说词写成"博主正在阅读"就是废话。倘若突出博主阅读的"内容",或者交代博主对"这本书"的评价,这样的解说词才是恰当的,因为它能补充画面未能表达的内容。

解说词和画面的关系是复杂的。一方面,解说词离不开画面。视频中,画面永远是第一位的,是基本表现形式。解说词必须以画面为基础,辅助画面完成博主的创作意图的表达。另一方面,解说词也不能简单地重复画面,而应实现深入挖掘画面内涵、表达人物情感、补充画面背景等功能,这些功能都是从画面出发的,但又不是对画面的简单说明和解释,更不是对画面的简单重复。须知形象、细节的塑造均是画面的特长,受众通过观看画面一眼便知的信息,再用语言描述就显冗余。

除此以外,解说词作为一种声音语言,还应与人物同期声、音响、音乐等信息产生关联,并有机整合成具有统一性的听觉信息,达到用完美和谐的声音渲染气氛、表现主题的目的。

因此,解说词在创作中应掌握以下两大原则。

1. 句子口语化

口语化的目的是让句子更适合"听"而非"读"。虽然在制作视频中,博主通常会为视频配上同期声唱词,但受众在观看视频时依然习惯按照线性时序接收语音信息,这就意味着创作者需要用接近口语的方式来撰写或改写解说词。

句子口语化的要点如下。

(1)主语和谓语尽可能连在一起。最简单的陈述句一般由主语、谓语、宾语三个部分组

---

①宋家玲,张宗伟.电视片写作[M].北京:中国广播电视出版社,2003:30-45.

成,为保证受众接受方便,应尽可能将主语和谓语连在一起,即"谁+干了什么",使句子一听即明。

(2) 避免倒装句。倒装句不符合听觉要求,语音信息应尽量一句话一个意思,按顺序叙述。句与句之间的关系应层层递进,不要轻易打破顺序结构,即"人物+行动+事件"。为了突出事件本身,倒装句结构往往会将"事件"提前,殊不知这样会影响顺序接收的结构。

(3) 避免被动句式。被动句往往在说和听这种交流行为中不如主动句简单易懂,容易让人找不到重点。如"纪念碑被村民们放回原处,村民希望能给纪念碑建一个亭子"一句,由于采用了被动句式,"纪念碑"和"村民"之间的关系在前后句是颠倒的,听感会很奇怪,改为"村民们把纪念碑放回原处,并希望能给纪念碑建一个亭子"会更加流畅。

(4) 多短句少长句。长句结构复杂,信息量大,信息间容易相互干扰,适合整体感较强的书面写作。为影像服务的句子适合使用短句,单句信息量小,结构简单,易念易听。且在配同期声唱词时,也不会出现唱词过多占满屏幕的问题。

(5) 谨慎用词。为视频写作时,须注意词汇的使用。首先,多用双音节词。双音节词符合当代用语习惯,其节奏感强、耐听、易于辨认。其次,要修改同音不同义的字,使意思简单明了,如"切记"和"切忌",应修改为"千万记住"和"千万不要"。再次,慎用代词。由于代词指代的人物需要依据上下文或画面来辅助理解,所以尽可能写指代对象的全称。最后,应多使用象声词来增强表现效果。

2. 解说词要"贴"画面

(1) 从具体到抽象。解说词在表达抽象概念时,应从画面上的具体事物、看得见的事实出发,由具体到抽象,由画面内延伸至画面外。

(2) 学会留白。解说词要给受众留下对画面的思考和关注的时间和空间,有效吸引受众看画面,而非单纯注重语言表达的完整性。

(3) 要与画面有机融合。运用解说词介绍背景资料或讲述过去与未来时,应寻找一个与画面相契合的点,使解说内容和画面内容形成有机联系。

以视频博主"衣戈猜想"在2022年创作的火遍全网的分享类视频《回村三天,二舅治好了我的精神内耗》为例(见图7-2)。本片开头的解说词如下:"这是我的二舅,村子里曾经的天才少年;这是我的姥姥,一个每天都在跳poping的老太太;他们在这个老屋生活,建它的时候,还没美国。"这段解说词的每一句都通过"这是……"句式引导受众观看画面。同时,二舅、姥姥和老屋的一句话介绍,提供了画面没有给出的信息,让受众接收的信息"从画面内延伸至画面外",引发了无限遐想。影片结尾处的解说词内容为"我四肢健全、上过大学,又生在一个充满机遇的时代,我理应度过一个比二舅更为饱满的人生。今天二舅还在走着自己的人生路,这条长长的路最终会通往何处呢?"与之配合的是片中的"二舅"拄着拐杖一瘸一拐在山路上稳步前行的画面,这个画面既是纪实性的拍摄画面,又和解说词中的"我四肢健全""走着人生路""长长的路通向何处"等内容产生了或对照或延伸的效果,使解说词与画面相映成趣、有机融合,实现了意义升华的效果。

第七章 新媒体"纪实-表现向"的影像创作

图7-2 《回村三天,二舅治好了我的精神内耗》中画面与解说词的有机融合

图片来源:视频《回村三天,二舅治好了我的精神内耗》,https://www.bilibili.com/video/BV1MN4y177PB/?spm_id_from=333.337.search-card.all.click&vd_source=2271d19151a2d85c5de6f57707e0d8fa。

二、创意类视频

在电影中,戏仿、恶搞、致敬等带有导演自身风格的表现手法往往成为影视作品中的亮点。如《头号玩家》这样的电影作品,就建立在对大量经典电影、游戏的"致敬"上。电视节目中也常有通过剪辑已有影视作品的画面制造"真实再现""案发现场"等效果的案例,但这些案例往往不是刻意以娱乐、颠覆、搞笑为出发点。随着网络时代的到来,此类视频的独特性开始受到各大视频博主的重视,并逐渐成为一种全新的创意视频类型。在AcFun、Bilibili、优酷、爱奇艺等主流视频网站中,创意类视频往往很容易受到用户的关注。

(一)创意类视频的种类

创意类视频主要通过声画关系来制造戏剧性效果。从修辞角度来看,这类效果大体分为谐音型、拼贴型和戏仿型三种。

谐音型多运用"空耳"产生喜剧效果。"空耳"[そらみみ(soramimi)]是指将以声音为载体的信息进行谐音重写,以达到恶搞或一语双关的目的,是一种对声音(尤其是语音)的再诠释行为。再诠释后的内容通常与原文仅有发音上的相似,而无意义上的联系。[①]它利用的是不同

[①]空耳[EB/OL].(2023-08-20)[2023-09-11].https://zh.moegirl.org.cn/空耳.

语言间的发音相似现象和语言理解中的格式塔现象（即完型现象），提取完整语句中的碎片化谐音语素并进行再组织的产物。如2016年被国内网友恶搞改编的印度爱情歌曲《Tunak Tunak Tun》，就是将旁遮普语的原歌词根据谐音语素改写成《我在东北玩泥巴》，由此在网上爆火。

拼贴型则是以"混剪"为特点，将某一个或几个演员在多部作品中的表演进行串联，又称"CUT合集"。比如2020年前后火爆网络的《接着奏乐接着舞》，即是将演员于和伟在《新三国》《一出好戏》《大宅门2》等影视作品中具有代表性的表演片段剪辑在一起（见图7-3）。由于同一演员在不同的剧中形象相似、角色身份各不相同，且在语言、动作上具有连贯性，因此产生了喜剧效果。

图7-3　于和伟在《新三国》《一出好戏》《大宅门2》中的角色形象混剪

图片来源：视频《接着奏乐，接着舞。大合集～～》，https://m.weibo.cn/status/4523329791417209。

拼贴型本质上是将碎片化视听素材进行重新整合的视频形态，发展到极致就有可能产生"鬼畜"这种独特的恶搞效果，这将在本章第三节中详细分析。

戏仿型则往往以原作情节为蓝本进行夸张、改编，以制造反差感。如2005年的现象级作品《一个馒头引发的血案》就是典型的戏仿型视频，制作人胡戈用网络上的《无极》电影资源，配合央视《法治在线》的节目风格，将原电影艰深晦涩、充满严肃感且带有寓言性的情节简化改编成带有猎奇性质的"一个馒头引发了一场惊天血案"（原视频台词），再加上重新配音，使成片与原作的风格产生了巨大的反差，由此走红。

（二）创意类视频的前期文案策划

不管是谐音型、拼贴型还是戏仿型，这类创意类视频的修辞手法都可以用"互文"来概括。罗兰·巴特将"互文"这一概念定义为"重新分配语言……调换先前存在或依然存在于对象文本周围，并最终存在于对象文本之内的种种文本和文本碎片"[①]。因此，实现互文效果的步骤可以用"解构—再建构"两步来概括，即"打散原文本的意义建构方式"和"重新架构文本意义"。

1. 打散原文本的意义建构方式

创意类视频的一个突出的特点是通过放弃原文本的逻辑结构、拆分视听觉形象与原文

---

① 罗兰·巴特.文本理论[M].史忠义，译.开封：河南大学出版社，2009：302.

本意义的关联,使这些视听觉形象成为一个个无意义的"碎片",并依据相似性原则,充分发散联想构建意义,如第一节提到的谐音型创意类系列视频《元首的愤怒》(见图7-4)。这些改编视频大量运用德语中与汉语发音相似的词句作为碎片素材,如"That's why I 悲愤"(德语原文 Das war ein Befehl,原意为"这是命令")、"这个星期"(德语原文 Wer sind Sie,原意为"你以为你是谁")、"气死偶咧"(德语原文 Sie ist ohne Ehre,原意为"无一忠烈")、"我到河北省来"(德语原文 Und doch habe ich allein,原意为"我孤身一人")等。这些词句的原意已经被解构,只剩下了形式上的相似。这些相似语句,就成了可供再创作的素材。

图7-4 《元首的愤怒之:输给日本后,德国球迷的愤怒》

图片来源:视频《输给日本后,德国球迷的愤怒》,https://www.bilibili.com/video/BV1fW4y1W7gb/?spm_id_from=333.337.search-card.all.click&vd_source=2271d19151a2d85c5de6f57707e0d8fa。

2. 重新架构文本意义

如果说打散原文本意义建构方式的阶段是一个"放"的过程,是从原视频文本中拆分符号与意义的既有关联,以制造出大量无意义的碎片素材,那么在重新架构文本意义的阶段,则需要将这些碎片重新整合起来,是一个"收"的过程。重新架构文本意义的过程需要注意三个原则:"格式塔现象"原则、人物行动统一性原则、与当下结合原则。

(1)"格式塔现象"原则。

"格式塔现象"也可称为完型现象"是指"知觉到的东西要大于眼睛见到的东西。知觉的一个重要特点是具有完整和闭合倾向、就是把不连贯的点或线等作为一个完整的整体来知觉,甚至把有缺口的图形尽可能在心理上使之趋合"[1]。格式塔现象意味着在文案的再创作过程中,只需要把握住整体上的形式相似即可,并不需要进行音对音、字对字的再创造。如在前文案例《我在东北玩泥巴》中"多冷啊,我在东北玩泥巴"的原句"Dholna, vaje tumbe val taar"[2],即可拆分为"Dho""l""na""va""je""tum""be""va""l""taar"十个音节,它们原本无法在汉语中找到一一对应的字,但根据"格式塔现象"原则,只需要在汉语中找到十个在语法上能组成完整意义的、类似音节的汉字即可。受众并不会在意这个句子与原句在读音上

---

[1]卢英顺.语言理解中的格式塔原则[J].修辞学习,2005(05):44-46.
[2]注:此为旁遮普语的拉丁转写,下同。

的细微差异,其感受只取决于是否能整体知觉到这个新句子的全新含义。再如第二句"soode dil de pukar",网络上存在多种改编,最受欢迎的改编版本为"虽然东北不大"(语义上接后句"我在大连没有家"),有的版本则改成"受冷东北不该",虽然前者与原文在发音上的契合度上不如后者,但在语意上后者明显句意不通,因此没有流行开来。

"格式塔现象"不仅会出现在台词文本中,也会出现在画面中,这便是电影的剪辑艺术"蒙太奇"。如拼贴型视频《接着奏乐接着舞》中,于和伟在《新三国》中扮演的刘备、《一出好戏》中扮演的老板、《大宅门2》中扮演的白占安三个角色形象被网友截取出来,均是因为有着标志性的动作或语言。这三个视频片段便成了碎片素材,尤其是随着于和伟扮演的刘备"接着奏乐,接着舞"一声令下,《一出好戏》中于和伟扮演的老板便"应声起舞",《大宅门2》中于和伟扮演的白占安则"吐口水"对前一画面中的跳舞动作"表示不屑",当这三个画面被拼接在一起时,由于动作的连贯性而建立起了全新的叙事关系,受众并不会因为这三个"于和伟"拼贴在一起觉得有什么不妥,反而会感觉流畅与自然,此时受众会根据"于和伟的脸"这个基本的关联要素将三个视频整合成一个有机的整体。

(2)人物行动统一性原则。

不管是谐音型、拼贴型还是戏仿型,作者在进行文案创作时都需要注意人物行动在视频内的统一性。因此,创意类视频最不可忽视的是寻找和改编故事核。所谓故事核,即"一个电影剧本是关于一个人或几个人,在一个地方或几个地方,去做他、她或他们的'事情'"[①]。由于"地方"这个概念在创意类视频中的重要性较弱,因此我们可以将故事核的概念进一步简化为"谁去做什么"[②]。一个完整的故事核,有助于统一作品内人物的行动,整合创作者零碎的素材,使叙事线索更加清晰,整体感更强。

虽然创意类视频是对原作的颠覆和解构,但故事核依然存在。只不过相比原作,创意类视频有两种架构方式。第一种架构方式是基本保留原作情节主线,在其基础上进行颠覆式改动,如架空时代背景,改造故事表达风格等,常用在戏仿型的恶搞视频中。这种故事核架构方式的好处,是受众会以原作的观影经验作为前提,理解故事核没有压力,对创作者而言也相对轻松,无须重新编纂情节。但这种改动方式是在延续原作故事核的基础上进行再创作,因此极容易产生版权纠纷。比如《一个馒头引发的血案》就曾经招致《无极》导演陈凯歌的状诉。

Bilibili网站上的视频博主"青红造了个白"发布的播放量达到上百万次的视频《东汉工业革命》是根据1994年版《三国演义》制作的恶搞视频(见图7-5),其保留了原作"赤壁之战"的故事和"吴蜀联军抗击曹魏"的故事。但视频通过大量的抠像、P图等形式,将带有蒸汽朋克风格的视觉画面和图像素材融合进该故事核中,并对台词进行重新剪辑,彻底改变了原作的时空背景,令受众感到极富创意。

第二种架构方式是完全抛弃原作的故事核另辟蹊径,仅通过视觉形象的相似性编造新的故事核。这种架构方式需要创作者找到能将不同视频串联起来的人物"行动线",对技术层面的要求更高一些。采用这种结构方式的视频以拼贴型和谐音型为主。如被Bilibili网站

[①] 悉德·菲尔德.电影剧本写作基础[M].钟大丰,鲍玉珩,译.北京:世界图书出版公司,2012:15.
[②] 高华,陈力生.剧本写作实战技巧[M].北京:中国戏剧出版社,2022:13.

评为"入站必刷的85个视频"之一的《名著联姻|佛度众生不度我 宁负如来不负卿》,即是将1987年版《红楼梦》中的林黛玉和1983年版《西游记》中的孙悟空的画面进行混剪,通过画面中人物视线、动作、台词的关联性进行拼贴,制造二者"联姻"效果,再配以典雅优美的音乐,使作品的创意既富有韵味,又令人忍俊不禁,获得了突破千万次的播放量。

图7-5 视频博主"青红造了个白"制作的《东汉工业革命》

图片来源:视频《东汉工业革命》,https://www.bilibili.com/video/BV1TX4y1e72J/?spm_id_from=333.337.search-card.all.click&vd_source=2271d19151a2d85c5de6f57707e0d8fa。

(3)与当下结合原则。

在文案创意策划阶段,还有一个不可忽视的结合当下原则。这一原则体现在两个方面:一是题材要尽可能与当下的热点事件结合起来;二是改编后的人物语言风格和表达方式应具有现代特征。

题材要尽可能与当下热点事件结合,是因为创意类视频的主要恶搞对象往往是一些经典影视作品,这些作品中呈现的人物形象与当下生活距离遥远,存在着"第四堵墙"[①],而创意类视频创作实际上是一种颠覆行为,这种颠覆体现在打破"第四堵墙"。因此,一部影视作品在改编后,会出现剧中的角色身着特定地域、年代的服装,却在讨论当下的社会热点事件的场面,从而产生较为强烈的反差感,以此制造喜剧效果。如前文提到的《元首的愤怒》(以下简称《元首》)就有此类场景。自2006年首部恶搞视频出现在网络上以后,《元首》便长盛不衰,甚至形成了一个完整的系列。每当发生一些令人气愤、无奈的社会热点事件时,就会有网友将《元首》视频与当下的热点事件结合在一起进行改编,如高考、世界杯、唐山打人案、特朗普败选等,《元首》系列因此成了网友们用来表达观点、抒发情绪的重要手段,同时网友们的创作也在不断丰富《元首》系列的创意类型。目前,仅Bilibili网站就有超过1 000部《元首》系列视频,同时,在许多自媒体平台上还有大量衍生创作,如网络动画作品《那年那兔那些事》中会用"气死偶咧"表达愤怒,等等。

人物语言风格和表达方式应具有现代特征,其目的也是制造反差感。既然创意类视频

[①] "第四堵墙"是戏剧理论术语,指观众席和舞台空间之间被幕布、脚灯等剧场设施人为分割成了互不相关的两个空间,因此假定观众和舞台之间存在着一堵"看不见的墙"。承认"第四堵墙"的现实主义表演风格,要求演员在舞台上的表演应不受观众席的任何影响,拒绝与观众直接交流,应像真实生活在舞台上一样。

是依据原文本的视听觉形象进行再创造,那么就应突出人物语言的现代性。越是原作情境中人物不可能说出来的话,将其设计在恶搞视频中就越能制造出效果。如2000年由中央电视台新闻评论部的工作人员制作的视频《分家在十月》,就是以《列宁在十月》和《列宁在1918》两部影片为蓝本,将原电影台词中的相似部分进行改编,并使节奏、语气、肢体表现等与原作的画面节奏保持契合。片中的"列宁""布哈林"等角色一开口就是"恶搞"央视著名主持人的段子,且说话充满现代"京痞"风格,此时反差的效果就呈现出来了。

总而言之,创意类视频虽然重剪辑和视觉效果,但这并不代表可以忽视前期的文案策划工作。策划工作可以帮助视频博主更好地发现和整理自己灵光一现的创意,并使其在细致的打磨中越发完善。

第三节　影像表达——变形效果

"纪实-表现向"的影像作品的特点之一是重视后期剪辑工作,这不仅体现在创意类视频中,也体现在分享类视频中。互联网时代的传播特点是碎片化,这也体现在创作形态和审美形态上。这一特点要求影像表达要简单明了、反差感较大、视听觉冲击力较强。因此,在影像表达阶段,通过变形效果使影像更具有冲击力,是"纪实-表现向"影像视频的常用创作手法。

一、分享类视频

分享类视频主要有三种视频素材来源:一是拍摄,二是从影视、纪录片中截取,三是自行制作图表、flash动画、恶搞视频等。恶搞视频的制作可参考创意类视频,这里主要介绍如何拍摄。

分享类视频常见的拍摄模式有内景和外景两种,其中内景由于光线和场景均容易控制,是视频类博主比较偏爱的拍摄方式。内景拍摄主要从以下几个方面来考虑。

(1)场景布置。

场景只是视频博主表达观点的背景,因此无须十分精致,以防受众无法将注意力集中到被摄主体上。因此,这类视频常见的场景是书房,以干净整齐的书架或窗户为布置重点。若是光线太强,可以将窗帘拉上;若窗外是街景,运动的车流容易引发受众注意力转移,则应利用视频剪辑工具对视频背景作少许虚化处理,使画面更加干净、整洁。也有个别视频博主喜欢采用纯色背景,在使用纯色背景时应注意:浅色背景会降低影调,使画面变得干净、明亮、不显突兀;深色背景则容易让背景变得低沉,其影调较高、对比强烈。同时需要保证出镜者后方无人员走动、无杂乱光源、物品摆放整齐。

多数博主采用坐姿拍摄,因为这既能保证人们看清博主的脸部,又能使博主与受众形成交流感,博主也能表现得轻松自然。

(2)衣着与动作。

博主衣着要大方得体,面容要干净。衣物以浅色为主,若背景为浅色纯色系,则衣着要与背景产生色差,以便观看者把注意力集中在博主身上,避免产生视觉疲劳。女性博主通常化淡妆出镜,男性则须素颜,但出镜时要对自己的头发、胡须及面部做一些清理。再加上补光灯或自然光源的衬托,画面便会显得更干净自然。

动作方面,知识类、观点类的视频博主不宜设计幅度过大的动作。一方面,坐姿拍摄时动作无法伸展;另一方面,这可以给受众营造知性、稳重的人设形象。生活类博主或者以站姿拍摄的博主,则可以设计一些幅度较大的动作。

(3)视频封面。

单段视频可以把视频第一帧作为封面,将画面虚化,封面的字体颜色要与第一帧画面整体格调产生差异,以使其明显化。如果是将一个内容进行切块讲解,以三块为宜,因为短视频平台的个人主页列表每一行都是三个视频排列,因此可以将视频封面做成长横图,并平均切成三部分,三个视频每一个配一部分,这样在列表显示中即可形成完整的横图,看起来更加整齐。将内容分块讲解,也有利于吸引粉丝关注,提升粉丝留存率以及视频完播率。

(4)版式及字幕。

多数知识分享类视频所采用的版式都是横版视频,视频字幕会加在视频的下方。画面比例通常为16:9,上面的留白处写本次分享的主题。

若拍摄剪辑时采用的是竖版视频,则画面不用做任何处理,标题、集数和字幕按画面比例放置。字幕宜采用白色字体黑色描边,字体字号则应根据个人喜好及视频画面进行调节。

(5)背景音乐。

知识分享类视频通常会有一些背景音乐,一是为了烘托学习气氛,二是避免冷场。但应注意,背景音乐不能喧宾夺主,应在音轨中将背景音乐的电平值降到刚能听到即可。

背景音乐的选择应与视频风格匹配。这虽没绝对标准,但一般以轻柔的、适合循环播放的音乐为主。如果视频风格偏向轻松幽默,那么可以使用一些有节奏感的轻音乐,同时注意在合适的时候加入一些滑稽音效,如常见的用于配"黑人问号脸"的人声"嗯?"或者外国老头说"nice"的音效,等等。同时注意应在剪辑之前就应找好背景音乐素材,以便剪辑时可以适当配合音乐的节奏,不至于使画面节奏过于拖沓。

(6)时长。

知识分享类视频分为两种:一种是单集视频,一种是系列视频。创作者可以根据知识点的多少,确定视频时长。单集的视频从三分钟到几十分钟不等。系列视频一般都是分为三集(个人主页一行是三个视频,便于封面设计),横向排列。

(7)个性化标识。

视频博主可以设计一些具有标志性的动作来制造独特性。如生活服务类短视频号"一鹿有车"中胖胖的评测员"区长",一般都会在每一期说车短视频的开始和结尾处各设置一个向画外记者收100元现金的动作,作为其标志性动作。这也是这个说车节目独特的视觉标识,并因为多次在节目中出现而深入人心。

外景拍摄与内景拍摄最大的不同在于场景布置和动作设计方面,其余均相同。

(1)场景布置。

一般不要选择阳光过于强烈或过于阴暗的地方拍摄,否则拍出的影像容易产生过曝或者欠曝现象,影响画面质量。同时,外景的布置应注意主题性,将一些能突出呈现视频内容的信息放在背景中。比如旅游类节目,可在景点附近相对安静的地方拍摄,背景中最好能出现当地标志性建筑,车评类节目的外景则常选在停车场。

(2)动作设计

外景拍摄时博主的活动较为自由,因此其动作应有运动感,不能过于死板和僵硬,但也不能过于夸张,否则会改变镜头运动节奏,导致摄影师(自拍时为本人)无法及时捕捉被摄主体。视频博主可以采用漫步的方式缓步行走,边走边说。同时注意运动拍摄时的稳定性,摄影师可使用稳定器拍摄。被摄主体应居中,多人拍摄时应注意人物构图。

二、创意类视频

创意类视频更注重影像层面的表现,因此会在影像中会大量使用变形、夸张的手法。这些手法一般是通过后期制作来实现的。本节主要以创意类视频中叙事性较弱但技术性较强的鬼畜视频为例,分析创意类视频中比较具有代表性的变形和夸张剪辑手法。

(一)鬼畜视频及其分类

鬼畜是一种独特的创意类视频表现形态,本质上隶属于拼贴型创意视频,在制作层面突出地体现为对剪辑技术的运用。在谐音型和戏仿型创意视频中,也会出现一些鬼畜桥段。因此,鬼畜也可以用来泛称各种创意类视频中的剪辑手法。国内视频网站Bilibili于2014年9月首次建立独立的"鬼畜"分区,该分区实际上涵盖了多种创意类视频。根据国内以宣传ACG[①]亚文化为特色的"萌娘百科"的定义,鬼畜是指"一种视频站上较为常见的原创视频类型,该类视频以高度同步、快速重复的素材配合BGM[②]的节奏来达到洗脑或喜感效果,或通过视频、音频剪辑,用重复频率极高的画面、声音组合而成的一段节奏配合音画同步率极高的一类视频"[③],此类视频的一个突出特点是重剪辑而轻文本,因而其代表的独特剪辑方法均可运用在所有创意类视频中。本节将以鬼畜视频为代表对变形剪辑方法进行介绍。

鬼畜视频以高度同步、快速重复的素材剪辑为特点。因此,鬼畜类视频相比起其他创意类视频更加注重形式感,其中语音、视觉形象和音乐信息占据了重要地位,语言、情节相对次要,非常考验视频博主对音乐、画面节奏、音调、画面视觉的设计和布局能力,需要视频博主具有较强的节奏把握能力,并具有编曲和视频制作的基础知识。鬼畜视频大体上可分为"音MAD"和"人力VOCALOID"两种类型。

"音MAD",顾名思义可理解为"发疯的声音"。此类视频以"高频重复"为主要特点,甚至可将原视频配乐中的一个全音符或二分音符分割成十六分或三十二分音符[④]进行复制,再与原曲对齐,形成一种音符"疾走感",以此达到一种类似于角色"抽搐"的夸张效果。"音MAD"在1941年英国情报部门恶搞希特勒的电影中就有运用。互联网时代则首先在日本出现,并在中国流行开来。比如视频《最终鬼畜蓝蓝路》,其运用日本麦当劳公司在20世纪

[①] ACG由动画(Animation)、漫画(Comic)、游戏(Games)英文单词的首字母组合而成。
[②] BGM即背景音乐(background music)的缩写。
[③] 鬼畜[EB/OL].[2023-09-23].https://zh.moegirl.org.cn/%E9%AC%BC%E7%95%9C.
[④] 全音符、二分音符、十六分音符、三十二分音符均为乐理中的音符时值。

80年代拍摄的一系列电视广告作为蓝本进行重新剪辑,系统性运用了高频重复、加速、同屏复制、变调等"音MAD"常用的视频剪辑手法(见图7-6)。

图7-6 "音MAD"鬼畜视频《最终鬼畜蓝蓝路》视频截图

注:以上画面均以极高频率被重复剪辑。

图片来源:视频《最终鬼畜蓝蓝路》,https://www.bilibili.com/video/BV1xx411c7mu/?spm_id_from=333.337.search-card.all.click&vd_source=2271d19151a2d85c5de6f57707e0d8fa。

"人力VOCALOID"可算作"音MAD"的一个分支,但其更强调通过"变声"来"重新创作一首歌曲"。此类视频有以下较为知名的作品:以雷军印度发布会演讲视频为蓝本,用歌曲《Angelina》的曲调制作的《Are You OK?》;以赵本山小品为蓝本制作的《念诗之王:改革春风吹满地》(见图7-7),等等。值得注意的是,"人力VOCALOID"在视频制作时虽然也会改变音调、音符时值,但主要是以音节为单位调整视频中的语音节奏,并使其配合音乐节奏,更倾向于通过将"言说"变为"说唱"或者"演唱"来制造反差效果。这和"音MAD"强调的高速重复的"抽搐式"剪辑有所不同,"人力VOCALOID"节奏稍慢,且语言内容也被纳入剪辑范围中。

图7-7 "人力VOCALOID"视频《Are you OK?》《念诗之王:改革春风吹满地》

图片来源:视频《【循环向】跟着雷总摇起来!Are You OK!》,https://www.bilibili.com/video/BV1es411D7sW/?spm_id_from=333.337.search-card.all.click&vd_source=2271d19151a2d85c5de6f57707e0d8fa;视频《【春晚鬼畜】赵本山:我就是念诗之王!【改革春风吹满地】》,https://www.bilibili.com/video/BV1bW411n7fY/?spm_id_from=333.337.search-card.all.click&vd_source=2271d19151a2d85c5de6f57707e0d8fa。

(二)节奏感是核心

在鬼畜视频的创作中,对节奏感的把握是最重要的部分。由于鬼畜视频是以声音为中心,视频剪辑要围绕音乐进行处理,因此鬼畜视频创作的基本流程均是围绕声音节奏的处理进行的。

一部鬼畜视频的调试分为以下几个步骤。

第一步,测定每分钟节拍数(BPM,beats per minute)。通常可以使用一款名叫MixMeister的软件对声音素材每分钟的节拍数进行分析,以便下一步的调整。

第二步,使用FL Studio(水果编曲软件)对主旋律进行分析,得到主旋律的曲谱,并以midi电子音频文件形式保存曲谱,俗称"扒谱"。

第三步,对照主旋律的midi文件,将视频素材中的单音节碎片进行整合(填词),并对部分声音进行升调、降调处理,以营造出"演唱"的流畅感。

第四步,对照音频,对相应的视频素材进行处理。

以上四步可总结为"分析节拍和曲调"与"填词+剪辑"两个主要步骤。"分析节拍和曲调"步骤的主要目的就是精确定位节拍点,为下一步的"填词+剪辑"步骤做准备。

"填词+剪辑"步骤的目标是根据曲谱的节拍点对声音进行对位操作。现在的主流音频编辑软件,如Adobe Audition、Logic等,均可采用可视化音频编辑手段,使用波形显示音量大小。当编辑者将时间线拉长后,便会发现人声中的每一个单字都会在波形中显示为波峰,这个波峰就是切割音频素材的依据。

剪辑时,可先用主旋律打底铺设一条音轨,再将一段语音的单字切割成零散素材,这样便可将单字拉长或压缩,以此实现与节奏点的对位。如《念诗之王:改革春风吹满地》中,人声素材选用的是赵本山小品《昨天、今天、明天》中赵本山的"改革春风吹满地,中国人民真争气"一句,在配合背景音乐打底后,"改革春风"四字可保留原始节拍,"吹""满"二字,根据音频节奏则分别拉长至原素材的208%和225%。在副歌部分,可根据音乐的长度相应复制粘贴"吹""满""地"三字,形成"吹满地,春风吹满地"的延音。同理,"中国人民真争气"中的"争"字,则根据节奏需要适度拉长至原素材的214%,同时加入"真争气,人民真争气"的延音。之后便可与主旋律节拍对位,实现将"言说"变为"演唱"的效果(见图7-8)。

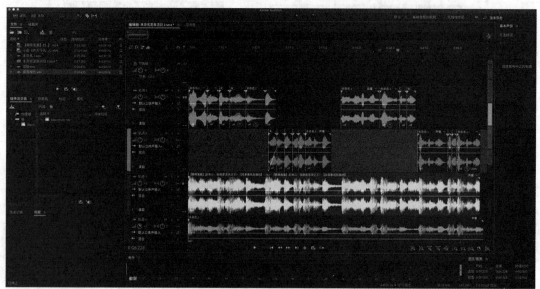

图7-8 《念诗之王:改革春风吹满地》前两句在Adobe Audition上的剪辑效果

注:从画面可以看见人声素材根据波形被分割成数段。

视频剪辑可对应音频的剪辑。如果该视频片段对应的音频素材被拉长、压缩或重复,那么视频素材也要相应拉长、压缩、重复,从而造成画面的"抽搐感",形成相应的视觉效果。

（三）特殊效果的实现

在创作鬼畜视频时，除了要对声音节拍进行调整外，更重要的是增加特殊效果。在 Adobe Audition 的特效库中，有多种调音、修音和混响选项可供选择。调音选项以修改音调为主，通过提升或降低调值让人声与歌曲的音调更匹配；修音则是为原始干声增加颤音、震音、滑音、和声等效果，以及通过滤波 EQ 来将声音调校得更为圆润自然；混响则可以凸显出声音的空间属性，通过对混响效果的微调，使声音具有回声，从而展现出不同的属性。如果混响时间较长，则能引导受众联想到空旷的地方，给人带来一种空灵感。如果混响时间较短，则更像是在日常生活场景中出现的人声。作者可以根据自身喜好进行调整。

视频画面方面，则可以通过夸张动作的高频重复、抠像 PS、镜像并置等方式提升画面节奏，带来鬼畜的效果。鬼畜视频一般是通过将被拍摄主体进行分屏、复制等来填充整个画面，与原始画面形成视觉节奏上的对比；有的鬼畜视频则要靠影片中的各种音响（如拍桌打椅声、爆炸声、演员偶尔发出的怪声等）给全曲打节拍，把制造相应音响的镜头在画面中分屏展示，以丰富画面内容。如 Bilibili 网站上的"音 MAD"鬼畜视频《【元首】苏卡不列》就将多种制造音乐节拍的画面通过子画面在主画面中循环播放来制造特殊效果（见图 7-9）。

图 7-9　《【元首】苏卡不列》画面截图

注：从画面可以看到除了主画面多次重复剪辑以外，拍桌子、砸铅笔、叫骂等特殊音响也被分屏剪入视频。
图片来源：视频《【元首】苏卡不列》，https://www.bilibili.com/video/BV1yJ411q7Qb/?spm_id_from=333.337.search-card.all.click&vd_source=2271d19151a2d85c5de6f57707e0d8fa。

总而言之，鬼畜视频的特殊效果多样，运用也极为灵活。但万变不离其宗，其总的原则就是不断提升画面和声音的运动感、节奏感，使作品在眼花缭乱、充满兴奋和刺激的同时又不至于让受众的视觉过度疲劳。

课后作业

用本章所学的方法，分别制作一部分享类和创意类短视频；将完整的视频作品投放到新媒体平台上，并运用营销策略进行宣发。

实训案例与设计Ⅱ：
新媒体影像制作

本篇实训案例与设计选用2022年中国大学生计算机设计大赛动画视频制作项目作为示范。

一、项目概况

（一）项目背景

中国大学生计算机设计大赛(Chinese Collegiate Computing Competition)是我国最早面向本科生的赛事之一。大赛的目的是以赛促学、以赛促教、以赛促创，为国家培养德智体美劳全面发展的创新型、复合型、应用型人才。

大赛的参赛对象是本科各专业的学生，即文史哲法教类、经管类、艺术类、理工类、农林类、医药类等六大科系的所有在校学生。

大赛内容方面，目前设有软件应用与开发类、微课与课件类、数字媒体设计类普通组、数字媒体设计类专业组、计算机音乐创作类、数字媒体设计类中华民族文化组、软件服务外包类等类和组。以后将根据需要适当增设竞赛领域，使各大科系的学生都有充分展示其计算机应用与创作才智的平台。

（二）项目主题

学汉语用汉字，弘扬汉语言文化。

（三）项目前期准备

项目前期准备包括项目创意、团队成员分工、设计思路分析、重难点分析、剧本与文案撰写、角色与场景设计、分镜绘制、动画素材绘制、动画效果制作、画面合成、音效制作与合成、后期剪辑包装、参赛答辩准备工作等。

二、项目启动

2022年4月初，指导老师向团队全体成员介绍比赛主题、参赛流程、参赛形式等事项，并就比赛主题"学汉语用汉字，弘扬汉语言文化"提供创意思路和指导。随后，项目正式启动。

三、项目执行时间

中南赛区(省赛)：2022年4月初—2022年5月中旬。
厦门赛区(国赛)：2022年6月中旬—2022年8月中旬。

四、项目协作安排

团队成员由四人组成，1名学生担任项目总负责人，同时负责美术指导、动画效果制作与后期制作；1名学生负责角色设计与分镜绘制；1名学生负责剧本与文案撰写；1名学生负责场景设计与动画素材绘制。

参与成员：龚×　许××　万××　吴××。

五、项目流程和教师指导流程

整个项目分为两个时间段，分别为省赛时间段（2022年4月下旬—2022年5月中旬）和国赛时间段（2022年6月中旬—2022年8月中旬）。总周期大约为三个月，项目流程大致如下。

（一）项目准备阶段（第一周）

团队全体成员经过协商讨论后明确了项目创意：以楹联文化为核心，以"文字失语"现象为切入点，以新媒体动画短片为载体。然后，便开始进行楹联文化、"文字失语"现象、相似新媒体动画题材等相关资料的收集整理工作。

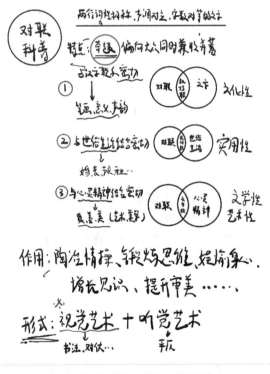

楹联文化资料笔记截图示例（部分）

（二）项目运作阶段（第二周）

团队全体成员将收集到的资料与各自的创意进行集中分析与讨论，进一步整理出项目整体设计思路与重难点分析方案。

1. 设计思路

(1) 作品受众定位:青少年群体(中学生及大学生)。选择能被受众群体广泛接受的Q版手绘卡通画风作为作品的主基调,辅以必要的文字画面进行科普,实现趣味性与严谨性相结合。

(2) 剧本编写:结合时下青少年群体的天性,通过游戏开场,将游戏世界与现代除夕进行关联,并引入央视主持人的发言以及当下热点话题"文字失语"现象,引导受众思考,从而突出主题。接着查阅与楹联相关的历史故事,通过一个个故事以及跨时空情景将对联文化和汉字的奇妙之处展现出来。

(3) 动画设计:设计角色与场景时,首先考虑脑海中的人物与场景,对应年限是古代还是现代,时间节点又是哪些。其次要确定每个人的年龄、性格、服装风格等独特因素,从而更加高效地进行角色与场景设计。

2. 重难点分析

(1) 题材局限问题。因为剧本主要以科普和讲解为主,所以团队力求在这一限制性主题下发挥创意,通过叙事让讲解内容在尽可能保有知识内核的前提下变得简洁易懂,使大众更容易接受。

(2) 时长限制问题。受时长限制,作品需要尽可能地发挥图像对人的感官刺激作用,实现作品创意转化效率的最大化。

(3) 画风统一问题。对于物体细节的刻画,特别是一个画面镜头需要由两到三个人共同完成时,画风是否统一是一个很大的问题。同时场景跨越古今两代,还要注重画风的转变。具体而言,每个场景的视角转换、透视关系都是一个很难确定的事情,需要全体成员密切地合作协商、实时交流沟通。

(4) 设计难度问题。风景的刻画、笔刷的使用、物件的设计、色彩的搭配等都需要结合想象和现实进行场景打造。团队全体成员通过参考大量文献资料与同类型优质作品,确定了自身最拿手的卡通Q版风格,并在"简约而不简单"的理念下不断尝试突破对原有风格的刻板印象与创作瓶颈。

以上工作完成后,团队相关成员便开始进入剧本撰写与角色场景设计的工作流程。

首先完成的是剧本初稿,团队全体成员与指导老师在进一步讨论中发现了诸多问题,例如:说教性内容过多且烦琐,部分内容由于多种原因无法在动画中表现,剧本篇幅过长,等等。经过多次修改后,剧本最终完成。

【案例】

参赛作品剧本

一、角色

爷爷、小文(爷爷的孙子)、小楷(小文的朋友)、苏轼、黄庭坚。

二、场景一:现代除夕夜,古今对比

除夕佳节,万家灯火,千百只灯笼的璀璨光影映红了夜空。漫天的烟花如星光铺洒,热切的欢呼与夜长存。爆竹声声,不绝于耳,这是老爷子埋在心底的思念。

孙子(小文)和同学小楷坐在沙发上玩游戏。

小文:"哎,小楷,一起来打王者啊!"

小楷:"OK,OK!"

小楷:"小文,大过年的你还要开团呀?"

小文:"没事没事,我爸妈今年都在外地过年,家里只有爷爷和我,你能来我高兴还来不及呢。"

小文:"快参团,打团了,打团了……你怎么不上……下路、下路,快过来,开疾跑过来啊……"极度"和谐"的声音打断了沉思中的老者,他转头瞥了一眼孙子(小文),扔过去一个红包:"嗖——"

孙子(小文)抽手接住,摸出来一张红纸,上面印着几行黑字,墨迹未干,看得出是老爷子才写上去的。

"除夕佳节,孙子(小文)正嗨。'爆竹声中一岁除',你点'Timi'快如风。'千家笑语漏迟迟',有人组队挂高腔。'除夕更阑人不睡',原是峡谷一夜明。"

孙子(小文)羞恼不已,看向老顽童:"你除了会吟诗,还会什么?"

老爷子伸手指了指门口的春联,又指了指孙子(小文)。挑衅的微笑浮上老爷子脸颊,让孙子(小文)恼怒不已,回怼一句:"走就走,谁怕谁啊!"

三、场景二:科普春联

老爷子说:"春联是过年时所贴的红色喜庆元素'年红'中的一个种类,它以对仗工整、简洁精妙的文字描绘美好事物,抒发美好愿望,是中国特有的文学形式,是中国人过年的重要习俗。"

孙子(小文)问:"最早的春联写的什么内容呢?"

老爷子答:"三阳始布,四序初开。"

看孙子(小文)不懂,老爷子解释道:"在古代,冬至为一阳,农历十二月为二阳,立春为三阳,故称'三阳';另外,'阳'和'羊'谐音,'羊'和'祥'又相通,所以这也就是'三阳开泰'的出处。'四序'即春夏秋冬四个季节,'始布'和'初开'都表示春天将至,到处充满生机和希望,到处都是一片喜庆祥和之景。这句的意思就是,立春之后阳光普照大地,万物开始复苏、获得新生。"

四、场景三:苏黄二人的故事

老爷子乐呵呵地说道:"孙儿,咋样?"

孙子(小文)不服气道:"不怎么样,我可是新时代弄潮儿,我来唱一段,你能听出来,我就承认你学识广博。"

"明月几时有,把酒问青天。不知天上宫阙,今夕是何年……"

老爷子皱眉细听,然后眉头逐渐舒缓,答道:"这是苏轼的《水调歌头·明月几时有》吧?"

孙子(小文)抱拳佩服,直呼:"爷爷你太厉害了!"

老爷子开口道:"孙儿还知道些什么关于苏轼的知识呢?"

孙子(小文)说:"那爷爷您给我讲讲吧。"

爷爷:"从前有一天,苏轼、黄庭坚二人相约手谈一局……"

(转场)爷孙二人忽见眼前浓雾弥漫,拨开迷雾,景色逐渐明朗起来。只见前方二人下马徐徐而行,谈笑间路过一片松林。一株高大的古松下,两人坐下开始对弈。苏轼来了兴致,对黄庭坚说:"我出一个上联,你对一个下联如何?"黄庭坚哈哈大笑,不甘示弱地回道:"既然你这么有雅兴,就请你出上联吧。"

"松下围棋,松子每随棋子落!"

黄庭坚一时对不上,两人便缓步而行,来到了柳树湾,只见河畔垂柳枝繁叶茂,微风吹拂,柳枝轻摆,又有三两渔人闲来无事坐着钓鱼。黄庭坚眼前一亮,对道:"柳边垂钓,柳丝常伴钓丝悬!"

苏轼听罢赞不绝口:"好对好对!意境、风韵都遥相呼应,听了就让人有出尘之感。"

又有一次,两人相约在金秋时节出门赏景。恰逢傍晚时分,两人走到了河堤上,太阳已经逐渐西沉,颜色变得通红,遥望远方,水平面已经与天空辉映成一色,竟是难以区分。打鱼的人们已经到了返还的时间,远远看去渔舟点点,打鱼郎粗犷的歌声远远飘来,十分悦耳。黄庭坚神情一震,脱口而出:"晚霞映水,渔人争唱满江红!"

苏轼听到后也是拍手称绝,却一时难住对不出下联,只道:"哈哈,此乃佳句!就是这下联我还没想好呢。"

于是二人只能继续向前走,边走边想,不知不觉,两人已经走下了河堤,来到了一个村庄的私塾前。时间已是傍晚,学生们都已经回家了,只剩下先生自己在这里。许是先生今天填了一首好词,自己正在大声吟诵。苏轼一听,这填的词牌不正是普天乐吗?于是瞬间就有了灵感,下联脱口而出:"朔雪飞空,农夫齐唱普天乐!"

黄庭坚听了哈哈大笑,说道:"那先生可真是你的贵人,不知不觉就帮了你大忙!"苏轼听了也是哈哈大笑起来。随后两人也是尽兴而去,只觉不虚此行。

五、场景四:科普机巧联

河岸对面的孙子(小文)不解,问老爷子:"我看他们对得好整齐啊,像老师在语文课上讲的对偶,但是不太理解意思。"

老爷子道:"这就要说到机巧联,机巧联就是巧妙地放入文字游戏的对联。机巧联有很多技巧,比如嵌字、隐字、复字、叠字、偏旁、数字等。它的种类也有很多异字同音联、叠字复字联、谐音双关联、戏答联、针顶联、谜语联,等等。'松下围棋,松子每随棋子落!柳边垂钓,柳丝常伴钓丝悬!'这对子就是戏答联,通俗而不庸俗,风趣而不轻佻,以诙谐和幽默的语言描绘了两幅场景。'晚霞映水,渔人争唱满江红!朔雪飞空,农夫齐唱普天乐!'这对子是双关联,表面上描写的是人们的快乐生活,更巧妙的是,上联的满江红既是写景,又暗藏了满江红的词牌名,一语双关。而下联的普天乐同样也是词牌名,巧妙地对上了上联,堪称千古绝对。同时这也是文学联,文字的组合让对联变得更有意蕴。"

孙子(小文)震惊,不禁问道:"那之前您说的春联也是双关吗?"

老爷子回:"对,还有更严格地按照修辞技巧分类的对联。除了机巧联之外,还有对偶联和修辞联。例如,上联:清明思故人寄深情情代代祭古魂;下联:端午赛龙舟忆屈子子孙世世莫英灵。这就是对偶联,且由清明和端午两个传统节日风俗合成了民俗联。"

"我明白了。"听了爷爷的讲解,孙子(小文)久久不能从情境中走出,但不知如何表达自己的心境。心有所感,孙子(小文)决定通过日记的形式记录下来。

六、场景五:日记本上对文字失语的反思

孙子(小文)拿出日记本,开始写。

农历十二月三十日,星期四,晴。新年临近,我收到了一份特别的礼物。

除夕夜与爷爷聊对联,我有很多收获。同样的一个东西,爷爷会说:"落霞与孤鹜齐飞,秋水共长天一色。"我只会说:"兄弟们,这个夕阳颜色yyds!"爷爷会说:"春风得意马蹄疾,一日看尽长安花。"我只会说:"家人们,咱就是说拿捏了这次考试,我好嗨!"爷爷会说:"已是黄昏独自愁,更着风和雨。"我只会说:"痛苦面具,就一整个蚌埠住了。"看来还是要好好学习,希望以后也能像爷爷一样,当一个博学多识的人!

七、场景六:字幕君在线

汉字文化历史悠久,源远流长。楹联更是通过汉字音节、语素、文字三位一体的构造凸显了汉语言的魅力。学习汉语,弘扬中国文化,是国人对祖国最真实的情怀。

正所谓:

(上联)识文断字,书写神州故事

(下联)妙笔生花,共启华夏篇章

(横批)文字传承

(爷孙)人物台词:让我们一起做中华文明和民族精神的忠实记录者和传承者吧!

剧本正式敲定后,美术指导根据剧本内容绘制了整个项目的美术概念设计图。

(a)项目整体效果图　　　　　　　　(b)角色设计美术标准参考图

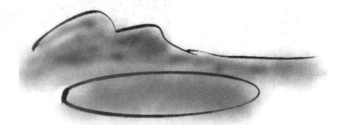

(c)场景画风参考图

美术概念图

负责角色设计与场景设计的成员依据以上标准与剧本绘制了角色设计图以及场景设计图。

(a)角色设计图

(b)场景设计图

角色与场景设计图

(三)项目运作阶段(第三至四周)

团队成员开始根据剧本、角色设计以及场景设计进行分镜绘制。

部分分镜图示例

分镜绘制完成后,团队全体成员与指导老师对分镜初稿进行了交流讨论,并针对重要情节进行了一系列调整与优化。分镜正式定稿后,项目进入正片制作阶段。

团队首先提炼出剧本里每个角色的台词稿,随后联系专业的配音演员根据台词为角色进行配音。在等待配音完成的同时,团队同步进行无对话部分的正片制作,包括人物动作的动画效果制作、场景道具素材绘制、模拟摄像机镜头、运镜效果制作,等等。

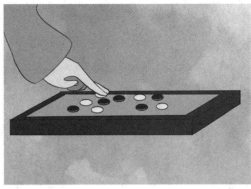

部分无对话素材示例

配音完成后,项目便进入对话部分的口型适配与画面合成阶段,即根据录制好的音频素材制作人物口型动画(此部分为了节约时间与成本,使用了许多重复的画面素材)同时将人物画面与背景在剪辑软件或者特效合成软件中进行合成,制作出初步的样片。

核对口型与画面合成示例

(四)项目收尾阶段(第五周)

初步样片制作完毕后,项目就可以进入后期剪辑与包装阶段,这一阶段的主要工作如下:首先,根据实际需要添加或者删除部分画面片段;其次,在适当的位置添加背景音乐和音效,增强作品的氛围感与表现力;最后,在确认画面部分与音频部分基本没有问题后,根据对话情节与剧情添加字幕,使作品获得更佳的观感。字幕添加完毕后即可导出成片,为接下来的投稿做准备。

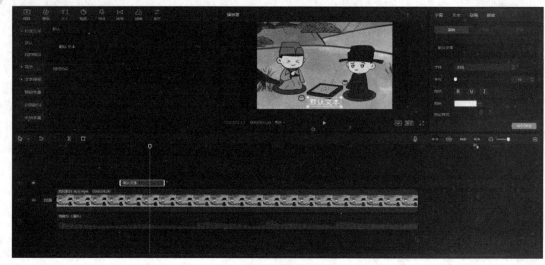

部分后期剪辑包装示例

(五) 项目收尾阶段(第六周)

投稿前需要提前根据赛事组的要求准备相关材料,如参赛报名材料、作品工程源文件、使用的素材、文案剧本、答辩PPT等,列好清单仔细核对,在规定时间内进行上传。如果作品成功入围国赛,则须准备相关国赛答辩工作,可以咨询有经验的学长学姐与指导老师,在教师指导下拟定答辩计划,写好答辩稿,组织答辩演练,做到从容不迫,游刃有余。

新媒体策划篇

第八章
新媒体时代的项目策划

策划一词最早出现在《后汉书·隗嚣传》中,即"是以功名终申,策画复得"。原句中的"策画"与如今所使用的"策划"一词含义类似。古语的"策划"是分而用之,策主要是指计谋,划是筹划、规划之意。今天我们所讲的"策划",在含义上比古时要丰富深刻很多。美国哈佛《企业管理丛书》认为,策划是一种程序,本质上是一种运用脑力的理性行为。从本质上来说,策划是依据目标订立计划,是对未来将要发生的事情所做的决策,其目的是把所有可能影响事情发展的决定结合起来,对未来起到指导和控制作用。策划以人类的实践活动为发展条件,直接体现了社会的发展水平,同时也受到社会发展环境的影响。

项目策划即在项目建设前期,策划人通过内外环境调查和系统分析,针对项目决策和实施阶段或决策和实施阶段中的某个问题,判断市场态势及消费群体的需求,然后进行战略、环境、组织、管理、技术和营销等方面的科学论证,从而确立项目目标,并通过创意为项目创造差异化特色,实现项目投资增值。

随着数字媒体技术的发展、生产力的快速提升、社会关系的急速变化,新媒体时代的策划正在发生剧烈变化:单一的产品策划任务正逐渐演变为整体形象塑造、品牌资产积累、顾客价值维护及增值等综合任务。策划行为出现跨行业化、跨职能化、跨功能化的趋向,并越来越多地与营销、运营融合在一起,相互交织、难以分割。以往的策划往往偏重对某一具体的环节进行重点突破,然而在新媒体技术和平台的发展推动下,在整合营销传播的语境下,新媒体策划任务逐渐纵深化、多元化、战略化,从具体的单一任务提升为一定时期内、一定预算限制下的战略任务体系;策划主体更多地参与到客户的战略决策层面,而不仅局限在创意执行环节,策划操作采用矩阵结构,依托项目组建跨部门、跨行业甚至跨领域的协同工作团队,实现人才资源、创意资源、媒介资源的优化组合;策划方式上更具整合性,原有的策划领域,包括广告策划、活动策划、品牌策划、公关策划、营销策划、会展策划、CI策划等的策略和方法,都能在实现战略目标的过程中高度融合且无须进行刻意区分。这几个方面的变化使得新媒体策划活动呈现出新的项目特征。

本章将结合项目策划的新媒体时代背景,围绕项目策划的内涵、原理与特点,以及在新媒体时代开展项目策划的能力要求等,来描述项目策划的全新变化,以及人们应该具备怎样的新能力才能在新媒体时代做好项目策划。

第一节 新媒体时代项目策划的内涵变迁

相较于传统项目策划,新媒体项目策划最大的变化体现在三个方面:其一,媒介环境的复杂化;其二,用户需求的泛产品化;其三,消费思维的泛品牌化。

一、媒介环境的复杂化

"媒介环境"这个概念是20世纪60年代被提出的。以英尼斯、麦克卢汉等为代表的媒介环境学派认为,每一种传播媒介都可以被设想为一种用自己的代码或符号来构成的环境,这是与自然环境相同的社会环境,也是一种符号环境。多重媒介的交织融合,构成了多重媒介环境。21世纪,人类社会进入信息时代。随着网络技术的普及,媒介环境也随之进入新媒体时代。这个时代以数字技术、信息技术、通信技术等现代技术为依托,形成了新的主流媒介形态,这些媒介形态不论在技术上还是在传播形式上都已突破了传统媒介的限制,使媒介传播发生了质的飞跃,为信息传播带来了无限可能性。新媒体时代的项目策划正沉浸在这种复杂的媒介环境中。

(一)互动的简化构建了更复杂的信息传播系统

媒体环境的复杂性主要取决于公众的参与程度。大众传播时代的信息建构的主体主要是作为传播者的媒体,公众的互动和反馈被限定在较小的空间中。到了新媒体时代,公众不再仅仅是信息的接受者,也是信息的传播者。互联网的即时性特点让互动环节变得更简洁和便利,同时也赋予了公众更广阔的表达空间。以自媒体为例,公众只需极低的成本即可在互联网上拥有自己的信息发布空间,每天都可以通过自媒体发布各种类型的信息,信息一经发布就能立即获取信息传播效果反馈,而且传播次数不受限制,传播成本更是远远低于传统媒体。因此,这些发布的信息横跨了公共领域和私人领域两大信息空间,并被不断地传播、接受、解构加工并再次传播。这种你来我往的相互交接行为连接在一起,交织成了一张点线面结合的、复杂的"拟态环境"网格,并且在共同经验和联想的基础上持续运作。

(二)内容的细分带来了媒体的多元化

媒体多元化是信息技术革命发展的必然结果。互联网每时每刻都在不断地生产海量信息。对公众而言,综合性平台的信息集纳服务会不断分散他们的注意力,降低他们的信息接收效率,并让公众产生强烈的信息焦虑。因此互联网内容流向产生了分类变化,各类垂直内容媒体不断涌现,并得到公众的追捧。发展至今,互联网媒体已然形成了社交媒体类、即时通信类、视频或直播类、新闻类、论坛类、O2O类及生活服务等诸多平台,这些平台又不断衍生出众多的自媒体品牌。

相比大众传播时代,新媒体时代复杂的信息传播系统不仅模糊了传受身份的界限,更为信息传播提供了更多流向可能。多元化的媒体生态极大地丰富了信息传播的渠道,同时也增加了信息传播效果的不确定性。媒介环境的复杂化对新媒体项目策划的内外环境分析提出了全新挑战。新媒体项目策划需要全面纳入媒介环境维度,并深度审视这种复杂环境下的变化因素,以便提出更符合新媒体环境要求的创意策略。

二、用户需求的泛产品化

消费主义发展到今天,已经到了一个全新的拐点。进一步成型的消费主义社会,催生了过剩的物质产品和无法降级的消费欲望。无论是不断涌现的网红爆品,还是基于大数据分析的算法推荐,都在向消费群体展示着似乎触手可及的美好生活。然而在世界经济增长乏力的背景下,生存风险和收入的不确定性都在逐步递增,无限膨胀的欲望和越来越艰难的现实促使消费群体,尤其是年轻的消费者们,开始重新审视自我的欲望与资源。他们不再局限在消费主义塑造的欲望中,不再通过消费升级来获取生活品质的提升,而是将对理想生活的构建放置到生活图景中。于是任何来自过去的、当下的、身边日常的、边缘的资源,都成了可以消费的对象。这也就意味着,消费对象从有商业意义的"商品"扩展到"丰富的物"。

【案例】

"围炉煮茶":由用户创造的新消费图景

"露营""骑行""飞盘""滑雪""陆地冲浪""居家健身""围炉煮茶",以上均是近年来在各类社交媒体上持续保持高传播热度的关键词。我们不难看出,每一个关键词指向的都是一幅具体而生动的生活图景。有趣的是,这些生活图景并不是由商业世界缔造和引领的,而是先在以用户内容为主体的社交媒体上形成火热的传播态势,再由各类商家进行营销,并将生活方式转化为新的消费产品。以"围炉煮茶"为例,这个话题在2022年的秋冬季十分火爆。各类社交媒体上陆然出现了众多关于围炉煮茶拍照打卡的UGC内容,小红书上关于围炉煮茶的笔记高达74万多篇,抖音上"围炉煮茶"的相关视频播放量达47.4亿次。主要表现为三两好友围坐在烤炉前,煮一壶茶,烤板栗、柿子、年糕、花生、红薯等小食。精致文艺又充满烟火气的画面氛围,处处展现着慢生活的松弛感和岁月静好。以"围炉煮茶"为关键词的社交媒体信息甚至还衍生出以如何拍出更具氛围感的围炉煮茶打卡照、如何写作文案、如何准备食材等为内容的攻略。相关话题及内容的传播,刺激了相应的消费行为,继而引爆了围炉煮茶作为一种新型产品的商业化热潮。

这样的商业模式,带来了一种重要转变,即消费者在整个营销链条中的重要性正在不断增强,消费者也不再单纯地追随商业潮流,而是更紧密地结合自己的生活节奏,为生活中"丰富的物"赋予更多样的情感价值,并将其转化为个性化的消费行为。泛产品化的用户需求,扩展了新媒体项目策划的创意边界。传统的策划环节里,对需求的分析通常是围绕不同年龄阶段的消费者的群体画像来进行的,这样的方式正在受到严峻挑战。传统的创意策略,是以类型化的产品缔造类型化的生活方式,用类型化的角色形象承载雷同的人生梦想,这样的模式也正在加速失效。新媒体项目策划的创意更多地着眼于创造更多元、更丰富的生活方式,重新寻找产品(服务)创新的可能。

三、消费思维的泛品牌化

品牌的概念可以表述如下：品牌是一种名称、术语、标记、符号或设计，或它们的组合运用，其目的是借以辨认某个销售者或某群销售者的产品或服务，并使之同竞争对手的产品和服务区别开来。在现代社会，品牌已经超越了用作识别和记忆的"商标"的范畴，成了商品意义的象征，是商品符号价值的承载体。

进入消费主义时代，产品类别极大丰富，产品供给远超社会需求。在产品同质化趋势越来越严重的情势下，依靠提高消费者的物质消费欲望的营销策略逐渐失效，更重要的是勾起消费者对商品特殊的附加值的向往，作为符号附加值的品牌也就成了购买的最大理由。因此，当今社会通过不断创建品牌来制造消费欲望，漱口使用的牙刷、牙膏、餐食用的牛奶、面包，梳妆打扮使用的化妆品、御寒、提升形象的衣着服饰，外出携带的箱包，出门的代步工具，准备晚餐用的肉米油盐酱醋茶等，几乎所有围绕着吃穿住用行等消费行为的物品或服务都有流行的品牌。同时，新媒体掀起了各行各业的改革热潮，新的商机和风口不断涌现，而品牌可以在各种不确定因素中为消费者提供稳定的价值预期，在有效降低消费者决策成本的同时，提升消费者的决策收益。因此，一个泛品牌的时代已来到我们面前。

泛品牌化对营销行为的具体影响，就是在产品的市场竞争处于白热化状态时，品牌建设往往发挥着决定性作用，即市场竞争表现为品牌竞争。与此同时，人们把品牌概念广泛地延伸到城市、区域、文化发展等各个方面，出现了品牌城市、区域品牌和文化品牌（品牌文化）等概念，品牌概念继而被泛化。

泛品牌化在品牌结构上的具体表现，是品牌的符号价值远远大于实物的价值。品牌打造的第一步，是为产品取个适当的名字，再对产品进行设计和包装，然后通过广告将品牌名与产品意义相连接。然而很多商品的品牌化行为，不但稀释了品牌的符号意义，也压缩了品牌的意义空间，出现了品牌同质化的现象。

因此，新媒体项目策划需要不断迭代品牌思想，创新品牌意义，重塑品牌价值。活跃于新媒体时代的各种品牌思想，诸如数字品牌、DTC品牌、生活方式品牌、新消费品牌、长期主义、爆品、长尾、体验、场景、峰值、圈层、流量池、IP化、参与感等，无一不在彰显新媒体策划的创新和实践。

第二节　新媒体时代项目策划的原理与特点

新媒体项目策划是围绕某一目标进行建设性和逻辑性思考，并形成计划方案的思维过程。与传统项目策划相比，新媒体时代"用户为王"的发展趋势，改变了传统的"产品中心"的创意与营销思维。如何连接起内容与用户两端，有效实现品牌与用户的沟通，帮助品牌实现经济效益目标，是新媒体时代项目策划要思考的核心问题。

一、新媒体时代项目策划的原理

美国学者威廉·纽曼(William Newman)称,策划就是在做事之前,计划并设计行动路线。虽然策划没有固定的程式,但也有一定规律可循。通过经验的积累及对经典案例的阅读,我们可以从心理原理、文化原理以及情感原理三个方面逐一讨论新媒体策划的原理。

(一)心理原理

策划是人类智慧的升华,无论项目策划作用于哪个领域,无论策划对象归属于社会的哪类人群,策划都是人的一定心理活动的反映和结果。追求利益目标是项目策划的核心诉求,利益目标在这里指的是传播效益、社会效益和经济效益三方面的结合,我们也可以将其概括为"品"和"效"的共同实现。在"品"和"效"这两个层面上实施成功的策划,是有规律可循的。

1. 服务于"品"的心理原理,主要表现为认知和记忆

从心理学的角度来说,品牌就是存在于消费者心智中的,通过视、听、嗅、味、触这"五感"建立起来的认知综合体。品牌在消费者心中的认知丰富程度,取决于该品牌拥有的丰富记忆节点。项目策划要善于利用认知心理的形成规律,充分挖掘符合五感体验的认知的建立渠道,不断创造消费者关于品牌的记忆节点并加以强化,从而做到有的放矢。

【案例】

多巴胺穿搭:色彩系消费

2023年夏天,"多巴胺穿搭"成了比天气更热的全新潮流热点。在社交媒体上,穿搭博主和明星们纷纷被这种高亮配色、撞色混搭的穿搭风格所吸引,发布了一系列的"多巴胺穿搭教程"和变装视频。在小红书,#多巴胺穿搭#话题的浏览量经超过2.2亿,相关笔记超过252万篇。而在微博上,#多巴胺穿搭#话题拥有2.5亿次的阅读量,"明星+多巴胺穿搭"的话题也成为热搜常客。话题的流行已经完全超越了性别、年龄和职业的界限。短视频平台上,穿搭风格多变的"爷爷辈博主"也亲自下场赶上新一轮流行;白领、医生、空姐等带有职业标签的博主也以各自的方式加入追逐"多巴胺"热点的队列中。

众多品牌迅速抓住这个色彩记忆热点,快速推出品牌的"多巴胺"式概念营销。瑞幸咖啡利用"多巴胺穿搭"的高亮色彩与夏季水果颜色的对应性,率先提出"多巴胺冰咖"概念,为旗下抓马西瓜拿铁、夏日青提拿铁、橙C美式等产品引流;书亦烧仙草借"多巴胺果茶"概念宣传自家的牛油果酸奶昔、多肉葡萄酸奶以及一桶水果茶等水果单品。除此之外,"多巴胺"的概念也延续到了餐饮、酒店等行业,出现了"多巴胺茶点""多巴胺餐食"等。这些品牌大胆使用具有视觉冲击力的色彩,将其与产品、品牌结合,从而快速抓住年轻人注意力,形成了突出记忆点的创新活动。

2. 服务于"效"的心理原理,主要表现为认同和重构

认同是一个复杂的概念,指的是一个人对于另一个人或群体的观点、行为的赞同和接受。认同的心理机制包括社会比较、认知一致性和社会影响等多个方面。社会比较是指个体通过比较自己与他人的身份、特质和行为来获得认同感。认知一致性则是个体通过保持自己的价值观和行为的一致来获得认同感。社会影响是个体受到他人的行为和言语影响,从而改变自己的态度和行为。认同感是经常被应用于项目策划的一种心理机制,具体可以表现为从众效应、锚定效应和他人之证。策划人可以通过制造群体行为趋势、引入权威观点、展示他人行为标准等方法,提升策划之"效"。

【案例】

小红书的种草模式

作为去中心化平台,用户所分享的笔记是小红书的运营核心。用户可就不同产品提供自己的使用意见,在自由交流中形成互动体验。随着明星、美妆博主、直播带货达人等自带流量的KOL入驻平台,小红书的种草传播主体逐渐形成了UGC(用户生产内容)、PGC(专业生产内容)、PUGC(专业用户生产内容)的三股主流力量。

小红书上的种草笔记,以图文结合或视频直播两种形式为主,分享内容覆盖了美妆、美食、旅游、健身、母婴等各个领域。"种草"传播者通过不同方式营造亲和的传播氛围,并结合产品刻画人设,展现自身的人格魅力;或专注视频效果,通过显现实力和专业度来争取更多用户的信任和关注。

重构则是指当认同机制无法施效时,人们可以选择打开新的视角看问题,形成新的解读世界的模式,也就是改变过去的认知框架的基准,从而将消极的表述转化为积极的表述。重构的心理机制为项目策划提供了更多创新空间,促使策划形成新的行为逻辑,以更好地响应重构后的新认知模式。

(二)文化原理

1. 文化与项目策划的关系

文化与项目策划是相互影响、互相促进的关系。

第一,分析文化背景,可以帮助项目策划更好地寻找方向。策划的产生与落地,都绕不开对文化背景的研究和分析。不同的文化背景对策划的目标、方式和内容都会产生不同的影响。

第二,融入文化元素,可以加强项目推进的深度和广度,为项目运作和推广赋能。通过呈现不同的文化元素,策划人可以引导人们发掘文化遗珠和宝藏,推动文化与项目之间形成互动式的交流。

第三,策划本身也是一种文化产品。策划活动的成功与否不仅取决于其实现的目标,还取决于其是否符合受众的文化需求和价值观。

2. 文化原理在项目策划中的应用

在市场竞争日益加剧的今天,产品或品牌的同质化现象日益严重,项目策划的创新性和独特性也越来越难以找到合适的实现渠道。人们正在尝试在生活的方方面面追求文化的加持,一盏茶、一本书,都是传统概念里极具文化属性的日常,而逛艺术节、打卡文化地标,则是新消费浪潮下各领域的创意家们为人们打造的新文化体验场所,对应的正是全新时代的文化需求。因此,文化在新媒体时代的项目策划中尤为重要,在策划中为产品或品牌等项目提炼出具有独特个性的文化,能够使其被目标消费者快速识别,并形成独特的文化记忆。

【案例】

盛唐密盒：文化擂台与脱口秀

2023年，西安大唐不夜城景区推出的一档互动节目"盛唐密盒"表演火爆网络。表演的背景故事被设定为"房玄龄""杜如晦"两位唐朝名相，受皇帝派遣"穿越"来到西安大唐不夜城征召贤士。表演过程采用了"文化+演艺"的方式，随机邀请观众上台答题，答对者可获得"唐朝至宝"。"房谋杜断"的表演过程被发布到社交网络后受到热捧，短短一个月的时间，"盛唐密盒"的抖音账号就实现了涨粉一百多万。

该表演将大唐千古名人IP和深受现代人喜爱的脱口秀表演进行创新结合，表演中设置的问题涉及中国传统文化的各个方面，比如"古人说的大意失荆州指的是现在的哪个城市？""华佗发明了哪种运动？""燕雀安知鸿鹄之志说的是谁？"等。刁钻的提问、幽默的接梗和现场智力挑战活动，将传统文化融于现代年轻人"玩梗"的社交模式中，既让这个文化擂台具有了与众不同的内涵，让参与者收获了文化的趣味体验，同时也在线上和线下产生了不俗的经济效益。

（三）情感原理

情感是态度的一部分，是态度在生理上的一种较为复杂而又稳定的体验和感受。心理学认为，情感和情绪都是人们对客观事物所持有的感受和态度，但是情绪更倾向于个体基本需求和欲望上的态度体验，而情感则更倾向于社会需求和欲望上的态度体验。相比情绪的忽起忽落，情感相对稳定，是人对现实的一种比较固定的态度；而且情感也是具有效果性的，即任何情感都有可能成为鼓舞人开展实际行动的动力。情感的效果性取决于情感需求的强烈度和被满足程度。

拉米拉斯在《情感驱动》一书中提到，我们的行动主要是由情感来驱动的。人作为情感体验的主体，同时也是项目策划主要面向的客体。情感的偏向性，决定了策划所形成的评价是积极的还是消极的，是肯定的还是否定的。情感的效果性则会直接决定策划的执行效果是否能达到或超出预期目标。

1. 动机

情感可以唤醒主体的内在需要，并通过外在诱因的驱动产生具体的实践行动，这就是动机的形成过程。项目策划可以运用此类情感原理，找到促使实践行为发生的主导性动机，继而有针对性地布局和执行营销活动。

【案例】

秋天的第一杯奶茶：爱情与季节碰撞出的消费诱因

2020年秋季的存在感是由"秋天的第一杯奶茶"给的。事件的起因是一位女生在微信上晒出与男友的聊天记录——在秋分节气的当天，男友发出52元爱心红包作为女孩购买奶茶的费用。女孩感叹，这样的做法暖胃又暖心。随后"秋天的第一杯奶茶"这个话题迅速在微博、微信、抖音、小红书等各大社交媒体上全方位蹿红。该话题在微博的阅读量一天时间内就飙升到了惊人的2亿次。网络青年在玩梗、追梗的戏谑心理下，围绕"谁请你喝了秋天的第一杯奶茶""秋天的第一杯奶茶你喝了吗？"等问题，纷纷晒出自己的"秋天的第一杯奶茶"。话题激发了一大波初秋饮品消费，引发一大波茶饮品牌的竞争式传播，撑起了茶饮市场客观的盈利数据。

众所周知，"奶茶"是青年圈层独属的文化符号。奶茶不仅是饮品，更是青年社交的虚拟社交货币。"秋天的第一杯奶茶"呈现了丰富的情感层次，第一层是气候转凉的秋季里人们对温暖的心理诉求，第二层是对爱情里关怀与温暖的表达。双层的情感驱动，赋予了青年人消费奶茶的合理动机，引发了群体性的消费行为。

（注：案例数据均来自微博、小红书平台）

2. 共鸣

我们时常会有这样的情感体验。当你路过一个广场，听到流浪歌手唱歌的时候，你可能会被一句歌词打动、为一个旋律驻足。那一刻你思绪万千，回忆如潮水涌上心头。我们为什么会对某些事物产生共鸣，是因为它与我们个人的人生经历息息相关，并以一种画面重塑的方式唤醒我们的过往记忆，使我们产生情感上的同频共振。"共鸣"从表面上来说，是对基本事实的"共识"；从深层次来讲，则是一种情感的"融通"。

【案例】

B站《第3286个站》春节特别策划

2023年春节的前一周，B站上线了一条视频，名为《第3286个站》。这是一部很奇特的视频作品，片中没有所谓的人物主角，也没有连贯的情节故事。作品中，B站把自己比喻成一个"站"，以第3286个站的口吻，向全国3285个铁路客运站写了一封信，希望3285个站多给那些今年春节回家的年轻人一些理解和关爱，让每个人都能顺利到家。

作品抓住的是青年人"3年没回家""今年特别想回家"的情绪，以近距离、平视化的视角和站位记录归乡心切的年轻人。以群像的纪实画面，表现中国年轻人"回家过年"的春运日常和真情实感，触动了B站用户的情绪核心，引发了青年圈层的共鸣。这部作品在B站收获了130万次播放量、4.1万次点赞、4000+条弹幕。在官方微信视频号上收获点赞10万+、转发8.3万次。作品后续收到了中国铁路的官方回应，这让作品的传播链条形成了完美闭环，B站的品牌价值在此次策划事件中收获了高度的认可和肯定。

（注：案例数据均来自bilibili平台和微信视频号平台）

二、新媒体时代项目策划的特点

（一）传统项目策划的特点

传统的项目策划一般具有目的性、系统性、社会性、创造性、时效性、超前性、可操作性等七个特点。

1. 目的性

策划是为了解决实际问题而发生的行为，必然有着明确的目标。只有目标明确了，才能去考虑完成目标的正确途径和有效方法。项目策划的目的性往往是围绕项目发起人的功利性诉求制定的,需要衡量策划能为项目发起人带来的经济上或其他形式的实际利益。目的性是项目策划的出发点,同时也是评价项目策划成功与否、成效如何的根本标准。

2. 系统性

一个完整的项目策划应该包括三个层面:概念层、操作层和现实层。项目策划必须考虑各个环节、各个要素之间的相互协调和相互促进,这样才能保证整体方案的最优化和资源配置的最优化。好的策划从诞生到最后落地,是一个完整闭环,只有协调各环节的关系,追求最佳组合效应,克服常规的、突发的干扰因素,才能取得良好的策划效果。

3. 社会性

项目策划不仅要注重经济效益,更要关注社会效益。经济效益与社会效益两者的有机结合才是项目策划的真正意义所在。社会效益指的是企业正面形象,体现的是企业的社会责任。如今越来越多的企业开始重视社会效益,塑造社会形象,传播社会价值。

4. 创造性

创造性是策划的灵魂。项目策划必须要有创造性的新思路、新创意、新策划。策划人员想要实现目标,需要根据项目的条件、特点、功能、消费者利益点、竞争对手的特点,充分利用策划人的想象力和判断力,确定项目策划的关键问题,并找到最优质的、最具效果的解决方案。

5. 时效性

所谓时效性,就是时机与效果的关系,是项目时间要素约束的体现。项目策划具体目标的实现是被限定在特定的时间段内的,需要在约定的时间内顺利完成。因此项目策划需要合理把握、合理利用这个固定的时间段,结合当下市场环境的状况,作出符合项目目标的策略规划和安排。

6. 超前性

项目策划必须对未来的各种发展、变化趋势进行预测,必须对所策划的结果进行事前事后评估。项目策划追求超前性是以一定的条件为前提的,不能脱离现有基础,一定要立足于对现实的分析,围绕项目目标发现问题并解决问题。项目策划过程中,全面而准确的数据分析、科学合理的分析方法、综合性的分析思维,能帮助项目策划实现超前性,实现项目策划的最大价值。

7. 可操作性

项目策划从策划思路的提出,到方案的成形,再到具体执行,每个阶段都是环环相扣、相互联系的。只有具有可操作性的策划方案,才能更好地被执行。项目策划要具有可操作性,除了需要进行周密的思考外,详细的活动流程安排也必不可少,同时还要考虑各类资源的整合运用,以及后续的执行监督和管理。

(二)新媒体项目策划的特点

新媒体项目策划以互联网为媒介,媒介市场和环境的剧烈变化催生出新媒体项目策划不同的特点。

1. 互动性

传统的媒介传播环境中,信息的传播过程往往是单向的,受众大多数情况下都在被动地接受通过媒介发布的信息。即使在部分媒介传播中存在信息反馈行为,这种行为也被约束在信息发布者和传播者的可控范围内,以单一且低效的方式进行。处于传统媒介环境中的策划人,无法及时获取受众的反馈意见,也缺乏受众层次丰富的反馈内容。

互动性是新媒体区别于传统媒体的主要特征之一。新媒体的诞生为受众与传播者之间、传播者与传播者之间、受众与受众之间搭建起即时交互的平台,从中衍生出诸如即时回复、转发、评论、分享、弹幕等丰富多彩的互动方式。新媒体项目策划的互动性特点的实质在于强化项目方与项目客体之间的沟通,从而实现行为联动的最终效果,因此项目策划的互动性主要体现在以下三个层面。

其一,分析层面收集互动数据。通过各类具有互动属性的媒体平台,广泛收集受众对项目主体所属品类、市场,以及竞争品牌的喜好、评价、购买机制、反馈等互动数据,为确定策划方向和策略提供更具参考价值的数据。

其二,策略层面设置互动模式。在项目策划的策略制定中植入互动内容、互动环节、互动方式,新颖的互动模式能够提升受众的体验感和参与度,实现受众与项目主体的有效沟通,从而进一步提升项目策划的最终效果。

其三,执行层面注重互动反馈。项目策划的最终完成效果,在策划执行层面主要体现在商业数据和受众行为数据上。注重互动反馈,不仅能够了解策划执行的完成度与成效,更能分析出项目策划执行存在的问题和漏洞,为项目复盘和下一步战略的制定提供重要的参考价值。

在数字化发展趋势下,新的媒介技术如AR、VR快速发展,让"互动"升级为"交互体验",即通过营造虚拟场景和数字人等,让人与智能终端在视觉、听觉、触觉等各个感官上实现全面的体验式交互。

【案例】

2023淘宝造物节:人机交互的创新探索

淘宝造物节是淘宝从2016年开始面向年轻消费群体推出的活动,定位为"中国青年创造力大展",也是创新、创意和科技产品的重要展示平台。2023年淘宝造物节期间,淘宝联合KASKII,利用语音交互以及AIGC图像技术,打造了以AI造物为主题的大型互动装置"AI BUY"(见图8-1)。为了突出AI BUY的"造物神"设定,设计者使用了金字塔、神坛等元素,集成了语音识别、信号控制及声音输出等模组技术,构建起一座语音交互+AI设计的数字神殿场景。此外,用户与AI BUY的交流还被植入了剧情和角色,在故事的发展中通过视觉强化用户的沟通体验。AI BUY线下体验的三天时间里,迎来了数千人次无间断的体验,接待了超200位KOL,三次登上微博热搜。

(注:案例数据均来自淘宝和微博平台)

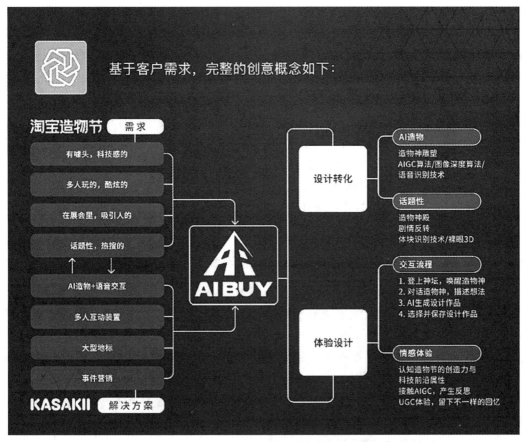

图 8-1　AI BUY 的互动设计概念

图片引用自数英网：https://www.digitaling.com/projects/252741.html。

2. 整合性

20世纪90年代,舒尔茨提出了整合营销理论,即根据企业的目标设计战略,并支配企业的各种资源以达到战略目标。现今的互联网上,微博、微信、小红书、抖音等都是企业关注的重要营销渠道。新媒体项目策划也必然会围绕这些营销渠道,把企业内外的一切营销元素和传播元素,以及消费者在品牌中的每一个接触点都巧妙整合起来,通过与策划的融合对接,产生良好的策划效应。

新媒体项目策划需要具有整合性,新媒体策划人需要建立整合意识的原因在于,不同的媒介相互配合可以扬长避短。媒体间的交叉所取得的效果不是简单相加,而是会呈现出倍数级的增长。每一种媒介渠道都有不同的传播属性和特征,以新浪微博、微信为代表的媒体优势体现在话题引爆及图文内容的传播方面;以抖音、快手为代表的短视频平台的优势体现在视频互动及商业变现方面;以B站、小红书为代表的社群媒体平台的优势体现在内容种草及生活方式分享方面。充分利用多元化的媒介渠道,可以打造新媒体项目策划的传播阵地。

3. 裂变性

裂变性作为新媒体策划的一个重要特点,主要表现为通过用户自发性地分享与传播,迅速扩大传播范围,形成信息的爆发式传播。

裂变的核心是内容。《引爆点》一书中提到了引爆流行的三大法则，即个别人物法则、附着力法则和环境威力法则。其中，附着力法则阐述了被传播信息本身的特征。在同等条件下，附着力越高的内容引爆流行的可能性越大。也就是说，内容与受众关联度越大、实用性越强、形式与受众适配程度越高，其裂变的可能性也就越大。

裂变的载体是渠道，比如微信生态链中的个人号、社群、公众号、小程序等，任何承载内容的形式都可以作为裂变载体。由于每一种载体的承载目的是不一样的，产生裂变的层级和方向也有所不同。比如微信个人号是强链接的深度转化，社群是由群体交流和群体服务构建的闭环传播，公众号则是打开率慢、信息引爆速度相对也较慢的载体。

新媒体项目策划的传播渠道更为广泛，不再局限于一个渠道或者一个平台，各个平台之间的互通性加剧了策划传播过程的裂变性。

【案例】

拼多多的裂变神器：天天领现金和砍价免费拿

2022年，某主播直播拼多多砍价免费领取手机活动，两个小时的砍价直播，吸引了六万人的观看。无论是拼多多的"砍价免费拿"还是"天天领现金"，它们的底层逻辑都是相似的，那就是以较高价值的商品作为利益诱因，引导用户将携带平台信息的商品链接通过即时通信工具发送给自己的社交平台好友。好友一旦点击链接协助砍价，系统就会自动将好友纳入"准新用户"的列表中，并持续向好友推送各种砍价商品让你"免费领取"。

这种通过社交关系裂变促发的用户下载和使用，效率要远远高于传统方式，且能够很精确地带来品牌曝光和用户行为转化。拼多多利用新媒体渠道，准确击中了消费者的逐利心理，3年获得了3亿用户，市值接近400亿美元。

（注：案例数据均来自拼多多平台）

4. 协同性

协同性的意思是指两个或两个以上不同行为主体相互配合，以便完成既定目标的过程或能力。其核心就是通过一定的方式将来自不同地区、不同部门的多元力量协调在一起，使之相互作用、协调配合。全媒体传播环境下的项目策划，需要在多个渠道、多元传播形态下设计并执行策划方案，协同性构成了新媒体策划的又一典型特点。

新媒体项目策划的协同性主要是体现在以下两个方面。

其一，内部协同。随着经济发展和媒介平台的多元化，策划面对的项目内容越来越复杂，新媒体项目策划的制定和落实需要多个职能部门，甚至多个专业领域的参与。实施内部协同机制是新媒体策划的必然要求。同时，新媒体互动的及时性和便利性，极大地降低了策划的沟通成本，为新媒体策划的内部协同提供了技术基础。

其二，外部协同，主要是指策划依托的各类渠道之间的相互联动。渠道联动并不是指简单地把不同渠道组合起来，而是在这种联动中，使所有渠道传播的信息都指向同一个明确的方向，呈现同一类价值。参与协同的渠道不仅仅局限于同品类或同领域的平台或媒介，还可以跨越式地选择不同品类甚至不同领域的项目主体，寻求更广阔的协同创新。

第三节　新媒体时代项目策划的核心能力

策划是典型的复合型工种,对人的综合能力和知识厚度要求比较高。一位合格的项目策划人,要能够在科学调查研究的基础上,运用掌握的策划技能、新颖的创意和思维,对现有资源进行优化整合,和全面、细致的谋划,制定详细、操作性强的方案,并在执行中逐步完善、全力落实方案。因此,对项目所在市场状况及行业状况的分析能力、形成策划方案过程中的结构思考能力、向项目主体方提案的演说表达能力,以及策划执行阶段的统筹协调能力,都是项目策划人应该具备的基本能力。而新媒体时代的项目策划人,除了须具备上述的四种能力和练好基本功之外,还需要依循互联网的时代背景和传播特征,提升新媒体策划的核心能力。

本章围绕项目策划应该具备怎样的能力这个问题,从项目策划的基本功、新媒体时代项目策划的核心能力以及新媒体项目策划能力的训练方法三个层面作出解答。

一、项目策划的基本功

常见的项目策划是以项目类别来划分的,可以分为品牌策划、活动策划、公关策划、营销策划、产品策划、管理策划、战略策划、广告策划等。不同类型的策划具有不同的重点、内容要求和创意要求,但对策划活动的关键——策划人来说,无论怎样的策划都要求策划人具备研究分析、结构思考、演说表达以及统筹协调等基本能力,这四项基本能力也被称为项目策划的基本功。

（一）研究分析能力

策划人的研究分析能力决定了项目策划产出的基本水准。研究分析能力的高低,决定了策划思维、策略选择和路径的科学性和合理性。

策划的研究分析能力体现在以下三个方面。

其一,是否能从海量的资料和信息中找到规律、发现共性。策划人要有捕捉市场变化、发现问题、找到企业或产品的市场机会的能力,对于各种情况和多种信息进行科学的分析和判断,对事物变化的趋势能做出准确的预判。

其二,是否能从他人的案例中汲取有价值的经验。策划人要懂得分辨已有经验的价值,评估经验是否具有可复制的特性,尤其需要借鉴成功项目中的优质经验,从而建立自己的核心竞争力。

其三,是否能在策划和执行中有效规避风险。策划人的分析研究能力,使得他能够在掌握全面数据的基础上,形成全局观念,从而最大限度地预测整个策划方案在实施过程中不同阶段、不同方面的情况,以及在这一过程中可能出现的问题,以便及时地做出调整,保证决策的正确性。

（二）结构思考能力

结构思考能力是开展项目策划的基础，能够有效地帮助策划人做好问题解答、决策制定，以及形成具有逻辑性的行为结构。当策划人面对目标达成过程中需要解决的各类复杂问题时，结构思考能力可以帮助策划人展开多角度分析，并制定合理方案，从而推动策划的高效执行。结构思考能力具有以下四个特点。

（1）结论先行。策划需要优先将任务目标进行高度概括和简化，并鲜明地阐释出来。

（2）以上统下。以总结、提炼并加以阐释的观点为核心，在主题论点的统领下展开策划论述的结构层次设计。

（3）归类分组。主目标下的每个层次都需要设置分目标，并将同类型的策略和实现路径归类分组、逐一描述。

（4）逻辑递进。分组后的每组内容，都须围绕主题思路，在演绎、时间、空间、程度等逻辑顺序中选择其一作为组织叙述的逻辑关系。

（三）演说表达能力

每一个项目策划最终都要通过语言和文字来打动项目方并使之得到执行。策划应具备的演说表达能力分为两个层次，第一层是内容表达能力，第二层是语言表达能力。

内容表达能力，并不单指文字表达能力，还包括与文字共行的多媒体形式的内容表达能力。能够用简练的文字将品牌、产品的特性表达出来，且逻辑清晰、表述完整、措辞严谨，是策划人应该具备的基本功力。此外，策划人还需要具备多媒体运用能力，能够将动图、排版、动画模拟等多元化的多媒体表达技巧与策划主题融合，使得策划方案的呈现更直观、更有表现力和冲击力。

策划是需要通过语言来进行沟通的。策划的语言表达能力的最好体现，就是在策划提案阶段，把自己的观点表达清楚，同时吸引项目方的关注，让演讲充满感染力。

（四）统筹协调能力

任何策划案都是团队协作的结果。策划人的统筹协调能力，更多体现在与跨部门沟通和团队合作的时候，要扮演统筹者的角色，以更高的视野对项目进行全局的思考和把控；依据团队成员的专业领域差异和能力专长，对工作任务进行分工，确保成员各司其职；制定项目的推进计划和时间节奏，把各项独立的产出条理清晰地整合到一起。

二、新媒体时代项目策划的核心能力

新媒体时代，项目策划人员面对着新的策划环境，进行项目市场分析时要关注不断拓展的行业新领域，制定项目战略时也要吸纳不断翻新的传播和营销玩法。"新"也就意味着要不断地改革和创新，这自然对项目策划人提出了新的能力需求。

（一）网感

什么是网感？网感是一个很难给出精确定义的网络用语。在《网感》一书中，作者提到，网感是由互联网社交建立起来的习惯性思考方式及表达方式，是流通在网络社区居民之间的潜在文化与社区氛围，可以帮助我们更好地识别彼此，并拉近彼此之间距离。更简单、更直观的解释是,网感就是人们对网络世界的感知能力。有的人随口说一句话就能意外地催生一个新的网络热词,有的人随手转发一位网友的微博就能引发全民热议,有的人总是能从每天的无数话题中找出最有传播效应的那一个。这些都是有"网感"的表现。

新媒体时代的项目策划离不开新媒体的传播环境。捕捉大众兴趣的交汇点,制造具有传播潜力的主题,带动公众及各类媒体与你一起互动,形成裂变式传播,这些都离不开"网感"。从某种意义上说,"网感"决定了新媒体策划人的发展潜力。

【案例】

无穷小亮:有网感的科普账号是怎样的?

2019年,一直在运营《博物》杂志官方账号的张辰亮,感受到短视频的传播威力,嗅到了属于创作者的新机遇。于是创建了"无穷小亮的科普日常"账号(以下简称"无穷小亮"),在抖音开始了个人的科普内容创作生涯。然而,短视频平台是存在典型娱乐化倾向的,具有娱乐精神的内容在这里有天然的传播优势,科普内容则带有明显的专业性、复杂性和严谨性,有着反娱乐化倾向。因此"知识+短视频"的传播方式虽然成为新风尚,但一直未能出现爆款。"无穷小亮"无疑是个意料之中的例外。自2019年底"无穷小亮"个人入驻抖音后,短短一年多的时间,其粉丝数便涨至1600多万。

"无穷小亮"爆款内容的"引线"是这个账号最知名的一个内容系列——网络热门生物鉴定。这个系列里,他每隔一段时间都会收集一些网络上故弄玄虚、模棱两可的动植物视频,并将它们整合在一起做辟谣和科普,尽管每集时长只有短短几分钟,却总能以精彩的"段子"和独特的语言获得上百万的点赞好评。冷静"直怼"的解说风格,与网上热传的千奇百怪的生物视频的内容联动,让网友对这个系列"欲罢不能",并不断地在各类生物视频的评论区与"无穷小亮"账号互动,拉开了全网"求鉴定"风潮。

(注:案例数据均来自抖音平台"无穷小亮的科普日常"账号)

"无穷小亮"账号运营者的网感体现在以下三方面。

第一,抓热点但不盲目跟风。每次只要出现与生物相关的热门视频,"无穷小亮"就一定会快速地结合热点制作视频内容。比如,对于2021年被全国人民关注的云南大象迁徙热点事件,他就迅速做出了反应,并推出相关的科普视频。但与生物研究领域无关的热点,他从来不盲目跟风,这也就培养了相对稳定且具有较强黏性的核心受众群。

第二,稳定的人设输出。除了内容,账号运营者独一无二的人格魅力也是能够快速建立受众信任的方式。"无穷小亮"这个账号从始至终都保持着统一的风格,即直怼、有梗的说话方式加上浓厚的京腔,这些都赋予了账号更鲜明的特点。且账号内容也一直深耕生物科普这个领域,与其他娱乐性账号形成了明显的区隔。

第三,持续密集的互动行为。双向互动是"无穷小亮"能够得到用户喜爱的重要原因。这种互动不仅局限在账号评论区,甚至用户在其他账号下对小亮的呼唤都能得到其回应。有效利用抖音的社交基因,让评论区成为账号的另一个运营阵地,也提升了创作者及其内容的影响力。

（二）洞察力

洞察力有时也被称为对事物发展变化的敏感力和分析力，抑或观察力。每个人对于同样的事物或者精神，都有他的独特洞察。而策划人就是要用自己敏锐的洞察力，去洞察事物背后的东西。察人之所未察，见人之所未见，是对策划人洞察力要求的具体描述。从项目策划的分析、创意，到策略、执行，洞察要贯穿于整个策划过程，这是项目思考逐步深化的体现。

什么是好的洞察力？从策划层面讲，洞察可以分为两类：一类是市场洞察，另一类是传播洞察。前者用来解释项目需求，后者用来解决沟通问题。洞察的目的是确定如何针对特定人群实施有效的传播，但洞察的对象是产品或品牌。因此，一个好的洞察活动，离不开产品或品牌这个起点。深刻的洞察能够在信息的编码和解码过程中，找到最具势能化的传播形式及内容，且好的洞察是以旧有洞见为基础的。洞察是借势，而不是造势，更不是无中生有。要善于将新信息附着在过往的认知上，顺势而为，这才是优质洞察力的体现。

【案例】

"活出你的女子力"：一场由洞察引领的营销狂欢

2018年天猫三八女王节的品牌主张从前一年的"活出你的漂亮"迭代为"活出你的女子力"，并围绕这一主张展开了一场气势宏大的节日营销活动。整个营销活动的阶段性非常明显。预热阶段，淘宝联合第一财经商业数据中心（CBNData）发布了《2018天猫女子力权威发布趋势报告》，报告通过消费大数据的信息反馈得出当代女性"有着更多样的购物类别、更有深度的自我开发与探索类的消费、更愿意为个人身体管理买单、愿意承担更多的家庭与社会责任"的认知变化。数据报告在各类媒体上被疯狂转载，完成了对"女子力"话题的预热。

活动还邀请女性明星作为女子力证言人和倡议人，通过短视频、"病毒传播"式海报等形式将女子力进一步具象化。天猫随即联合了近30个顶级品牌、100多家头部媒体、自媒体以及APP平台，用同一个句式解读了自己心目中的"女子力"，形成了"女子力"声援造句运动。

线下"天猫club女子力上海专场"更是玩出了新零售营销的plus版本，它不仅打破线上线下的界限，且和参与品牌一起实现了分人群、分城市的精准营销。

数据、场景、情怀，一系列女子力爆棚的营销，为女性消费者提供了丰富的节日体验，让天猫三八女王节的井喷式大卖变得水到渠成。售卖首日客单价同比增长38%。

从天猫三八女神节的营销狂欢中，我们能感受到在新媒体时代的营销策划中，话题性是不变的主题。找到可以直击受众痛点、引发受众共鸣的话题，绝非易事。此次营销狂欢之所以能取得成功，正是得益于"女子力"这一主题的提炼。通过这一主题，引发女性群体的关注和广泛讨论，也为各个文化品牌的联动提供了共创品牌价值的空间和机会。联动不仅仅是话题讨论的扩展，更是话题内涵的深化，让话题的社会性和文化性更加充盈，产生了延展性极强的传播效应。

（注：案例引用数据均来自数英网）

（三）故事思维

讲故事是一种信息的传递方式，故事在形式上强调生动性、连贯性、真实性，能引起情感共鸣。由于故事本身的特点，其在信息传递过程中有交互、有场景、有情节，容易引起受众的共鸣,可以让人更好地记忆内容,使之在更快、更广泛传播的基础上与受众进一步形成情感的沟通。虽然策划是理性思维的过程,但新媒体时代注意力的稀缺使得新媒体策划需要用故事思维为项目赋予人性的温度、情感的附加值和符号的记忆点,这样才能让项目拥有更容易被关注、更值得被记忆的策划效果。

那什么是故事思维呢？故事思维,是运用故事元素进行思考和设计,以求解决某种问题、达到特定效果的思维。故事思维在策划中的应用场景主要锁定在两处:对内和对外。

对内,保障项目成员对项目目标的理解和成员之间的沟通。策划需要团队协作,策划人作为团队工作的统筹者,可以运用故事思维将项目需求和目标融合到具体的应用场景和问题场景中,进行故事化描述,帮助不同部门的项目成员更快速地理解项目目标,帮助他们更精确地分析用户的现状和问题。针对用户在现有场景中不能被满足的需求提出解决方案,用更有感染力和说服力的方式描述项目为用户带来的价值。

对外,扩大项目的传播效果和影响。一个好的故事,必定能引发用户的情感共鸣,而情感因素在用户行为决策中发挥着不容忽视的作用和影响。在信息爆炸时代,故事能够简化用户决策的过程。能够引发用户共鸣的项目策划,不仅能让用户自愿成为故事的二次传播者,更能让用户甘愿为情感买单。

在《故事思维》一书中,作者提到了六种可以提升影响力的故事类型。

第一种,告诉别人"我是谁"。通过讲述自己的亲身经历,让信息获取者产生对信源和传播者的信任感。如果自身没有什么经历可以说,也可以从神话、历史或寓言等故事中获取创作故事框架的灵感,再切换创作的角度,寻找到其与自身的联系。

第二种,说明自己为何而来。如果目的是利益性的,直接表明比隐晦遮掩要更具有信任感。当然表述的内容也可以是类似梦想这样充满精神力量的内容,这就需要在表达上有一定的技巧。

第三种,分享愿景故事。人们更喜欢从故事里听到积极的东西。虽然恐惧、焦虑能形成记忆点,但能带给人愿景的故事更受欢迎。

第四种,分享能带给人智慧的故事。通常这类授人以渔的故事都是具有启发性的,能促使人们举一反三,产生更多思考。让人有收获感的故事内容可以让人们形成"这是干货"的感受,也更容易被人重视。

第五种,分享关于行动价值的故事。行动价值就是通过某种实践行为来呈现价值观念。当价值观念以口号、标语的方式出现时,它的意义就过于抽象,容易被人们遗忘。但讲述一个关于行动价值的故事,不仅能影响人们的既定观念,更可能进一步改变人们的行动。

第六种,告诉受众"我知道你们在想什么"的故事。受众对事物的印象和期待都会受到预期图式的影响。想要打破这种预期图式的禁锢,就得学会先站在受众的角度,将这种预期表达出来再打破它。这种故事模式能够让受众在被认同的愉悦中爽快地接受观念的颠覆。

【案例】

锤子手机:故事造就情怀

锤子手机的创始人罗永浩,是一个充满争议的、个性鲜明的"初代网红"。英语培训教师出身的他,自宣称要转行科技领域做手机时,这件事情本身就已经具有了天然的话题性。在锤子手机的整个营销体系中，故事思维一直贯穿始终。以品牌价值的传播为例，我们能够看到故事思维在品牌营销中的应用逻辑。锤子手机凝练出的品牌核心价值为"天生骄傲"，这个slogan的内涵直接对标罗永浩曾经的名句"彪悍的人生不需要解释"，与之相关但又有所不同。为确保能够顺畅实现锤子手机从个人品牌到公司品牌的过渡，品牌策划将抽象的理念层层分解，融合到具体的活动环节中。通过发布海报生产器，让人们写下人生中最骄傲的那个时刻，并自行选择匹配图片，即能制作并发布一张专属的记录骄傲的海报作品。这些或搞笑或悲伤或感人的UGC海报故事，迅速成为网络用户二次传播和发酵的话题内容，在反复被讨论、被转发、被阅读并得到情绪反馈后，"天生骄傲"越来越深刻地被人们所记忆。

三、新媒体项目策划能力的训练方法

从策划行为的阶段性来分析，策划行为的核心是四个关键字，即"想""写""说""做"。本节的前面两个部分已经清晰地阐明了这四个阶段中策划人需要具备的策划能力，那么有效提升策划能力的方法是什么呢？实现途径又当如何？策划人能力的提升是循序渐进的过程，需要持续地训练，如此才能厚积薄发。我们可以在日常训练和专项训练两个场景中，寻找到具体的提升思路。

（一）日常能力提升训练

1. 交流破圈

从"信息茧房""回音壁效应"到"过滤泡"，传播学的研究结果直接指向了一个明晰的现实，那就是由个性化算法推荐、嵌入式编辑等构建的网络过滤器，正在不断为每个人打造个性化的信息空间。互联网用户看似处于信息海洋中，实际上是被囚禁在一座座相对封闭的信息孤岛上。这样的信息接收模式对策划能力提升提出了新的挑战。

新媒体项目策划人需要具有多元化视角，需要接触多样的领域，摄取多种知识，了解社会的多种类型和层面。突破互联网圈层的最有效方法是主动寻求信息。在日常状态下，策划人要主动探索自己不熟悉、不关注、不热爱的领域，与这些领域中的各类人群进行深度交流，实现信息破圈，这样才可以开阔眼界，了解不同领域的知识和思维方式。通过学习新的技能和接触新的领域，策划人还可以培养跨学科的洞察力和创新思维。

2. 精于观察

观察是人主动知觉客观事物的一种活动。它虽然不属于思维范畴，但与思维密切相关。通过观察获得丰富的感性材料，可以形成对事物的初步认识，而这些恰恰是策划这一理性思维工作的前提和基础。观察习惯的培养，观察能力的提升，有赖于日常生活中的点滴积累。日常生活中，我们无时无刻不在与产品、品牌接触，因此，要将观察贯穿于这些过程中。逛街时也好，购物时也罢，甚至在展会参观、生活方式体验中，只要习惯性地观察，都能培养策划的思考力和洞察力。在此基础上，做好细致的观察记录，也是日常提升策划能力的有效途径。无论是手写观察日记，还是使用移动端备忘录，培养碎片化的记录习惯是将灵感转化为思考成果的良好方式。

3. 积累案例

过往经验对策划者来说是具有重要借鉴价值的宝贵财富。这种经验的习得基本是通过两个渠道进行的:其一是借助自身在策划工作中积累的策划经验,其二是在成功的策划案例中汲取先进经验。无论是哪种渠道,积累案例对于每一位策划人来说,都是能有效优化策划思维、提升策划能力的方法。

策划人如何在日常生活中通过积累案例来获得自我提升呢?我们可以从三个层次来进行有效的案例积累训练。第一个层次是看。要了解案例的背景、形式、诉求等全方位的信息,结合项目背后的市场环境和历史发展,深入挖掘案例的背景资料。第二个层次是分析。在全面了解案例情况的基础上,对案例内容、策略、框架、数据分析思路、创意阐述技巧等进行细致的分析,并对经验、模式进行总结。第三个层次是举一反三,是在第二个层次的基础上,进一步展开横向和纵向的思考。横向的思考主要是联系相似案例,比较它们的异同,寻找到此类项目策划的基本规则。纵向的思考是围绕"案例的经验是否具有可复制性""案例经验的适用范畴以及可尝试的突破点在哪里"这两个问题展开思考。

(二)专项能力提升训练

1. 训练追热点,培养网感

网感的培养,并不是频繁地接触互联网、每天阅读和了解热点内容就行了,而是要有针对性地开展追热点训练。具体到实践环节,我们可以尝试以下几种方法。

第一,三步训练法。首先通过信息搜索全面地掌握近期热点内容,其次对热点展开分析,挑选出有二次创作价值的热点,并与自己拟创作的主题相结合,最后将创作内容发布到互联网平台上,并实时观测内容数据,总结成效,分析缺陷。

第二,预测训练法。选择一个互联网平台,每天对此平台的热搜进行排序预估,预估话题的上升峰值、热搜量等数据,这可以有效提升自身对话题传播的敏感性。

2. 为知识找到更多应用场景,提升洞察力

洞察是基于观察而形成的思维力量。洞察和思考是为了应用,没有应用的洞察,只能称为感受。提升洞察力的专项训练有两种主要方式。

第一,知识体系化、逻辑化的处理能力训练。也就是运用类似excel图表或思维导图等工具,设置不同的维度,对具体案例的分析结论或所获取的内容资料进行体系化归类整理。

第二,洞察思维训练,即构思知识的多种应用场景。当接触到一个新知识的时候,一般人会思考"过去的哪些现象可以用这个新知识来解释",但洞察力培养的思维路径则是要思考"我的哪些行为可以被这个知识改进"。

3. 训练故事思维

故事思维专项训练是将故事框架融入写作训练中。故事框架包含人物、场景、情节、故事逻辑以及关键情节设置等元素。故事写作训练可以按照由此及彼、由近及远的原则来进行。先写自己的故事,再写身边的人和事,最后通过构建较为陌生的生活场景,结合资料收集和体验等方式形成故事。

第九章

新媒体项目策划流程

在新媒体项目策划的实操阶段,如何寻找一个合适的策划项目?接到项目需求后又应该从哪里着手启动?应该遵循怎样的节奏和框架?如何确保策划工作有条不紊地开展?需要做好和注意哪些重要的事情?以上是项目策划的每个阶段都会遇到的问题。本章将围绕这些问题,结合具体实操案例,一一作出解答。

值得注意的是,当我们把新媒体项目策划放置到专业教育和课程设计中来思考的时候,策划的实践形式、内容以及流程安排,都需要与教学的规律、目标相结合,这也就决定了策划流程中需要解决的问题与实际市场项目策划中遇到的问题必然存在一些差别。这也是本章在诠释和解答项目策划流程所涉及的诸多问题时的主要立场和视角。

第一节 策划项目的遴选和沟通

遴选策划项目的根本原则,是根据专业定位和人才培养方向来选择具有代表性、具有实际应用价值的项目。全国各大高校的网络与新媒体专业在学科定位和人才培养方向上虽然会有所区别,但也存在着一定的共性特征,即新媒体专业培养的是应用型、实践型人才,基本的培养理念是以行业人才需求为导向,培养能快速适应新媒体发展、熟悉新媒体平台传播特点、熟练掌握新媒体技术和传播规律并能加以综合应用的网络与新媒体专业人才。因此,项目遴选要适配人才培养理念,体现人才培养方向。

一、选择项目主体

项目遴选首先要解决的问题是与谁合作,也就是确定项目主体。项目主体是项目策划的服务对象,在实验教学中,选择的主体是否合适,对项目策划能否实现良好教学效果有着至关重要的影响。选择合适的项目主体,可以从以下几个方向来思考。

(一)保证主体领域的多元化

对于一家策划公司来说,在市场竞争环境日益激烈的当下,可以专注和深耕某一领域,形成自己的核心竞争力,与其他同行进行差异化竞争。但对于新媒体策划实践来说,则需要保证项目主体的多元化。

遴选不同领域的主体,能够提供接触不同行业、不同市场、不同产品或品牌的机会。项目策划的市场分析、产品分析环节,能促使参与策划人深入了解业态发展,分析行业趋势,熟悉品牌圈层。接触不同领域的主体,对于处于学习阶段的策划人而言,无疑是积累品牌认知、社会认知和行业认知的绝好机会。

项目主体的多元化,既能够确保项目策划在策划类型、内容和需求等方面的多元化,又能够全方位地考察策划人的技术水平和知识应用能力。在多元化主体的项目策划实践中形成的人才质量评价数据也更翔实、科学,这些评价数据对后续人才培养计划的改革和完善有着不容忽视的作用。

(二)主体合作意愿强烈

项目策划需要良好的沟通。但作为实战教学引入的策划项目,双方的身份关系并不是真正建立在经济意义上的甲方乙方。由于缺乏经济合作的协议约束,双方的合作意愿就成了项目运行顺畅的基础保障。具有强烈合作意愿的主体,也更愿意投入更多精力到项目运行中,愿意为项目提供更多协助和建议,让项目具有真正的"实战"意义。

大量的教学实践证明,比起新媒体策划运营类的专业公司,产品生产方、品牌企业更愿意拿出有真实需求的项目,寻求与专业教学的合作。究其原因,无非有两个方面:其一,新媒体策划公司的项目往往是营利性的,而教学实战无法保证高质量的项目成果的持续输出,因此公司方需要承担较大的经济风险和声誉影响。其二,对于生产型企业或品牌企业来说,品牌营销是企业常态化工作,但也需要创新和突破。将品牌的创新需求作为实验性项目与专业教学合作,既无须付出高昂的经济费用,又有一定概率可以得到新颖的创意思路,同时还可以针对性地在年轻群体中传播品牌理念和价值。因此,项目策划实战合作的主体中,品牌方或产品生产企业的合作意愿会更强烈。

(三)区域经济体优先

情境化教学是提高教学效果的有效手段。在项目策划的实验教学中,教师可以通过搭建一个完整、真实的需求场景,促使参与者产生主动学习的需要,并通过学习共同体中成员间的互动、交流,体验从识别目标到实现目标的全过程。因此,教学场景的搭建是项目策划实验能顺利达成目标的基础。

由于地缘性的特点,选择与区域经济体进行项目合作,可以有效降低合作沟通成本,从而确保更多元化、更具现实意义、更生动的沟通情境,也让项目策划实验教学情境更接近真实的策划环境和氛围。同时,区域经济体的项目需求往往也具有区域性特点,更适合实验教学环境,也能够让项目策划的合作不仅局限于创意和提案环节,还可以进入执行环节,以便形成项目策划流程的闭环,以此形成的项目评价更合理、更科学。

二、协商项目目标

策划目标是项目策划所有流程的决定因素,也是项目策划行为之所以产生的根本原因。任何一份策划案,都是基于解决某个问题或产生某种作用而存在的。所以,项目策划行为正式发生之前,策划团队需要与需求方进行多次、反复的沟通。只有这样才能清楚地了解此次策划的目的是什么,要解决的问题是什么,要实现的效果为何。

在项目策划实验中,协商项目目标大概需要经历三个阶段。

第一阶段:对接需求。这是协商的初期阶段,合作双方在确定合作方向和内容之初,要清楚自己的目标,并在协商过程中将需求目标清晰而充分地表达出来,从而协商出一个具有可行性的目标。这将确保所有参与者在协商过程中形成共同目标,达成更好的合作共识。

第二阶段:输出需求。在达成共同认可的目标后,策划需求方需要给出具体的需求描述文件,也就是俗称的工作需求简报。工作需求简报的工作也可经由双方沟通后由策划方协助梳理,其内容需要根据项目需求来确定。以品牌策划需求为例,工作需求简报主要包含:品牌介绍(含有品牌历史、品牌故事、品牌理念、企业情况介绍等内容)、产品介绍(含有产品信息、优势、核心卖点等内容)、内容创作要求(含有目标人群描述、内容形式、创作方向、关键词埋词等内容)、发布要求(含有发布时间、内容展现、转化路径等内容)。一个清晰的工作需求简报有助于在项目开始前拉齐所有人的认知。明确目标、了解营销诉求、产出符合要求的创意内容,能让提案和后续沟通更有效。

第三阶段:分解需求。工作需求简报给出的目标往往是项目总目标。在形成方案之前还需要对需求进行分解。分解需求的路径有很多种,比较常用的有按照用户使用场景来分解需求,按照用户与媒介的接触点分布来分解需求,按照产品类型分解需求,按照业务规则分解需求。可以进一步与需求方进行路径沟通与协商,使之更明确需求细化的方向,便于后续策略方案的讨论和形成。

三、明确项目分工

明确项目分工有两个维度。

维度一,按照项目时间线来分工。这种分工方式主要是按照策划流程来设定的,依据每个策划阶段的时间节点,形成项目的时间表,并将策划团队人员分配到每个时间节点的流程中,再对应安排具体的工作任务。

维度二,按照工作内容来分工。一个完整的策划团队,大体由策划、技术、执行三个部分的职能岗位构成。策划是团队总负责,一般由经验较为丰富、能力比较全面的人来担任;技术主要负责策划方案中技术制作层面的任务;执行主要负责策划内容的落地和实施。

第二节 项目资料的收集、整理与分析

经过前期的沟通和协商,明确项目方向和目标之后,接下来策划人可以通过收集、整理和分析资料,为后续的项目策划方案提供分析支持。由于这个阶段的工作内容、项目内容和需求紧密相关,因此下面着重介绍在项目资料收集、整理与分析的工作流程中可以使用的方法、技巧和工具等。

一、项目资料收集

为项目策划收集资料,最重要的是先明确项目策划需要哪些资料。以品牌策划方案为例,通常所需要收集的资料包括:市场环境和趋势、政策方向和措施、社会文化背景、品牌和产品介绍、竞争对手的品牌和产品、竞争对手的市场运作、消费者的属性和行为以及消费者对品牌的认知等。

(一)项目资料收集思路

用问题导向的方式来形成项目资料收集思路,是行之有效的方法。也就是在明确资料收集的几个大方向的基础上,提出具体的问题,以寻找问题答案的方式有针对性地收集资料和数据。

以产品策划的资料收集为例,我们可以建立的问题体系,如表9-1所示。

表9-1 资料收集的问题体系

资料收集类别	问题举例
产品	它是什么?为什么目的而设计制造的?与同类产品相比有什么优异之处?怎样使用才能比其他竞争产品的效果更佳?
竞争产品	在市场上与本产品竞争的产品是什么?对方是怎样设计制造的?是否比本产品更好?差别程度如何?为什么会这样?竞争产品的销售主题是什么?它的营销玩法是什么?
消费者	谁是产品现有及潜在的消费者?为什么要购买本产品?在哪里购买?本产品能满足什么需求?这种需求是物质上的还是精神上的?
市场	产品所处的市场环境是怎样的?未来的发展趋势如何?是否得到国家政策支持或符合国家发展方针及路线?国家及地区关于产品所在行业的支持力度如何?

(二)项目资料收集渠道

在新媒体时代,项目资料的收集渠道十分丰富。以下介绍几种常用的渠道。

(1)搜索引擎。搜索引擎是获取信息最快捷有效的途径之一。除了百度、搜狗这类搜索引擎产品外,各种社交媒体平台目前也广泛引用搜索引擎技术,比如微信、微博。善用平台的搜索引擎技术,结合精确的关键词,通常能够快速找到所需资料。

(2)数据报告。策划项目的分析环节需要大量报告和数据。1991T、艾瑞网、Useit 订阅中心、发现报告、CBNdata、企鹅智库、易观智库、阿里研究所等网站能够提供相关数据报告。

(3)公众号。行业权威机构的公众号是有内容深度的自媒体账号,通过这些账号可以了解到各领域最新、最全面的行业资讯,也可以获取一些独家的行业解析和深度报道资料。比如梅花网、TOPYS、网络广告人社区、广告门等可以提供大量营销案例。

(4)品牌自媒体账号矩阵及电商平台。通过项目需求方搭建的自媒体账号矩阵中的信息内容,可以快速了解品牌发展历史、品牌传播更迭以及品牌理念表达等细节内容。通过品牌的电商平台和线上门店,如在淘宝、京东等电商平台开设的旗舰店,或微信平台上开设的小程序商城等,可以收集到消费者对产品或品牌详细真实的反馈数据。

（5）在线问卷调查。使用金数据、问卷星、麦客CRM、Google Forms、调研家、问卷网等在线问卷调查工具,可以快速实现问卷创建、发布、管理、收集及分析,让项目策划的分析数据更全面、细致。但要注意区分不同的问卷调查工具的使用特性,及其针对的用户群体,它们在应用范畴上有一定区别。

二、项目资料整理

项目资料的整理表现为两个动作：数据汇总与数据分类。

（1）数据汇总。新媒体时代,数据汇总可以通过共享协同工具来实现。使用Worktile、飞书等协同管理平台,能够集纳项目表单、字段、数据报表等各类资料。

（2）数据分类。数据分类可以借助excel软件,通过图表设置分类依据和维度,进行有效的数据整理。

三、项目资料分析

收集好数据和文本内容两类资料后,项目策划的资料分析可以用以下方法开展。

（1）数据的可视化分析。数据可视化能够比较直观地呈现数据状态和数据趋势,也是形象信息传播时代典型的数据表现方法。常用的数据可视化软件是tableau、PowerBI、FineBI等。

（2）内容分析方法。内容分析需要在资料收集和整理的基础上,根据需要分析的各个维度,对所掌握的资料进行整合,提炼观点,得到结论。

虽然整理收集资料是一件比较枯燥的事情,消化分析资料更是一项繁重的工作,但对项目策划而言,这是不可或缺的重要一环。资料的收集、整理和分析能够让策划人快速掌握市场的情况,如企业在行业处于怎样的位置、市场竞争力如何,同时还能听到来自用户的真实声音和需求。策划人要熟练运用各种收集、整理和分析资料的方法和工具,在调查研究阶段,发现有价值的线索、策划的大方向,找到策划的关键点,为策划项目后续的策略输出提供充分的弹药支持。

第三节　策划项目的策略输出

策略是策划项目的主体和核心。经过对项目目标的沟通和理解,并耗时费力地开展项目资料的收集、整理和分析,形成充分的调查研究结论后,就可以进入策划项目流程的核心阶段——策略输出。这个阶段将形成项目策划的核心创意点,也就是通常所说的"core idea"或者"big idea"。然后围绕核心创意点,提出主体策略,即传达核心创意、提出策划目标解决方案,进而细化流程并形成执行方案。

一、提炼核心创意

"big idea"起源于20世纪50年代的广告创意革命,其领军人物有大名鼎鼎的伯恩巴克、奥格威和李奥贝纳。核心创意是项目策划的中心,是用以联结项目策划的分析、策略、执行三大板块的关键。传统策划的核心创意,需要贴合企业发展战略或品牌传播战略,要能用简洁的话语抛出值得记忆的闪光点,要有一定的传播价值,符合媒介的信息传播特征。而与传统的创意提炼思路不同的是,在新媒体时代,一个好的核心创意应该具有延展性,创意的延展主要有两个方向。

一个方向是向下游延展:创意结合销售形态。电商直播、明星卖货、用户分享会倒逼品牌做出改变,使得创意的平台属性越来越强。在这个强调"品效合一"的时代做项目策划,其核心创意要能与销售和转化挂钩,与用户反馈挂钩,要能够结合平台数据、电商资源促进品效转化。

另一个方向是向上游渗透:传播影响创意生产。创意的提炼不能脱离传播,在创意生产阶段就要考虑到传播的问题,也就是"传播前置"。新媒体时代,项目策划核心创意的提炼,不仅要站在自媒体传播的角度来思考,而且还要配合传播物料的需要和落地渠道的属性特征来优化。

提炼核心创意,是为后续策划中问题的解决方案提供一个核心思路。而这个思路离不开对项目核心问题的把握和思考。项目核心问题通常可以从以下几个角度来思考。

① 是否顺应行业市场大环境和主流社会文化。
② 品牌传递的理念、产品满足的价值是否在正确的方向上。
③ 与竞争对手相比,企业是否具备绝对优势或独特性。
④ 目标消费者的定义是否准确,还有哪些潜在的消费群体。

对以上问题的思考,要结合调研部分的数据和资料,以项目需求为导向,从中挖掘出数个碎片化的关键信息。再对碎片化信息加以整合,形成最终的核心创意主题。

二、讨论解决方案

主体创意形成后,可以使用一些成熟的方法论来思考解决方案。这些方法论包括但不限于"360品牌管理论""全程品牌管理(total branding)""humankind创意理念""跨媒体沟通策略"以及互联网时代流行的增长黑客、流量池、长尾理论、大数据精准营销理论等。

掌握多种方法论,并学会将这些方法论融会贯通、搭配使用,能更高效地找到对应的解决方案。此外,新媒体发展趋势下不断涌现的商业策略和不断创新的新玩法,也是值得关注和考虑的方法论要素。

常见的营销策略如下:口碑营销策略、事件营销策略、饥饿营销策略、体验营销策略、植入营销策略、情感营销策略、比附营销策略、会员营销策略、终端包装营销策略、恐吓营销策略等。受到新媒体技术发展和媒介生态变迁的影响,营销策略的具体玩法也在不断创新。有些是上述常见营销策略与新媒体技术相结合的新形式,比如结合AR、VR互动技术打造新型体验的营销方式,其将用户的体验维度从"五感"中的一个维度提升到两个,甚至还有多个维度的融合式全方位体验。有些则是顺应媒介生态变化探索出的新的营销策略,目前发展得比较成熟且应用范围比较广泛的有社群营销、私域营销、裂变营销、直播营销等,且每一种营销策略又在具体应用和执行的过程中衍生出多种不同的玩法。

三、细化执行流程

有了核心创意,找到了创意落地的策略和解决方法,接下来就需要细化出具体的执行方案和节奏。一份完整的营销策划的执行方案通常涵盖以下几个板块。

(一)创意物料

创意物料分为线上及线下物料,主要以媒介信息发布形态作为区分标准。

图文类物料包括标题、推文、主KV、海报等。

视频类物料包括TVC、短视频、微电影、活动demo等。

线上物料包括H5、小程序、互动游戏等。

(二)活动形式

策划人要按照营销策略和传播策略,选择和设定活动内容,开展项目宣传。近年来,项目策划活动形式的选择偏向于既能反映品牌属性,又有传播价值的活动类型,比如限时体验、快闪、品牌联名、发布文创周边等。

【案例】

懂营销的品牌都爱快闪店

据不完全统计,仅2023年上半年就有超过100个品牌开设了快闪店。不仅是服装、餐饮、美妆等适合快闪的品牌,还有像泡泡玛特、元气森林、钟薛高等新消费品牌也是重要的参与者。甚至像小红书、知乎、淘宝等平台型企业,都对快闪店青睐有加。在小红书里搜索"快闪"关键词,就有超过70万的相关笔记。毫无疑问,快闪店已经逐渐成为品牌营销的"标配"。

"快闪店"其实是舶来品,英文表述为pop-up store,而pop up在英文里有"闪现、突然出现"的意思。"快闪店"是一种临时搭建的铺位,是不会在同一地点久留的品牌游记店。品牌营销目标的不同,快闪店的设置目的和具体表现也各有千秋。有的通过搭建好看、好玩的体验场景,吸引年轻群体以传达品牌理念。比如梦龙在上海开设的品牌快闪店,可以让消费者在缤纷绚丽的梦幻场景里DIY一款专属的梦龙雪糕。有的利用快闪店的低成本优势快速铺设大量试用快闪店以提升产品销量。比如戴森的快闪店计划,已覆盖了全国90座城市,搭建起约800家戴森试用快闪店网络。有的则是为了实现品牌转型或推广新品,用快闪店进行市场试水。比如雀巢在北京开的名为"感CAFE"的咖啡快闪店,进行了建立旗下高端咖啡品牌的尝试,同时为即将进入市场的产品或品牌打造声势。

(注:案例引用数据均来自小红书平台)

这些活动形式新颖活泼、内容创意性强,且深度契合年轻消费群体"打卡""展示"的网络社交心理,因而无论是线下活动的互动参与程度,还是线上话题的传播热度,都取得了不俗的成效。

(三）媒介投放计划

制定媒介投放计划首先要进行媒介渠道铺设。传统媒介渠道有广播、电视、杂志、户外、灯箱、电梯、交通等；线上媒介渠道包括各类网站、APP、程序化DSP、智能电视和电视剧综艺植入板块等数字化媒体平台。除此之外，一些新的投放渠道也正在浮出水面，比如电子菜单、二维码、微信群、生活类展示屏等。这些新渠道与用户生活场景深度嵌合，因而逐渐被一些品牌关注，成为媒介渠道的新起之秀。

其次是投放策略选择。因为媒介投放费用是项目预算中最大的支出，所以投放策略的选择就显得尤为重要。一般情况下会秉承以下三个原则。

第一，转化率原则。这个世界没有所谓以纯曝光为目的的媒介投放，在选择投放媒体时，既要了解品牌对应的消费者可能活跃在哪种媒体平台上，也要熟悉各种媒体的属性，这样才能精准地实现投放效果的最大转化。以信息流为例，在每次投放的时候都有一系列的关键词可供选择，比如性别、年轻、城市、手机类型、兴趣爱好等。但即便是这样精确的筛选，最终收到投放信息的也不一定是目标客户。

第二，打通单一渠道。做单一媒介饱和式投放，会形成规模效应，比如包下地铁的一个站、一辆列车、全城的公交站牌、目标城市高铁站的所有灯箱、全城分众的电梯框架等。针对一种媒介形式或渠道，制定短周期全覆盖的投放方案，是一种性价比极高的投放方式。这种集中爆发式的宣传对消费者的影响，是在同样预算下分散投放无法比拟的。

第三，构建接触穹顶，也就是接触点投放。做投放策略的人一定要知道用户是谁，在哪里，生活场景主要是哪些地方，以及日常的媒介接触行为会发生在哪些平台、什么时间。按照用户的生活和行为逻辑，可以组合出一套接触点投放策略，让信息出现在用户所有可能接触的时间点和空间点上，给用户营造出一种被信息包围、刷屏的错觉。

（四）公关管理

公关管理包含两个层面的内容：其一是社会平台自媒体日常运营和用户的日常维护沟通；其二是PR公关宣传，常见的有线上线下发布会、事件营销、KOL造势、PR宣传稿、CRM管理和舆情监控维护等。

第四节 项目提案准备及注意事项

关于提案，业界在不同层面的诠释有很多，诸如：提案是销售的一个概念、一个点子、一个创意或一个计划的过程；提案是一种合理的、有效的说服工作；提案是一次非凡的团队合作；提案是服务过程的临门一脚，等等。如果从商业应用的角度来定义项目提案，那么提案主要是指是策划公司或团队针对项目客户的需求所制定的相关项目企划、构想、调查结果等报告，并以某种具体的方式准确生动地向客户进行提交与说明，以求赢得客户的赞赏与支持。提案的本质是一种与客户沟通的渠道。策划团队通过提案向客户展现对项目的构思和创意，并力图说服客户采纳其建议的执行过程与方法；客户通过听取提案来判断策划方案是否符合项目要求,项目策略能否有效达成项目目标,项目团队是否具有落地执行的能力。因此,提案是项目策划合作意向最终达成的关键一环。

对于策划团队,提案是绕不开的重要环节,更是向客户全面展现团队实力的表现舞台。本节将主要围绕如何准备提案、提案技巧以及提案的注意事项三方面来展开。

一、提案准备

提案准备涉及三个层面:一是文本,二是表达,三是资料和人员。

(一)文本准备

提案的文本准备是指提案的制作。为何用制作这个词来描述提案的文本准备呢?这是因为如今的提案内容不仅仅是由文字构成的,而是融合了文字、图表、声音、视频等多媒体表现形态。

(1)数据展示准备。丰富的数据和图表,能够体现出提案文本准备的充分程度和调研的认真程度。但方案中使用的数据应该更具展示性,使用可视化的方式呈现数据能让枯燥的数据更有趣味性,也更容易被客户理解和记忆。

(2)文案准备。文字在方案中也应该具有视觉化效果,比如创意的表达不宜过长,应该是一个具体的动作、一句行为或状态的描述。从创意到策略的推导过程,也应该以故事化的方式来呈现,具有一定的感染力。策略描述要精准而有力,与核心创意环环相扣。

(3)图片及视频准备。从信息演绎效率来看,图片显然是高于文字的,所以配图很重要。好的图片,是有情绪渲染力的。为文字内容选择适配的图片,能够更好地传达创意的符号意义,也能够直观地表现符号的应用效果。一张具有美感且有信息量的图片,加上精确的关键词,能够有效放大信息,产生视觉压力。如果是视频类的项目需求,则需要在方案中放置能符合创意描述的画面、构图,甚至可以提前为项目制作简单的demo,为方案加分。

以下以一个案例来比较信息的呈现方式(见图9-1)。

【案例】信息呈现方式对比

洞察
Part2

2020年生鲜电商消费投诉问题　　　2021年不愿推荐给他人的三大原因

速度慢　　　　　　　　　配送速度慢
包装差　　　　　　　　　配送员服务
不新鲜　　　　　　　　　配送安全性

图9-1　信息呈现方式对比图

(图片引用自数英网:https://www.digitaling.com/)

消费者洞察

"快"是目前生鲜电商消费者的主要诉求,是影响客户满意度以及口碑传播的关键问题

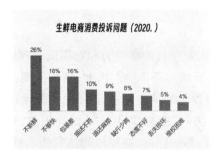

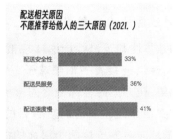

信息来源:艾瑞咨询生鲜电商研究分析

续图 9-1

图 9-1 左右两页 ppt 都是在呈现同一个问题,即项目分析内容中的消费者洞察,左边页面通过文字表达,右边页面采用总分的排版方式,先用一句话简要地概括洞察结论,再用柱状图和框线将辅助结论的数据直观地呈现出来。比较之下,右边的表达方式给人更权威的感觉,也更有说服力。

(二)表达准备

提案的表达准备就是提案预演。在提案之前,需要在公司内部对方案进行预演。预演的目的有两个。其一是找出方案中较为明显的问题,比如是否存在结构逻辑问题、提案表达的思路是否清晰顺畅、创意推导是否合理、方案的视觉效果如何、哪些地方需要做出修改和调整等。其二是通过预测客户可能会问到的问题,找到应对之法。提案的提问环节是最不可控的因素。因此提前预设一些客户提问,并形成应对思路,可以确保提案应答的流畅性,同时也能够帮助策划团队达成思路上的统一,在提案过程中不会出现各说各话的现象,导致客户质疑团队的专业性。提案预演时也可以在公司找一个和此案无关的人模拟客户方,从旁观者的角度更容易看到方案可能存在的问题。

(三)资料和人员准备

提案是策划团队向客户展示自我、增强客户与团队合作信心的绝佳机会,因此提案的前期准备中,除了方案之外,还可以准备一些介绍团队资质、展现团队优势的资料,以便在提案前提交给客户,让客户深入了解团队之前做过怎样的案例、团队实力如何,帮助传达团队专业化、个性化的形象。此外,名片也是提案必备的资料,在提案前可以主动与客户交换名片,活跃提案现场气氛。

提案人员也要提前安排。提案人员至少包含现场演讲的讲案人、具体操刀的写案人和项目执行人,且需要让他们准备好自己所属领域的提案应答内容。项目策划涉及诸多的业务部门,如果在提案过程中,策划团队全程只有一个人全程发言,容易让客户觉得团队分工不清晰、不专业,因此需要提前布局,讲案人主要负责发言,其他人配合回应客户问题。

二、提案技巧

进入讲方案这个阶段,提案更像是一场面向特定受众的演讲。因此,这个阶段的提案技巧,可以从演讲中得到一些启发。

(一)寻找合适的方案逻辑

方案的整体性和逻辑性能够体现策划人对项目的掌控力和对需求的理解力。逻辑在方案中就是一根线,连接着一颗颗珠子,从而形成一条项链。因此,策划人要搭建一个符合逻辑的方案框架,让方案的各部分之间形成有逻辑的承接关系,而不是突兀地连接在一起。

搭建方案内部逻辑,可以遵循"目的—关联"思路,即从大的活动创意,到每一个执行动作,都要清晰地向对方传达两个层面的内容:第一层面,这样做能达到什么目的,对于整个目标达成有什么用;第二层面,这样做能传达品牌的什么主张或者产品的什么卖点。

搭建方案的外部逻辑,一般会尝试使用创意思维,也就是先抛出对客户有吸引力和冲击力的创意点,再运用传播内容、活动策划将创意进一步具象化,并进行创意效果的预测,以此赢得客户对创意和实施计划的认可。

但创意思维并不是都行之有效,也并不是每一个项目策划都能凝练出有冲击力和震撼力的创意点。如果创意思维不奏效,另一种思维逻辑就可以拿来作为突破口,那就是生意思维。生意思维是站在客户立场上,配合客户"低投入、高盈利"的心态,让策划的创意和执行都围绕着预算控制展开。生意思维胜在替客户着想,用应用性极强的逻辑架构实现劝服,让客户产生"可以试一试"的想法。

(二)设计一个好的开场白

在写作圈有一个说法:作者必须在前1000个字的阅读时间内,抓住读者的注意力。不然的话,读者就可能直接转向另一个作品了。同样,在提案时,讲案者必须在一开始就抓住客户的注意和兴趣。以下提供两种具有参考价值的思路。

(1)先抑后扬。也就是提案以客户的负面信息和不足之处开场,然后再将话题转向,告诉他这个负面信息或不足之处其实不足为虑,因为它们是可以被解决的,同时"你还是有可取之处",这是一个极大的优势。而运用这种思路需要注意的,就是如何把握度的问题。这就要关注两点:其一,客户的负面信息和不足之处是产品在市场上形成的较为普遍的评价,且这种评价也是客户有所耳闻甚至知之甚深的;其二,能够给出恰到好处的解决方案。

(2)打破常规。通常来说,当我们接到一个需求的时候,客户会一并提供明确的产品。他会主观地认为你的提案肯定一上来就是行业分析、品类分析以及产品分析。但你可以打破他的这个常识,选择用另一件事物来开场。比如基于电钻的提案就可以不从电钻产品本身切入,而是选择从墙上的孔进行开场。用这种方法调动客户的倾听兴趣,然后再将他拉进事先定下的方案基调中,可以实现良好的传播效果。

(三)掌控节奏

善于提案的人,都有自己的风格和节奏:有的慷慨激昂,有的娓娓道来;有的逻辑缜密、无懈可击,有的谈笑风生、妙语频出;有的朴实无华但无比真诚。提案的节奏由语气、情绪和场景三个层面构成。

1. 语气节奏

提案时,语言的轻重缓急、高低起伏是一定要有的,这跟人的整个记忆方式有关系。我们会发现,有韵律感的语言可以加强记忆感。说话时语调的高低可以左右听者的情绪变动,永远维持在一个调性上的语言表达则会起到催眠的效果。想要提起客户的兴趣,就要将语调变成一首"曲子",要有铺垫、高潮、结尾等。

2. 情绪节奏

提案的内容是感性与理性两种情绪交融的结果。在提案时,不同部分的内容讲述应该匹配不同的情绪表达方式。比如,提案中创意的阐述需要融入更多感性表达技巧,要缓慢且具有感染力,而市场分析、产品调研数据的讲解部分则需要用更冷静的、理性的表达方式,清晰准确地传达。

3. 场景节奏

提案场景是大家经常忽略的因素。不同的提案场景,需要使用不同的提案节奏。

小型会谈是最常见的提案环境。这是一种比较轻松随意的场景,听提案的人也拥有很强的交流欲望。因此这种场景中的提案需要将更多的时间让渡给提案问答环节,借案子多跟客户交流,了解客户真正关心的内容,并通过交流挖掘客户的需求。

线上提案则是新媒体时代经常会遇到的提案场景。线上会议与面对面交流,虽然在形式上似乎并无太大差别,但要注意的是,隔着屏幕的交流为情绪传达制造了较大的困难。共情式的表达在这个过程中很难见效,因此在整体节奏的掌控中要将重点放置在项目问题的解决上。

(四)抓核心和亮点

客户通常都会限定提案时长,限定时间与方案类型和内容有关,但总体而言,提案的表达会被限制在一个相对固定的时间区域内。因而提案的一个很重要的技巧,是抓住核心,在有限的时间里将亮点最大化地呈现和表达出来。

做到这一点,需要遵循两个原则。

其一,讲方案之前,要清楚方案的亮点所在。这个亮点可以是策略、创意,也可以是媒介、执行。找到赢点,讲重点,让客户记住该记住的。

其二,讲述过程中要直接切入核心和亮点,吸引对方眼球,让对方有兴趣继续听下去,进而为创意买单。可提可不提的,尽量不提,把时间和注意力留给最重要的部分。

三、提案的注意事项

对缺乏经验的提案人来说,提案的坑随处可见,随时可能踩到。为了提升提案的成功率,提案人在提案的每个阶段都需要保持认真、警醒的态度。

(一)提案准备阶段的注意事项

(1)在做提案方案调研时,要深入了解项目客户的情况。不仅要了解企业的基本情况,更要去了解创始人的风格、话事人的风格,要明白一个公司的风格一定是跟着创始人的风格走的。同时,还需要了解客户所在的行业,包括这个行业的趋势、客户、品牌、产品等。

(2)提案前与客户沟通提案场景,了解参与人员,比如以什么方式开展提案,提案时长为多少,可能参与提案的人员涉及哪些部门,主要话事人是谁等。

(3)写下客户可能问到的问题,并准备答案,不要规避敏感问题,比如成本、服务、案例、行业风评等。

(4)准备好提案要用的设备和资料。设备方面,可以准备两台电量充足的移动终端、投影转接头、激光笔等;资料方面,可以备份两份以上方案、充足份数的打印稿等。尽量减少提案过程中因设备无法正常使用或方案无法顺畅呈现而导致提案中断,影响提案进程。

(二)方案制作阶段的注意事项

1. 不要轻易对客户"上层建筑"指手画脚,要聚焦策划专业领域

有些项目策划,喜欢在前期铺垫时对行业经营现状、品牌商业策略、生意经营模式等内容高谈阔论。自我感觉良好的分析,可能在客户看来就是"半吊子"的小儿科。毕竟客户才是在这个行业中深耕且深谙商业之道的专家,策划人对客户"上层建筑"的指手画脚,通常容易贻笑大方。因此策划要更聚焦于讨论自己擅长的话题,比如在既定的商业目标下,营销端该如何配合、传播端该如何承接营销目标、消费者触点怎么管理等,充分展现自己的专业性。

2. 方案制作要贴合客户的信息接收习惯和记忆习惯

首先,"目录"是必要的。目录就是典型的金字塔逻辑,让客户知道你整个方案的框架。当然也有例外,如故事型的创意性提案。这类提案以故事导入创意思路,使用的是线性逻辑,就不适宜使用目录了。

其次,PPT单页的信息不宜过多。纵观成功的品牌发布会和演讲所使用的PPT,有一个共同点,那就是每一页PPT的文字只呈现一个观点,其余的空间留给图片、数据、图表等证明观点的支撑材料。

再次,方案要适当美化。人是视觉动物,客户也一样。一份符合视觉审美的PPT,应该有着赏心悦目的色彩搭配、清晰合理的页面布局、符合提案风格调性的字体、统一和谐的视觉系统。值得一提的是,如果客户特别提供了视觉材料,比如字体或颜色体系,记得一定要在PPT中使用。

最后,方案呈现要精简,去除多余的动效和花哨设计。很多PPT设计教程里都会教授制作酷炫动效的方法,部分策划在美化方案时,也希望自己的PPT能够惊艳四座,甚至恨不得做出视频特效的效果。然而实际情况是,复杂的动效会延长展示时间,在播放的时候也容易出现卡壳。一旦讲述过程中需要回翻某页,则更会干扰视听,影响关键信息传达。

3. 不要忽略细节对方案的影响

什么细节会影响方案质量和客户对方案的直观印象呢?策划方案错别字频出、页码有错误、格式不规范,这些都是方案的细节纰漏。因此,在确定方案终稿之前,一定要反复审稿,页码、角标、对齐格式、文字等都要进行校对。

(三)讲案过程中的注意事项

1. 提案成员形象要整洁大方

如果说创意人员激情四溢、形象不羁可以理解,但如果提案人在正式提案场合依然不修边幅,那就实属不应当了。提案虽然不是选美,但保持自身形象整洁大方,是对别人起码的尊重。穿着得体,形象干净清爽,给人舒服的感觉即可。

2. 提案人态度要真诚,不卑不亢

正如那句网络流行语所说,真诚是最大的必杀技。和客户交流、回答问题时,若被问到尚未解决的问题时,不要草率作答,坦诚相待才是双方共同解决问题的方式。诚实地向客户表示准备不够充分,真诚地向客户坦白"因时间较短还未考虑到,需要和团队讨论后再作答复",千万别不懂装懂、瞎编乱造。

此外,提案是正式商务合作的流程之一,言语客气是尊重彼此的表现,但千万别低声下气。你若自降身份,客户也会瞧不上你。把提案当成一次聊天,不卑不亢、真诚,就是最好的态度。

3. 提案要有眼神交流

提案是一场和客户的对话,需要双向沟通。通常我们与人说话的时候,需要用眼神来获取反馈,形成沟通交流,提案更是如此。因此,在讲案过程中,要少看屏幕多看人。作为提案人员,应该把PPT的核心逻辑和重点记在心里,要自己讲,而不是对着屏幕念。如果有需要突出的部分,可以着重朗读一下。但提案人如果全程念文稿内容,只会让客户认为要么是对方案不熟悉,没有做好充足准备,缺乏对项目的重视,要么是对方案不够自信。无论是哪一种认知,都会影响方案的通过率。

4. 认真记录提案反馈

在提案的过程中,提案团队一定要有人做会议纪要,同时观察客户团队的每个成员对于方案的反馈。在提案过程中尽可能详细地收集客户对提案的各种反馈声音和意见,以便于提案结束后更好地回应客户意见,将意见传达给策划团队并督促方案修改完善。

如果客户允许的话,也可以在提案时全程录音。提案结束后反复听自己的讲述内容和问答情况,检索讲述中出现的口头语问题、语音语调问题、节奏问题等。通过复盘提案过程,反复揣摩问题,能够快速改善自己的提案技巧,提升提案能力。

第十章

新媒体项目策划方案

第一节　新媒体项目策划方案设计思路

一、新媒体项目策划方案的构成要素

在新媒体时代,项目策划是项目开启、推进、营销的关键步骤。本节将介绍在新媒体营销项目中撰写设计方案的基本要素,以便策划人全面理解和掌握。

(1)项目概述和背景。在项目策划方案中,首先需要对项目进行简要的概述,包括项目的背景、动机和重要性。尤其应该描述项目的起因和目的,选择这个项目的原因,以及该项目对于企业或组织的意义。概述部分的目标是让读者对项目有一个整体的了解,为后续内容打下基础。

(2)目标和预期成果。项目的具体目标和可衡量的预期成果是项目策划方案的关键要素。策划人需要确保项目的目标是明确的、具体的、可实现的,并且使其与企业或组织的战略目标保持一致。同时,预期成果应该可以通过一定的指标或数据进行量化和评估,以便在项目实施后对项目的成功与否进行评价。

(3)受众和市场分析。了解目标受众的需求、兴趣和特点对于项目的成功至关重要。策划人需要确定项目的目标受众群体,并进行市场调研,了解市场情况和竞争态势。通过深入了解目标受众的需求和市场环境,可以更好地规划项目的内容和传播策略,提高项目的成功率。

(4)方案内容和策略。项目策划方案的核心部分是方案内容和策略。策划人需要详细描述项目的内容,包括具体的活动主题、形式、推广渠道等。同时制定相应的策略,确保能够有效地传达核心信息,吸引目标受众的关注和参与。这部分内容应该具体可行,同时兼顾创意性和实用性,以使项目具有独特性和有效性。

(5)时间规划。制定项目实施的时间表是项目策划方案不可或缺的一部分。策划人需要明确项目的时间节点和工作进度,合理安排项目的各个阶段及其关键任务。详细的时间规划,可以确保项目按计划顺利进行,避免时间延误和资源浪费。

(6)预算和资源分配。项目的预算和资源分配是项目策划方案中必不可少的要

素。策划人需要估算项目所需的经费和资源,并合理分配这些经费与资源,确保项目有足够的资金和资源支持,避免项目因资源不足而受阻。

(7) 风险评估与应对措施。对项目可能面临的风险进行评估,并制定相应的应对策略是项目策划的重要保障。策划人需要分析项目可能面临的风险和挑战,并拟定相应的措施,降低风险带来的影响,确保项目顺利实施。

(8) 传播策略。传播策略是新媒体项目策划方案中必不可少的一部分,新媒体具有即时性、互动性、多样化、个性化等特点,依据其传播特点提前设计传播策略有助于增强项目的影响力。策划人需要确定项目的传播渠道和传播方式,确保项目的信息能够及时有效地传达给目标受众。同时,还要考虑如何吸引受众的注意和兴趣,以提高传播效果。

二、创意思维与实践方法

在新媒体项目策划中,创意思维是推动项目成功的重要驱动力。本节将重点介绍创意思维的重要性及其在项目策划中的应用,同时探讨实践中可以采取的解决方案和改进策略,以及项目策划的常用实践方法和技巧。

(一) 利用创意思维激发项目创意

在新媒体项目策划中,创意思维是推动项目成功的关键因素。培养创意思维能力可以激发策划人的项目创意,使项目内容更加独特和具有吸引力,并带来更好的传播效果。以下是一些培养创意思维能力的方法和技巧。

1. 鼓励多角度思考

策划人需要从不同的角度思考问题,避免陷入传统思维定式。可以通过提出开放性问题,寻找不同的解决方案和观点。例如,可以问自己:"如果没有任何限制,你会如何设计这个项目?""假设你是目标受众,你会对这个项目有何反应?""如果你是投资方,你最想要达到的效果是什么?"

2. 引入不同领域的灵感

策划人可以从不同领域汲取灵感,将其他行业或领域的创意和概念应用到项目策划中。这种跨界的灵感可以带来新颖的创意和观点,使项目与众不同。策划人应经常观察其他成功的新媒体项目、文化艺术作品、科技创新成果等案例,借鉴其中的优秀元素,并将其运用到自己的项目中。

3. 开展头脑风暴

头脑风暴是一种集思广益的创意方法,可以帮助团队快速产生大量创意。策划人可以在团队中开展头脑风暴,鼓励每个人自由发表想法,不加批判地收集所有创意。通过集中讨论、交流和组合,可以形成更加丰富多样的创意,为项目策划提供更多选择。

4. 利用创意工具和技巧

在灵感形成阶段,策划人可以使用各种创意工具和技巧,如思维导图、关联法、SCAMPER创新法等,来辅助创意的产生和整理。这些工具和技巧可以帮助策划人拓展思维,从不同的角度和层面来思考问题,梳理项目逻辑,找到创意与创意之间的关联性和可能性。

5. 培养积极的创意氛围

在项目策划的过程中，营造积极的创意氛围是至关重要的。团队成员应该相互鼓励和支持，敢于提出新奇的想法和观点，而不必担心被批评。策划负责人与团队成员之间的积极互动和鼓励能够促使创意源源不断地产生。

（二）实践中的解决方案和改进策略

1. 实践中常见的问题和挑战

（1）资源限制。在项目实施过程中，可能会遇到资金、人力、时间等资源的限制，导致项目执行受阻或效果不佳。

（2）目标受众反应不佳。项目所针对的目标受众可能对内容或活动反应不积极，影响项目的传播效果和参与度。

（3）竞争激烈。在新媒体时代，市场竞争激烈，项目可能面临其他竞争对手的挑战。

（4）传播效果不明显。项目的传播效果可能不如预期，没有达到预期的影响力和传播范围。

2. 解决问题的方法和改进策略

（1）优化资源利用。对于资源限制问题，策划人可以优化资源利用，制定合理的资源分配计划，充分利用有限的资源，确保项目顺利推进。同时，可以寻求合作伙伴，共享资源，拓展项目的影响力。

（2）分析目标受众需求。针对目标受众反应不佳的问题，策划人应该深入了解目标受众的需求和兴趣，根据调研结果进行项目调整和优化，确保内容和活动更符合受众期望。

（3）强化竞争优势。面对激烈的市场竞争，策划人需要找到项目的竞争优势，突出独特性，通过创新和差异化增强项目的吸引力和竞争力。

（4）定期评估和改进。对于传播效果不明显的问题，策划人应定期评估项目进展，收集反馈意见，了解项目执行情况，并根据评估结果进行必要的改进和优化。在项目实施过程中，策划人需要保持敏锐的洞察力和灵活性，及时应对问题和挑战。持续优化项目是一个不断改进的过程，需要策划人和团队持续不断地努力和创新。

（三）项目策划中常用的实践方法和技巧

在新媒体项目策划中，为了确保方案的成功实施，策划人需要综合运用各种方法和技巧。本节将介绍项目策划中常用的实践方法和技巧，涵盖市场调研、目标受众分析、传播渠道选择等关键方面。

1. 市场调研

常用的市场调研方法包括以下几种。

（1）定性调研。这是一种主观性较强的调研方法，一般通过深入访谈、焦点小组讨论等方式来获取目标受众的主观态度、行为动机和体验感受。它不是简单地依靠统计数据，而是通过与受众进行直接沟通，来深入了解其观点和看法。定性调研适用于获取质性信息、了解受众的真实感受、发现受众潜在需求和痛点等。

定性调研的方法有三种。第一，深度访谈。在深度访谈中，调研人员会与受众进行一对一的交流，通过提问和倾听，深入了解受众的观点和体验。这种方法可以获取详细而深刻的信息。第二，焦点小组讨论。焦点小组是由一组具有共同特征的受众参与的小型讨论会。调研人员通过引导讨论，可以观察受众之间的互动，了解不同受众之间的共性和差异。第三，观察法。调研人员通过观察受众的行为和交流，了解其在真实场景下的反应和态度，适用于了解受众的日常行为和习惯。

（2）定量调研。这是一种以量化数据为基础的调研方法，一般通过大规模的问卷调查、统计数据和数学模型分析，获得较为客观的、量化的结果。定量调研适用于对大规模受众进行横向比较、分析市场规模和趋势等。

定量调研的方法有三种。第一，问卷调查。调研人员通过编制问卷，采用随机抽样或选择目标受众样本，以量化的方式获取受众的意见和反馈。第二，实验研究。实验研究是一种严格控制条件的研究方法，通过对比不同实验组的数据，得出相应的结论。第三，统计数据分析。调研人员可以利用已有的统计数据，如行业报告、市场数据等，进行数据分析和趋势预测。

2. 目标受众分析

常用的目标受众分析技巧包括以下两种。

（1）人口统计学分析。通过收集人口统计学数据，如年龄、性别、地域等信息，了解目标受众的基本特征。这类技巧常用于定位目标受众群体、市场规模估计等。

（2）用户画像描摹。通过收集用户行为数据和兴趣爱好等信息，绘制目标受众的用户画像，有助于深入了解受众需求和喜好。这类技巧常用于精准定制传播内容、有效制定营销策略、精准投放广告等。

3. 传播渠道选择

常见的传播渠道包括以下三种。

（1）社交媒体平台。策划人应了解各类社交媒体平台的特点和受众群体，选择适合项目的社交媒体平台进行传播。例如，微信作为国内主要的社交媒体平台之一，拥有庞大的用户基础，可以通过公众号、朋友圈等功能进行传播和互动；微博作为基于用户关系的社交媒体平台，以文字、图片、视频等多媒体形式实现信息的即时分享、传播，拥有众多活跃用户，可用于参与热点话题的讨论和发布；而抖音作为一个短视频分享平台，以其独特的内容形式和年轻化的用户群体而闻名，适合发布有趣、吸引人的短视频内容。除此之外，B站、快手、小红书、知乎、QQ等社交媒体平台皆有其独特的用户群体和传播特点，策划人在选择传播渠道之前，可以对各社交媒体平台进行多方位的调研和比对，从而选择与自身目标群体最为契合的平台。

（2）网络广告。策划人可以根据目标受众的特点和喜好，选择适合的网络广告形式和平台，提高项目在网络上的曝光率。例如，爱奇艺、芒果TV、腾讯视频和优酷视频等在线视频平台，为用户提供了大量的影视、综艺、动漫、纪录片等视频内容，这些平台的用户基数庞大，每天都有大量用户在上面观看视频内容，因此可以充分利用这些平台庞大的用户基数和多样化的广告形式，在这些视频平台上做前贴片、中贴片、后贴片等广告，有效地提升广告的曝光率和转化效果，从而实现更好的营销效果。同时，在新媒体时代，网络直播广告、个性化定向广告、搜索引擎广告也都有各自的优势。

（3）线下传播。结合项目内容和目标受众的特点，选择合适的线下传播方式，可以增加项目的实体触达效果。例如,策划人可以组织线下活动,包括发布会、座谈会、产品展览等,与目标受众进行面对面交流,增加项目的曝光率和影响力;或者参加行业展览等大型活动,展示项目的特点和优势,吸引潜在合作伙伴和用户的关注。

在学习过程中,我们需要通过实际案例和项目模拟,学习如何运用市场调研方法,深入了解目标受众,确定项目方向和内容;学会分析市场数据,把握市场趋势,为项目策划提供准确的市场背景分析。同时,通过学习目标受众分析技巧,我们要能够绘制用户画像、挖掘目标受众的需求和偏好,为项目内容和传播策略的优化提供有针对性的建议。此外,我们还需要了解各类传播渠道的特点和优劣势,学会根据项目需求选择合适的传播渠道,以优化项目的传播效果。

三、新媒体项目策划案例分析

【案例】

抖音618好物节活动

1. 项目概述

抖音是一家短视频社交平台,在中国市场具有广泛的用户群体。为了推动抖音在618购物节期间的销售和品牌认知,抖音策划了618好物节活动。

2. 目标和预期成果

该活动的主要目标是吸引更多用户参与,提升平台用户的活跃度,并促进用户在618购物节期间产生购物行为。预期成果包括增强平台用户黏性、提升抖音在618购物节期间的市场份额,以及加强品牌与用户之间的互动和情感连接。

3. 受众和市场分析

抖音的主要受众群体为年轻人,其中18至30岁的年轻用户居多。618购物节是中国最大的电商购物狂欢节,吸引了大量的在线购物消费者。

4. 方案内容和策略

(1)活动挑战:发布多个购物挑战,鼓励用户在618购物节期间上传自己购物的视频,分享购物心得和优惠信息,吸引更多用户参与活动(见图10-1)。

(2)明星代言:邀请明星和网红参与活动,在抖音上分享他们的购物心得和推荐商品,吸引更多粉丝参与购物。

(3)互动抽奖:通过互动抽奖活动,提升用户在618购物节期间的留存量和参与度,提升用户参与活动的积极性。

(4)优惠券和折扣:抖音在618购物节期间推出各类优惠券和折扣活动,吸引用户在活动期间购物。用户可以通过参与折扣活

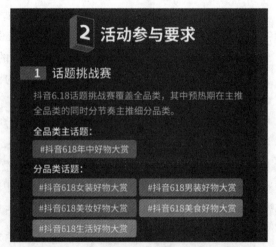

图10-1 抖音618话题挑战赛活动参与要求

(案例数据来自抖音电商平台)

动获得更多优惠,以此提升用户购物的动力。

(5)直播购物:抖音推出直播购物活动,让明星和网红在直播中推荐商品,引导用户实时购物。直播购物能够加快用户的购买决策速度,提升购物转化率。

(6)限时秒杀:抖音设置限时秒杀活动,限时推出折扣商品,吸引用户在短时间内购买。限时秒杀活动能够制造购物紧迫感,刺激用户快速购买。

5.时间规划

活动时间与618购物节时间相一致,持续时间一般为数天到一周不等。

6.预算和资源分配

根据活动的规模和范围,分配适当的预算用于明星代言、奖品购买、广告投放等。

7.传播策略

通过社交媒体广告、明星代言、用户UGC(用户生成内容)等传播策略,将活动信息传递给更多潜在用户,提升活动的曝光度和影响力。

通过这个案例,我们可以学习到以下新媒体项目的策划方法和实践经验。

1.受众定位与活动内容契合度高

抖音平台用户群体中年轻人较多。活动挑战和互动抽奖等方式,强调了用户的互动参与,符合年轻群体的关注点,有利于增强用户黏性。

2.活动形式符合平台特点并体现创意思维

该活动邀请明星和网红参与,分享其购物心得和推荐商品,是该平台吸引用户参与的较有效方法。同时,鼓励用户上传自己的购物视频和优惠信息,实现了传受主体的灵活变动,体现了创意思维,增加了用户互动,提高了用户参与活动的积极性和忠诚度。

3.传播策略整合多个传播渠道

该活动采用了社交媒体广告、明星代言和线下晚会活动等多种传播策略,整合了多个传播渠道,提升了活动的曝光度和影响力,增加了活动的成功概率。

> **课堂讨论**
>
> 通过分析这个案例,我们还可以从中学到哪些策划方法和实践经验?
>
> **课后作业**:请运用本节的理论知识与实际案例,任选主题,进行新媒体项目策划方案的设计。

第二节 新媒体品牌策划方案

一、品牌策划的基本原则和步骤

品牌策划是新媒体营销中至关重要的环节,它涵盖了品牌定位、传播目标、传播内容以及传播策略的制定。本节将介绍品牌策划的基本原则和步骤,帮助策划人了解品牌策划的意义,并学会如何制定具有吸引力和有效传播力的新媒体品牌策划方案。

（一）品牌策划的意义和目标

品牌策划可以通过科学的规划和精心的设计,塑造品牌形象,提升品牌认知度和美誉度,增强品牌的竞争力和影响力。在新媒体时代,品牌策划更加重要,因为互联网和社交媒体的普及使得品牌与消费者之间的互动更加频繁和紧密。

品牌策划的目标是建立品牌在目标受众心中的独特地位,让品牌成为受众优先考虑的选择。通过品牌策划,企业可以在激烈的市场竞争中脱颖而出,赢得消费者的信赖和支持。

（二）确定品牌的核心定位和传播目标

品牌定位是品牌策划的核心,它是品牌在目标受众心中所占据的独特位置和形象。策划人在进行品牌策划时,首先需要明确品牌的核心定位,确定品牌要传递给受众的独特价值和意义。

在确定品牌定位的过程中,可以从以下几个方面进行思考。

(1)产品特点。分析产品区别于同类型产品的特点和优势,找出与竞争品牌的差异。

(2)受众需求。了解目标受众的需求和偏好,找到品牌能满足受众需求的关键点。

(3)品牌愿景。明确品牌的长远目标和发展方向,使品牌策划与品牌愿景相契合。

传播目标是品牌策划中另一个重要部分,它是品牌在一定时间内期望实现的具体目标和效果。传播目标应该与品牌定位相一致,并具有可衡量性和可实现性。

（三）制定品牌策划的传播策略和内容规划

品牌策划的传播策略是实现传播目标的关键,它涵盖品牌传播的渠道选择、传播内容的创作和传播效果的评估。

1. 传播渠道选择

在新媒体时代,传播渠道的选择一定程度上影响着传播内容的创作和传播效果的形成。策划人应该根据品牌定位和目标受众的特点,选择适合的传播渠道,如社交媒体平台、电子邮件营销、搜索引擎优化等。不同的渠道有不同的传播效果和特点,策划人需要根据品牌策划的需要进行合理选择和整合。

2. 传播内容创作

传播内容是品牌策划中的核心,它直接影响着品牌形象和传播效果。策划人需要创作有吸引力、有趣、有价值的内容,以吸引目标受众的关注和参与。内容可以是文字、图片、视频等形式,要符合品牌的定位和传播目标。

3. 传播效果评估

传播效果的评估是品牌策划的重要环节,它可以帮助策划人了解传播活动的效果,并扩展、改进、优化传播活动的空间。策划人可以通过数据分析、用户反馈分析等方式进行传播效果评估,了解品牌策划的实际效果,并根据评估结果进行调整和优化。

二、新媒体品牌形象塑造

品牌形象是品牌在消费者心中的整体形象和印象,它是由品牌的视觉识别、声音和语调等多个方面构成的。在新媒体时代,品牌形象的塑造更加重要,因为互联网和社交媒体的传播速度及范围使得品牌形象的塑造和传播更为容易。本节将介绍新媒体品牌形象塑造的基本方法,包括品牌视觉识别设计、品牌声音和语调管理,以及如何利用创意元素塑造品牌个性、建立品牌的核心价值观和故事传承模式。

(一)品牌视觉识别设计

品牌视觉识别是品牌形象中最直观和重要的部分,它包括品牌标志、标志标准、字体、颜色等。策划人在进行品牌视觉识别设计时,需要考虑以下几个方面。

(1)品牌标志设计。品牌标志是品牌形象的核心,是品牌的视觉代表。策划人需要设计一个独特、简洁且富有创意的品牌标志,以突出品牌的个性和特点。

(2)标志标准。标志标准是指品牌标志的应用规范和使用要求。策划人需要制定标志标准手册,规定品牌标志在不同应用场景中的使用方式和尺寸,以保持品牌形象的一致性和稳定性。

(3)字体和颜色。字体和颜色是品牌视觉识别中的重要组成部分。策划人需要选择符合品牌形象的字体和颜色,并建立字体和颜色的标准,以确保品牌形象的统一性和辨识度。

【案例】

苹果公司的品牌视觉识别设计

谈到品牌视觉识别设计,苹果公司就是一个非常典型的案例。苹果公司是全球知名的科技公司,其品牌形象在全球范围内具有很高的辨识度和影响力(见图10-2)。

图10-2 苹果公司品牌logo及展示图

(注:图片数据来自苹果官方网站)

1.品牌标志设计

苹果公司的品牌标志是一枚咬过的苹果图标,简洁而富有创意。这个标志代表了苹果公司的创新和独特,同时也与公司名称相呼应,易于识别和记忆。

2.标志标准

苹果公司制定了严格的标志标准,确保品牌标志在各种应用场景中的呈现始终保持一致。无论是产品包装、广告宣传,还是店面展示,苹果的品牌标志都保持不变。

3. 字体和颜色

苹果公司采用了简洁的Sans-serif字体，其特点是没有在字母笔画的末端加上额外的装饰线条（即衬线），使得字母看起来更加简洁、干净和现代化。Myriad和San Francisco这两种Sans-serif字体都具有现代感和清晰易读的特点，因此被广泛用于数字化设计和新媒体项目中。而在颜色方面，苹果主要采用银色、白色和黑色，这些颜色简洁大方，突出了品牌的高级感和科技感。

苹果公司的品牌视觉识别设计成功地塑造了其独特的品牌形象。品牌标志的简洁和标准化使用、字体和颜色的一致性，都使得苹果品牌在消费者心中留下了深刻的印象。无论是产品包装、广告宣传，还是店面展示，苹果的标志都能迅速被受众识别出来，这正是其品牌视觉识别设计的成功之处。

（参考来源：公众号文章《趋势新说｜苹果公司：科技携手人文，构筑品牌生态圈》）

（二）品牌声音和语调管理

除了视觉识别，品牌的声音和语调也是品牌形象中的关键因素。品牌声音是指品牌在广播、视频等多媒体传播中的声音元素，如广告音乐、品牌口号等。品牌语调是指品牌在文字传播中的表达风格和语气，如品牌口吻、用词风格等。

策划人在进行品牌声音和语调管理时，需要考虑以下几点。

（1）品牌声音。品牌声音应该与品牌形象保持一致，能够传达品牌的个性和情感。策划人可以选择适合品牌形象的音乐、声音效果等，以增强品牌传播的感染力和吸引力。

（2）品牌语调。品牌语调应该与目标受众相契合，贴近用户的心理需求和沟通习惯。策划人可以在品牌传播中采用亲切、幽默或严肃的语气，以建立与用户的良好互动关系。

【案例】

苹果公司的品牌声音和语调管理

同样以苹果公司的品牌设计为例，其品牌声音和语调管理在塑造品牌形象和与用户建立情感连接方面发挥着重要作用。

1. 品牌声音

苹果公司在广告和多媒体传播中常常选择简洁、舒缓、具有现代感的音乐和声音元素。其广告音乐往往采用轻快、优美的旋律，以及充满情感和张力的音效。这些音乐和声音与苹果产品的设计风格和用户体验相呼应。

2. 品牌语调

苹果公司在文字传播中常常采用简洁、幽默、朴实的语气。其广告口号和品牌用语往往简洁明了，富有表现力和感染力。例如，苹果曾经使用过的经典口号"Think Different"（非同凡想）（见图10-3），传达了苹果作为创新品牌的核心价值观和个性特点，深得用户喜爱。苹果的文字表达也经常强调产品的创新、高品质和用户友好等特性，以吸引用户并建立与用户的情感联系。

图10-3　苹果公司海报

（注：图片数据来自苹果官方网站）

总体而言，苹果公司在品牌声音和语调的设计上非常注重与品牌形象保持一致，将其视觉识别和语言传播有机地结合起来，以打造独特而又深入人心的品牌形象。这种一致性和连贯性有助于加强苹果品牌在用户心中的认知和好感度，进而形成品牌忠诚度。

（参考来源：公众号文章《趋势新说｜苹果公司：科技携手人文，构筑品牌生态圈》）

（三）利用创意元素塑造品牌个性

在新媒体时代，品牌需要在激烈的市场竞争中脱颖而出，吸引更多目标受众的关注。策划人可以利用创意元素来塑造品牌的个性，从而增强品牌的独特性和吸引力。

（1）创意内容。策划人可以创作有趣、富有创意的内容，如创意视频、互动游戏等，以吸引用户的注意和参与。

（2）互动体验。策划人可以设计线上线下的互动体验活动，让用户参与其中，增强用户对品牌的黏性和认同。

（3）个性化服务。策划人可以根据用户的兴趣和需求，提供个性化的服务和推荐，以增强用户对品牌的好感度和信赖度。

【案例】

可口可乐的创意营销

可口可乐是全球知名的饮料品牌，"Share a Coke"（分享可乐）是其一次非常成功的创意营销活动。

1. 创意内容

"Share a Coke"活动的创意核心是将个性化标签印刷在可口可乐瓶身上，取代传统的品牌标志（见图10-4）。这些标签上印有各种不同的名字、昵称、称谓和表情符号等，以吸引受众的关注和参与。消费者可以在超市或便利店购买带有自己名字的可乐，或者将带有朋友名字的可乐作为礼物赠送。

图10-4 可口可乐品牌营销海报

2. 互动体验

"Share a Coke"活动不局限于个性化标签的设计,还包括提供线上线下的多种互动体验。可口可乐推出了官方网站和手机应用程序,让消费者可以定制属于自己的个性化可乐瓶标签,并与朋友分享(见图10-5)。此外,可口可乐还在社交媒体上开展了相关的互动活动,鼓励消费者分享他们与"Share a Coke"活动相关的照片和故事,以赢取奖品和参与更多互动。

图10-5 可口可乐营销海报

3. 个性化服务

"Share a Coke"活动为消费者提供了定制化的服务,让每个人都能感受到与这个品牌的亲密联系。消费者可以通过输入自己的名字或昵称,订购带有个性化标签的可乐瓶,使品牌与消费者之间的交流更具个性化和亲切感。

这个"Share a Coke"活动在全球范围内取得了巨大成功,引起了广泛的社交媒体讨论和用户参与。通过这个创意活动,可口可乐成功地塑造了一个有趣、个性化且充满情感的品牌形象,吸引了更多年轻消费者的关注和喜爱。

(参考来源:公众号文章《无处不在的商机 | "Share A Coke"如何利用附加价值引爆澳洲?》)

（四）建立品牌的核心价值观和故事传承

品牌的核心价值观是品牌存在的根本和精神内核，它体现了品牌的使命和价值追求。策划人需要明确品牌的核心价值观，将其融入品牌策划和传播中。

品牌的故事传承可以使品牌形象更具深度和情感认同度，让用户对品牌产生情感共鸣。策划人可以通过讲述品牌的创始故事、品牌的发展历程、品牌的理念与价值观等，在品牌与用户之间建立起真挚的情感联系。

（1）品牌的创始故事。策划人可以通过讲述品牌的创始故事来向用户展示品牌的初心。这个故事可以是品牌创始人的奋斗历程、独特的灵感来源，或是品牌成立的初衷和追求。

（2）品牌的发展历程。策划人可以通过呈现品牌的发展历程，展示品牌在不同阶段的成长和进步。这些历程可以是品牌发展的重要里程碑、关键事件，以及品牌在市场中的表现和影响。

（3）品牌的理念与价值观。策划人需要明确品牌的核心价值观和理念，将其贯穿于品牌的策划和传播中。品牌的价值观是品牌存在的根本和精神内核，它代表了品牌对社会、用户的承诺和责任。

在品牌策划中，策划人需要通过合理的故事讲述和情感传递，建立起品牌与用户之间的情感纽带，使品牌在用户心中留下深刻的印象。同时，品牌的核心价值观也需要贯穿于品牌的各个方面，包括传播内容、互动体验等，以确保品牌形象的一致性和稳定性。通过综合运用品牌的视觉识别、声音和语调，以及塑造创意元素，策划人可以打造出具有吸引力和个性化的品牌形象，从而在新媒体时代取得市场竞争的优势。

【案例】

李宁的品牌价值营销

以李宁品牌为例，其核心价值观和故事传承体现了"一切皆有可能"的精神，以及对中国体育的热爱和支持（见图10-6）。

图10-6　李宁的品牌LOGO

1. 品牌的创始故事

李宁品牌由中国著名奥运冠军李宁于1990年创立。李宁是中国体育界的传奇人物，他在1984年洛杉矶奥运会上夺得三枚金牌。李宁品牌的创始故事源于李宁自己的奋斗和拼搏精神，他希望用自己的名字和品牌去激励更多的人勇往直前，不断挑战自我。这个创始故事为李宁品牌注入了积极向上的品牌精神，吸引了无数消费者对品牌产生认同和喜爱。

2.品牌的发展历程

李宁品牌自成立以来,经历了多个阶段的发展。在中国体育用品市场竞争激烈的环境下,李宁不断努力创新和改进产品,积极参与体育赛事的赞助,逐渐走上国际舞台,成为代表中国体育的品牌之一。这些历程体现了品牌的拼搏精神和对于体育事业的坚持。

3.品牌的理念与价值观

"一切皆有可能"是李宁品牌的标语,也是品牌的核心价值观。这个标语传递了李宁对于体育运动的无限可能性的信念,鼓励人们挑战极限,勇于追求梦想。李宁品牌以此为核心理念,将品牌定位为向用户传递积极、乐观的体育精神,并倡导人们积极参与体育运动,享受运动带来的乐趣和挑战。

通过李宁品牌这一案例,我们可以看到在新媒体时代,品牌的核心价值观和故事传承对于品牌策划的重要性。李宁品牌通过讲述创始故事、展示发展历程,并坚持以体育精神为核心价值观,成功塑造了积极向上、自信自强的品牌形象,赢得了广大消费者的认可和喜爱。这种对于核心价值观和故事的传承,是新媒体时代品牌策划的关键要素之一。

(注:案例数据来自李宁品牌官方网站)

三、新媒体品牌传播与推广

品牌传播与推广是品牌策划中至关重要的一环,它决定了品牌在目标受众中的知名度和影响力。在新媒体时代,品牌传播与推广更加依赖互联网和数字化平台,策划人需要善于选择适合品牌的新媒体平台和传播渠道,制定有效的传播内容、策略和形式,并基于品牌传播效果进行优化改进,以确保品牌策划的成功实施。

(一)选择适合品牌的新媒体平台和传播渠道

在新媒体时代,品牌传播不再局限于传统的广告渠道,而是更加注重数字化和互动性。策划人需要了解不同新媒体平台的特点和受众特征,以便选择适合品牌的传播渠道。

(1)社交媒体平台。策划人可以考虑在微信、微博、抖音等社交媒体平台上进行品牌传播。不同社交媒体平台有不同的受众群体和传播特点,策划人需要根据品牌定位和目标受众的特点选择合适的平台。

(2)视频平台。策划人可以利用抖音等视频平台,制作有趣、富有创意的品牌视频,以吸引更多用户关注和分享。

(3)搜索引擎优化。策划人可以通过优化品牌相关的搜索关键词,提升品牌在搜索引擎中的排名,增加品牌曝光量。

(4)内容营销平台。策划人可以考虑利用小红书、知乎、豆瓣小组等内容营销平台,与用户进行深入的互动和交流。

(二)制定品牌传播的内容策略和形式

品牌传播的内容策略和形式对于传播效果起着至关重要的作用。策划人需要确保传播内容和品牌定位与核心价值观相契合,同时吸引用户的兴趣和参与。

(1)内容创作。策划人可以通过原创内容,以图文、视频等形式展示品牌的特点和魅力。内容应该贴近目标受众的需求和兴趣,以增强用户对品牌的认知和好感。

(2)互动营销。策划人可以利用问答、投票、有奖互动等形式,提升用户对品牌传播活动的参与度,增强用户与品牌之间的互动和黏性。

(3)内容推广。策划人可以考虑使用付费推广手段,如微博广告、抖音抖加等,将品牌内容推送给更多的目标受众,提升策划项目传播效果和影响力。

(三)基于品牌传播效果进行优化改进

品牌传播并非一蹴而就,策划人需要不断关注传播效果,及时进行优化改进。通过数据分析、用户反馈等方式,策划人可以了解品牌传播的实际效果,发现问题和不足之处,并采取相应的措施进行优化改进。

(1)数据分析。策划人可以借助数据分析工具,对品牌传播过程中的关键数据进行监测和分析,如转化率、点击率、观看时长等,从而了解用户对品牌传播内容的反应和喜好。

(2)用户反馈。策划人可以与用户进行积极的互动,收集用户的反馈意见和建议,了解他们对品牌传播的看法和期待。

(3)优化改进。基于数据分析和用户反馈,策划人可以针对问题和不足之处进行优化改进,调整品牌传播的内容策略和形式,以提升传播效果和用户满意度。

课堂讨论

回忆自己熟知的品牌,思考它是如何进行品牌形象塑造的。

课后请运用本节的理论知识,并结合实际案例经验,自选一个品牌,进行新媒体品牌策划方案的设计。

第三节　新媒体活动策划方案

一、活动策划的基本原则和步骤

活动策划是指在新媒体时代,通过有计划和有组织的方式,运用各种新媒体平台和传播渠道,开展具有特定主题和目标的活动。活动策划在品牌推广、用户互动和社群建设中起着重要的作用。本节将介绍活动策划的基本原则和步骤,包括活动策划的意义和目标、活动主题和目标受众的确定,以及策划活动的内容和形式。

(一)活动策划的意义和目标

活动策划是品牌营销和传播的重要手段,它可以帮助品牌吸引目标受众的关注,提升品牌知名度和影响力。因此,营销人要建立一个自带流量的品牌,就应该有活动策划的思维。通过活动策划,品牌可以与用户建立更紧密的互动,增强用户对品牌的好感和信任,从而增进用户的忠诚度,提高销售转化率。活动还可以帮助品牌传播特定的信息和价值观,塑造品牌的形象和个性,并增强品牌在竞争激烈的市场中的竞争力。

活动策划不仅要保证品牌的调性和曝光量,还要将这些曝光量转化为销量。策划人需要明确活动的目标,如提升品牌知名度、扩大用户基数、促进产品销售等,以便确定相应的策划方向和内容形式。

（二）活动主题和目标受众的确定

活动的主题是活动的核心内容和创意表现形式,它是活动策划的基础和灵感来源。策划人需要根据品牌定位、目标受众的兴趣和需求、目标场景、目标行为确定适合的活动主题,以吸引目标受众的关注和参与。

在确定活动的主题时,策划人可以考虑以下几个方面。

（1）品牌定位。活动的主题应与品牌定位相契合,应符合品牌的核心价值观和传播理念。若品牌定位为时尚潮流,则活动主题应围绕时尚和潮流话题展开。

（2）目标受众。活动主题应针对特定的目标受众群体,满足他们的需求。不同受众群体可能对不同类型的活动感兴趣,策划人需要了解目标受众的特点和喜好,确定适合的活动主题。青少年用户通常喜欢时尚、潮流和娱乐元素,策划人可以面向他们策划一场以音乐、时尚秀和互动游戏为主题的活动;而老年用户通常喜欢健康、休闲类的元素,活动主题的设置可以偏向养生方案设计、知识讲座等。

（3）时事热点。活动主题可以关联时事热点和社会话题,以吸引更多人的关注和参与。然而,策划人需要注意避免涉及敏感话题,避免引发负面反应。

（三）策划活动的内容和形式

活动的内容和形式是活动策划的核心,它决定了活动的吸引力和影响力的大小。策划人需要充分发挥创意,设计活动的具体内容和形式,以实现活动目标。同时,策划人需要清晰地规划出哪些活动内容是为了提升品牌力,哪些活动内容是为了提高转化率,哪些活动内容是为了促进用户复购,通过完整有效的活动内容的设计,为用户打造一个行为路径闭环。

1. 提升品牌力的活动内容

（1）品牌形象塑造。可以设计有趣、富有创意的品牌形象活动,如形象大使选拔、品牌logo设计比赛等,以提升品牌形象的独特性和辨识度。

（2）品牌合作与赞助。与其他知名品牌或机构合作举办活动,参与公益赞助等,以增强品牌在社会中的影响力和美誉度。

2. 提高转化率的活动内容

（1）促销和优惠活动。举办限时促销、折扣优惠、满减活动等,吸引用户参与购买,增强用户形成购买决策的动力。

（2）限量特供和抢购活动。提供限量版产品或抢购机会,制造紧迫感,促使用户快速产生购买行为。

（3）用户引导活动。设计用户引导流程,通过引导用户进行注册、订阅、推荐好友等,提高用户转化率。

3. 促进用户复购的活动内容

（1）会员专享活动。针对会员用户设计专属福利和优惠,增强用户的忠诚度,提升用户的复购率。

(2)积分奖励和积分兑换。设立积分奖励机制,鼓励用户积攒积分,提高用户复购概率。

(3)专属活动邀请。定期举办专属用户活动,并通过短信、邮件等方式邀请用户参与,增强用户对品牌的归属感和参与度。

在实际策划中,策划人需要根据品牌定位、目标受众和市场情况综合考虑,将不同的活动内容和形式有机地结合起来,形成一个行为路径闭环,引导用户了解品牌、参与活动、购买产品、进行复购和推荐其他用户,推进品牌目标的全方位实现。

二、新媒体活动策划与线上线下整合

在新媒体时代,活动策划不再局限于传统的线下方式,而是更多地融入了线上新媒体平台活动,实现线上线下的整合。本节将介绍新媒体活动策划与线上线下整合的重要性以及相应的操作方法,包括确定活动的线上线下交互方式,利用新媒体平台进行活动预热和推广,以及评估用户体验与增进用户留存。

(一)确定活动的线上线下交互方式

线上线下整合的活动策划是指在活动过程中,灵活运用线上和线下两种媒体平台,通过互动和交互,形成良好的用户体验和传播效果。

以下是一些实现线上线下交互的具体方式。

(1)扫码互动。在线下活动现场设置二维码或活动链接,参与者可以通过扫码进入线上平台参与互动,如填写问卷调查、开启抽奖活动等。

(2)社交媒体互动。在线下活动中鼓励参与者在社交媒体上分享活动内容、照片或视频,并使用特定的活动标签来参与话题讨论,增加活动的曝光度和提升活动的传播效果。

(3)线上线下活动同步。线上和线下同时进行相关活动,如线下举办发布会或庆典活动,同时在线上直播或进行实时互动,让无法到场的用户也能参与其中。

(4)实物奖品兑换。在线下活动中,提供实物奖品并设立兑换机制,鼓励参与者到线上平台参与互动,并通过兑换积分或发送验证码获得实物奖励。

(5)电子票务和报名。线上提前登记或购买活动门票,方便参与者线下入场,参与者还可获得线上平台的参与权益。

(6)线上线下内容互动。在线下活动中设置屏幕展示线上参与者的实时互动内容,如弹幕、评论等,增强参与者的参与感和互动体验。

(7)利用增强现实(AR)和虚拟现实(VR)技术。结合AR和VR技术,让下参与者在活动中体验更多互动内容和虚拟体验,同时在线上也提供相关互动体验。

(8)线上线下数据互通。确保线上线下数据的同步和互通,实时收集参与者的数据和反馈,为活动后续优化提供依据。

通过以上方式,可以形成线上线下交互的闭环,也能让活动参与者在不同的媒体平台上获得丰富的体验和参与机会,增强用户与品牌的互动和情感联系。

(二)利用新媒体平台进行活动预热和推广

在活动策划过程中,利用新媒体平台进行活动预热和推广是至关重要的一步。策划人可以通过社交媒体、短视频平台、公众号等新媒体渠道,提前公布活动信息,吸引用户关注和参与。

(1)内容创作。策划人可以制作有趣、吸引人的活动预热内容,如预告片、预告海报、短视频等,以吸引用户的关注和分享。

(2)引导分享。策划人可以设立活动分享有奖等机制,引导用户主动分享活动信息,扩大活动的传播范围。

(3)社群运营。策划人可以通过社群运营,与用户建立更密切的联系,提前向社群成员宣传活动信息,提升用户的参与度。

(三)用户体验评估与用户留存策略

活动的成功与否与用户体验密切相关。策划人需要进行用户体验评估,了解用户参与活动的感受和意见,以便及时调整和优化活动内容和形式。

(1)数据分析。策划人可以通过数据分析工具,对活动的关键数据进行监测和分析,如用户参与量、互动次数、参与时长等,从而了解用户对活动的反应和参与情况。

(2)用户反馈。策划人可以主动收集用户的反馈意见和建议,通过问卷调查、用户评论等方式,了解用户对活动的评价和意见。

(3)用户留存策略。策划人可以制定用户留存策略,如推送后续活动、提供专属福利等,以增强用户的黏性和忠诚度。

三、活动创意和互动设计

活动创意和互动设计是新媒体活动策划中至关重要的环节,它决定了活动的吸引力和用户参与度。本节将介绍如何设计吸引人的活动创意,如何策划用户参与的互动环节,以及如何设计实践中的解决方案和改进策略。

(一)设计吸引人的活动创意

活动创意是活动的核心和灵魂,它决定了活动的独特性和吸引力。策划人需要发挥创意,设计与活动主题相契合的吸引人的活动创意。

(1)独特性。活动创意要与众不同,具有独特性和创新性,能够吸引用户的目光和兴趣。策划人可以通过头脑风暴、参考其他成功案例等方式,寻找不同寻常的活动创意。

(2)与品牌形象一致。活动创意需要与品牌形象相符,体现品牌的核心价值观和传播理念。策划人要深入了解品牌,将品牌元素融入活动创意中,保持品牌的一致性,提高品牌的认知度。

(3)情感共鸣。活动创意要能够引起用户的情感共鸣,触发用户的情感反应,从而提升用户对活动的认同和参与度。策划人可以运用故事性元素、情感化设计等手段,提升活动的情感吸引力。

【案例】

淘宝"双十一"购物狂欢节

说到吸引人的活动创意,最有名的案例肯定有淘宝"双十一"购物狂欢节。淘宝"双十一"购物狂欢节是我国最大的网络购物狂欢节,于每年11月11日举行(见图10-7)。

图10-7 淘宝双十一活动宣传海报

1.独特性

淘宝"双十一"购物狂欢节被设定为全球最大的网络购物盛会,每年吸引数以亿计的消费者参与。其独特性在于,这个活动最初是专为"光棍节"而设,以庆祝单身而疯狂购物的方式,为用户提供独特的购物体验和优惠。

2.与品牌形象一致

淘宝"双十一"购物狂欢节是由中国电商巨头阿里巴巴旗下的淘宝平台发起的活动。活动创意与淘宝的品牌形象相符,强调了用户购物的乐趣和便利性,并倡导"买得更多、花得更少"的理念,符合淘宝一直以来提供优质购物体验的品牌定位。

3.情感共鸣

淘宝"双十一"购物狂欢节通过多种手段引起用户的情感共鸣。例如,在购物狂欢节前后推出一系列感人肺腑的宣传广告,通过展现家人、朋友间的情感联系和真挚情谊,以及购物节给人带来的喜悦和惊喜,引发消费者共鸣。这些广告通过情感化的表现手法,让消费者感受到购物狂欢节不仅是购物的机会,更是家人、朋友间分享快乐的时刻,增强了活动的情感吸引力。

4.营造购物狂欢氛围

淘宝"双十一"购物狂欢节在活动前进行预热,通过各种宣传手段(直播、发放优惠券、网红好物推荐、购物省钱攻略等)引发用户的购物欲望和期待。在活动当天,淘宝平台会推出大量超值优惠商品和限时抢购活动,在短时间内吸引用户疯狂购物,形成真正的购物狂欢氛围。

5.线上线下整合。淘宝"双十一"购物狂欢节不仅在线上平台设置活动,还通过线下实体店、电视直播等多渠道进行活动推广。线上线下相结合,让用户在不同场景下都能感受到购物狂欢的乐趣,提升了活动的影响力和传播效果。

通过以上创意和策划,淘宝"双十一"购物狂欢节成了中国最受欢迎的购物盛会之一,每年都吸引着大量用户参与,促进了电商交易量的大幅增长。该活动的成功表明创意和活动策划在品牌传播中具有重要意义。

(参考来源:鸟哥笔记网站 https://www.niaogebiji.com)

(二)策划用户参与的互动环节

互动设计是活动策划中至关重要的一环,它可以增强用户的参与感和黏性,提升活动的传播效果。策划人需要策划用户参与的互动环节,吸引用户积极参与活动。

(1)有趣的互动。策划人可以设计各种有趣的互动环节,如合唱合拍、问答游戏、投票抽奖等,增强用户的参与欲望和体验感。

(2)奖励机制。策划人可以设置奖励机制,为参与活动的用户提供一定的奖励和福利,以激励用户积极参与活动和分享感受。

(3)营造社群氛围。在活动开始之前,策划人可以设立一个特定的活动话题或标签,用户参与活动时使用该话题或标签,这样可以将相关内容集中在一起,用户也可以在这里进行互动交流、分享心得和观点。

【案例】

抖音合拍挑战

抖音合拍挑战是抖音平台上非常受欢迎的一类互动活动,其主要特点是用户可以通过合唱、合舞、合影等形式与其他用户合作创作,并在抖音平台上分享(见图10-8)。

图10-8 抖音主题活动挑战页面截图

1. 有趣的互动

抖音合拍挑战的设计非常有趣和新颖。在这类挑战中,用户可以选择自己喜欢的音乐或舞蹈,然后根据指定的挑战内容进行个性化创作。例如,在某个音乐挑战中,用户可以根据音乐的节奏和歌词,展示自己的舞蹈才艺或创意表演。这种形式吸引了大量用户参与,因为他们不仅可以展示自己的才华,还可以与其他用户合作,共同创作有趣的视频内容。

2. 奖励机制

抖音合拍挑战通常会设立奖励机制,激励用户积极参与和分享活动。奖励可以是虚拟的,如挑战勋章、特殊头衔,也可以是实物,如礼品或现金。这些奖励对用户来说是一种认可和回报,使他们更加努力参与挑战活动。

3.营造社群氛围

在抖音合拍挑战中,策划人通常会设立特定的活动话题或标签,例如"#抖音合拍挑战#"或"#××音乐挑战#"。用户在参与挑战时可以使用这些标签,将相关内容集中在一起。这样一来,用户还可以在活动话题下互动交流、分享心得和观点。这种设立特定话题或标签的方式,有效地促进了用户之间的互动和社群的形成,使活动更具社交性和参与感。

通过以上互动设计,抖音合拍挑战成功地吸引了大量用户的参与,形成了活跃的社群氛围。用户在社群中可以互相交流、合作创作,增强了用户的参与感和黏性。这种互动性和社交性的设计也有效地提升了活动的传播效果,使得挑战活动成为抖音平台上热门的用户互动内容。

(参考来源:抖音视频APP)

(三)实践中的解决方案和改进策略

进行新媒体活动策划时,策划人可能会遇到各种问题和挑战。以下是一些可能出现的问题和挑战,及其解决方案和改进策略。

(1)参与度不高。活动吸引不了预期数量的用户参与,导致活动效果不理想。

解决方案:策划人可以重新审视活动创意和互动设计,加入更具吸引力和创新性的元素,激发用户参与活动的积极性。也可以通过提供更有吸引力的奖励和福利,提升用户的参与动力。

(2)传播效果不佳。活动的传播范围有限,无法达到预期的传播效果。

解决方案:策划人可以利用社交媒体等新媒体平台,扩大活动的传播范围。通过制作有趣、引人入胜的活动内容,鼓励用户主动分享和转发,从而提升活动的传播效果。

(3)技术问题。线上互动环节可能会出现技术问题,影响用户的参与体验。

解决方案:策划人应提前进行技术测试,确保在线上活动中没有明显的技术障碍。同时,提供技术支持和客服服务,及时解决用户在互动过程中遇到的问题。

(4)用户反馈不满意。用户对活动的反馈意见不满意,表达对活动策划的不满或提出了改进建议。

解决方案:策划人应认真倾听用户的反馈意见,及时进行反思和改进。可以通过问卷调查、用户访谈等方式了解用户的需求和期望,进一步优化活动策划方案。

(5)预算不足。活动策划所需的经费可能会超出预算,导致活动无法顺利进行。

解决方案:策划人可以寻找更具性价比的方案,合理分配预算,确保活动的核心需求得到满足。也可以考虑与合作伙伴或赞助商合作,获取更多资源支持。

课堂讨论

回忆自己熟知的新媒体活动,它是如何进行内容设计与实际推广的。

课后请运用本节的理论知识,并结合实际案例经验,自选一个节庆日,进行新媒体活动策划方案的设计。

第四节 新媒体传播策划方案

一、传播策划的基本原则和步骤

传播策划是新媒体时代营销活动的核心,它决定了信息传播的效果和影响力。本节将介绍传播策划的基本原则和步骤,帮助策划人制定有效的传播策略,实现品牌宣传和营销目标。

(一)传播策划的基本原则

在新媒体时代,传播策划需要遵循一些基本原则,以保障策划方案的有效性和可行性。

(1)用户导向。新媒体时代的传播策划应该以用户为中心,深入了解目标受众的需求、兴趣和行为习惯。策划人需要根据受众特点制定相应的传播内容和形式,以提供更有针对性和个性化的传播体验。

(2)创意创新。新媒体平台具有丰富多样的互动功能和媒介形式,聚集着大量的新信息。要想从中脱颖而出,策划人就应该发挥创意,设计富有创新性的传播方案,选择能够吸引人的内容和形式,引起用户的兴趣和情感共鸣,从而提升项目策划的传播效果和影响力。

(3)整合营销。新媒体传播不应孤立进行,而是应与传统媒体和其他营销手段相互结合,形成整体营销策略。将不同的传播渠道和手段进行整合,可以增强品牌的曝光度和传播效果。

(4)数据驱动。新媒体时代的传播策划需要借助数据分析和监测工具,对传播效果进行实时跟踪和评估。通过数据分析,策划人可以了解用户反应和行为,发现问题并优化改进。

(二)传播策划的步骤

在制定传播策划方案时,可以按照以下步骤进行。

(1)明确传播目标。首先,策划人需要明确传播的目标和意图:是提高品牌知名度,增加销售量,还是改善品牌形象,等等。

(2)了解目标受众。深入了解目标受众的特征、需求和偏好,包括年龄、性别、地域、兴趣爱好等。

(3)选择传播渠道。根据目标受众的特点和传播目标,选择适合的新媒体平台和传播渠道。

(4)设计传播内容和形式。基于目标受众和传播渠道,设计有趣、有吸引力的传播内容和形式。可以运用多样化的媒介,如图文、视频、直播等,吸引用户参与和互动。

(5)制定传播计划。将传播内容和形式整合到一个完整的传播计划中,包括传播时间、频次、推广方式等。传播计划应该合理,确保传播效果最大化。

(6)实施与监测。根据传播计划实施传播策略,同时借助数据监测和分析工具对传播效果进行跟踪和评估,根据数据结果及时优化和改进传播策略。

通过遵循以上基本原则和步骤,策划人可以在新媒体时代有效地制定传播策划方案,增强品牌的传播效果和市场影响力。

二、传播渠道与平台选择

在新媒体时代的传播策划中,选择适合的传播渠道和平台是非常重要的一环。不同的新媒体平台具有不同的特点和传播效果,策划人需要根据传播目标和受众特点,灵活选择传播渠道和平台,实现信息的精准传达和有效传播。

（一）选择合适的新媒体平台和传播渠道

在选择合适的新媒体平台和传播渠道时,策划人需要根据目标受众、传播内容和传播目的等因素进行综合考虑。不同的新媒体平台有不同的特点和受众群体,因此选择合适的平台至关重要。

（1）微信。作为中国最主流的社交媒体平台之一,微信具有庞大的用户基础,用户群体广泛,涵盖了各个年龄段和拥有不同兴趣爱好的用户。微信朋友圈适合传播短文、图片和短视频,它是展示品牌、产品推广以及发布企业动态的优选平台。同时,微信还有小程序和公众号功能,能够进一步提升用户的参与度和体验感。

（2）微博。微博是一个信息传播速度较快的平台,适合发布热门话题、品牌活动、宣传活动等内容。微博用户更加注重内容的实时性和公共性,因此一些具有话题性和争议性的内容,往往会在微博上引发更多的讨论和传播。

（3）抖音和快手。抖音和快手是短视频平台,特点是短时、有趣、易传播。这两个平台适合发布轻松、搞笑、有创意的短视频内容,可以吸引更多年轻用户的关注和参与。

（4）B站。B站是一个面向二次元文化的视频分享平台,用户多为年轻人,他们喜欢动漫、游戏、影视等内容。B站上的内容通常更加专业和有趣,适合传播时间更长、更具创意的视频内容,能够吸引更加专业的粉丝群体。

（5）小红书。小红书是以时尚、美妆、生活方式为主题的社交电商平台,用户多为90后女性。在小红书上,用户更倾向于分享购物心得、产品试用报告和旅行攻略等内容,这些内容对于品牌推广和产品推广有很好的效果。

除了以上平台,还有一些特定行业的媒体平台,例如汽车行业可以选择在汽车之家、新能源车之家等媒体平台进行传播；电商行业可以选择在京东、淘宝等电商平台进行宣传和推广。选择符合行业和受众特点的媒体平台,能够更好地实现传播目标和营销效果。

（二）结合媒体融合进行传播整合

在传播策划中,策划人可以采用媒体融合的传播方式。媒体融合是指将不同媒体平台和渠道进行有机整合,形成传播合力,从而提高信息传播的覆盖面和影响力。例如,可以先通过微博或微信发布内容,再引导用户转至相关视频平台观看更详细的视频内容,实现线上线下的融合传播。媒体融合可以扩大传播范围,增强传播效果,提升用户互动体验。

【案例】

外卖平台媒体融合传播

1. 多平台宣传

外卖平台利用抖音、小红书等社交媒体平台进行宣传,充分利用这些平台的用户活跃度和流量及其娱乐性和时尚性特点,在这些平台上发布有趣、有吸引力的内容,例如美食短视频、美食点单攻略等,以吸引受众的注意和兴趣。

2. 微信平台领券

在抖音、小红书等平台上,外卖平台会引导受众点击链接或扫描二维码前往微信平台领取优惠券。微信平台是一个常用的社交媒体平台,也是很多品牌进行优惠券派发的重要渠道。通过在微信上发放优惠券,可以提升受众的参与度和转化率。

3. 外卖平台消费

受众领取优惠券后,外卖平台会进一步引导受众前往外卖平台进行消费。通过引导受众在外卖平台上消费,可以实现将流量转化为实际销售。

通过以上传播整合做法,外卖平台实现了多平台宣传、引导受众领券、引导受众消费的有机结合(见图10-9)。通过不同平台之间的衔接和引导,有效地吸引了用户参与,提升了品牌曝光度和转化率,同时实现了线上线下的融合传播,取得了很好的整体营销效果。这种媒体融合的整合传播策略在提升品牌知名度和市场份额方面具有一定优势。

图10-9　饿了么品牌在抖音、微信及官方平台的营销截图

(参考来源:抖音账号@奶茶不要珍珠、微信账号@外卖神券、饿了么APP平台)

三、传播策划与数据驱动

在新媒体时代的传播策划中,数据驱动的方法和技巧是非常关键的。通过科学的收集、分析和利用数据,策划人可以更加精确地把握受众需求、优化传播策略、提高传播效果,实现精准传播和精准营销。

(1) 基于数据分析优化传播策略。数据分析是数据驱动的关键一环。策划人可以通过各种数据分析工具,如百度统计、谷歌分析等,收集和分析用户行为数据、用户兴趣爱好、访问路径等信息。通过深入了解受众行为和需求,可以更加准确地定位目标受众,进而优化传播策略,提高传播效果。

(2) 设定传播效果评估指标。在传播策划中,设定传播效果评估指标是非常重要的一步。这些指标可以根据传播目标来确定,比如用户参与度、转化率、点击率等。通过设定明确的评估指标,策划人可以更好地衡量传播效果、发现问题,并及时调整策略,确保传播目标的实现。

(3) 实时监测和改进传播效果。在实施传播策划方案后,策划人需要实时监测传播效果,并进行及时改进。数据监测可以通过数据分析工具实现,例如通过实时数据报告和统计图表,随时了解传播效果和情况。如果发现传播效果不如预期,策划人可以及时调整传播策略,以提高传播效果。

(4) 利用数据驱动决策。数据驱动的传播策划强调要根据数据结果进行决策。策划人在制定传播策划方案时,不再完全依靠主观判断,而是依据数据分析的结果来确定传播目标、选择传播渠道、制定传播内容等。数据驱动的决策可以使传播策划更加科学和精准,有助于提升传播效果和传播投资回报率。

课堂讨论

新媒体传播策划的成功案例还有哪些?

课后请运用本节的理论知识,并结合实际案例经验,自拟一个项目,进行新媒体传播策划方案的设计。

实训案例与设计Ⅲ：
新媒体项目策划

本节将介绍两个策划案例。第一个案例是纵向地呈现一个项目比稿中最优策划案的完善过程，第二个案例则是横向地将一个项目比稿中的最优策划案和另一个策划案进行比较。

一、案例展示：武汉精益眼镜品牌推广策划项目

1. 企业及品牌介绍

武汉精益眼镜有限公司（以下简称武汉精益）是中华人民共和国商业部命名的"中华老字号"企业。精益眼镜起源于上海，始创于1911年。1912年，精益眼镜在武汉和北京开设分店。1921年，精益眼镜成立10周年之际，已在17个省、市设立了分支机构，开我国眼镜业连锁经营的先河。1917年冬，伟大的革命先行者孙中山先生来到精益眼镜广州分店配镜，并为精益眼镜题词——精益求精。精益眼镜是享有盛誉、中外驰名的民族产业品牌。武汉精益眼镜是上海精益眼镜公司在国内最先开设的分店，发展到如今，已历百年风雨，在行业内享有很高的声望。精益眼镜引进国际一流的验光、加工和检测设备，处于技术领先地位。武汉精益眼镜有限公司技术总监黄礼妮曾荣获"全国技术能手""湖北省技能大师""湖北省技能状元"等多项荣誉称号，代表了企业在行业中的地位和实力。

2. 项目企业及品牌的遴选标准

项目选择的首要标准是学生要对该项目产品及品牌"既熟悉又不熟悉"，对项目品牌与产品的目标消费人群"既熟悉又不熟悉"。如何理解这个"既熟悉又不熟悉"呢？以此项目为例，首先从产品来看，眼镜是学生所熟悉的产品，多数学生都戴眼镜。这是"熟悉"的一面。但同时，目前市场上眼镜的种类、所涉及的技术都有许多新的发展，配眼镜的过程也不再是单纯的验光。"眼镜"这个产品的概念已经从单纯的物理产品发展成一个包含物理产品在内的"视力解决方案"和体验性消费过程。而眼镜店在整个产业链中的位置也有所不同。有的眼镜品牌只是品牌，镜片及加工全部来自镜片提供商，而有的品牌，如精益眼镜，则是购买镜片，运用自己的技术进行加工。同时，眼镜的种类、所涉及的技术、眼镜更换的周期等和过去相比都有很大的不同。所有这些对于学生来说又是"不熟悉"的，需要他们在项目策划过程中逐步去体会和了解。虽然这种对产品理念、概念的理解并不一定会直接体现在策划提案上，却是做好提案的前提和基础。

其次，从品牌来说，精益眼镜是学生熟悉的知名品牌，位于武汉江汉路口附近的武汉精

益眼镜总店也是体现武汉历史文化风貌的知名网红打卡地。但同时,学生对于品牌的历史发展、品牌与行业内其他眼镜品牌之间目前所处的行业竞争态势又是"不熟悉"的。

再次,从产品和品牌的目标消费人群来看,一方面学生自己就是产品和品牌的使用者,所以学生对产品和品牌是"熟悉"的。但从另一方面来说,眼镜的目标消费人群几乎涵盖了每一个不同的细分人群,比如职场人士、老年人、为少儿选择眼镜的父母等,对于这些人群,学生在不同程度上又是"不熟悉"的。"熟悉"让学生有了一个开始的起点,而"不熟悉"则让学生有了探索、提升的空间。这是最为理想的状态。

此外,项目选择还要考虑如何实现企业和学校的双向获益。首先是企业有需求。武汉精益眼镜有限公司在新的市场竞争环境与媒介传播环境下希望进一步实现品牌的年轻化,让老字号焕发出新的活力。年轻一代是未来市场产品消费的主力军,同时他们又充满创意、想象和活力,在老师的指导下,他们可以提供一些新的可资选择和参考的方案。这也是企业最为期待的收获。其次,对于学校来说,眼镜作为大众产品、日用消费品,又兼有健康概念,还带有美妆概念,是市场主流品类之一,是学生了解市场和品牌运作的非常好的切入口,给了学生做好项目的动力和成就感,而这也正是学校、学生的收获所在。

3. 项目策略/项目实施方案

(1)方案内容。

【案例】

精益眼镜品牌全案策划项目实施方案

一、项目内容

湖北经济学院新闻与传播学院"新媒体策划与创意课程"分6个组开展精益眼镜品牌全案策划。

品牌目标:精益眼镜品牌的年轻化、时尚化。

全案策划内容:市场分析、消费者分析、品牌定位、品牌主题slogan、品牌推广策略,包括社交媒体账号定位及包装、线上线下活动策划等。

二、项目启动

本周五上午,精益眼镜品牌方代表向同学们介绍品牌概况、营销概况、市场及竞品概况,回答同学们提出的问题,正式启动项目。

三、项目执行时间

11月上旬—12月下旬。

四、项目成果展示

12月下旬,各组完成项目,进行比稿展示。届时,邀请品牌方代表前来学校进行评审,评定各组成绩排名,并进行点评。

五、项目协作安排

品牌方提供相关品牌资料,包括图文、视频资料。品牌方代表在微信群和同学们随时保持沟通。

(2)项目流程和教师指导过程。

整个项目周期大约6周。项目流程大致如下。

首先是项目准备:完成分组,确定各组负责人。

　　项目运作第1周的上课时间,邀请甲方负责人来课堂为同学们做宣讲。在这个案例中,武汉精益眼镜有限公司对此次合作非常重视,公司董事长、公司技术总监、公司运营总监及营销团队主要成员来到实验课课堂,分别为同学们做企业介绍和品牌策划项目宣讲。实践证明,这样的宣讲活动对学生来说非常重要。它让学生真切感受到,这不是一次模拟,而是一次实战,最后的实验项目结果将接受社会的检验。如果能够得到社会、企业的认可,那将是实实在在的肯定,会对学生产生有效的激励。同时,这样的宣讲活动本身也可以让学生直接和甲方对话,更全面更直观地了解产品、品牌和市场的现状,了解甲方对自己的产品、品牌的认知及发展目标,同时搭建项目运作过程中的沟通交流渠道。

　　项目宣讲完成后,各组在课后即刻开始收集资料,撰写提案中有关产品、市场、消费者的分析报告,并在此基础上提出品牌的调性和定位,确定主要的slogan。

　　项目运作第2周的上课时间,各组对产品、市场、消费者分析及品牌调性、定位、slogan部分进行了第一次提案,由任课教师进行点评。课后各组再讨论分析老师的意见,并对方案进行修改。

　　项目运作第3周的上课时间,各组再次对产品、市场、消费者分析及品牌调性、定位、slogan部分进行提案,由任课教师进行点评。课后各组结合教师修改意见进一步修改完善并开始讨论推广策略。

　　项目运作第4周的上课时间,各组分别讨论推广策略,教师巡视各组,听取各组讨论情况,并回答各组同学提出的问题。课后各组完成全案陈述的初稿制作。

　　项目运作第5周的上课时间,各组陈述全案,由任课教师进行点评。课后各组结合教师意见和建议进行完善。

　　项目运作第6周的上课时间,各组正式提案,武汉精益眼镜有限公司运营总监及运营团队主要负责人和特别邀请的某文化传媒传播公司负责人共4人作为评委,对6个项目组的提案进行打分、点评。

　　项目结束后,比稿会上的评委打分将作为各组期末成绩。也就是说,每个小组成员的期末成绩都是一样的。小组平时成绩的依据有三点:其一是由小组负责人在列出每位小组成员所做的贡献后进行排名;其二是各组在比稿完成后提交项目总结,结合比稿结果,总结自己的成功和不足,总结自己得到的收获及对课程、项目安排的意见和建议;其三是各组的比稿成绩排名。任课教师结合这三个部分给出每一个同学的平时成绩。

　　以下是比稿会最优策划案在任课教师指导下的修改过程。

　　首先是初稿的第一个部分和第二个部分,也就是有关市场、产品、消费者的分析部分和品牌调性、定位的部分。首先是优胜组初稿第一部分的主要内容。

　　从一个作业的角度来看这一组的初稿没什么太大问题,可以看出该项目组成员付出了相当大的精力,收集了不少资料,对策划产品和行业有一定的了解。同时也体现出项目组成员初做策划案普遍存在的问题。这个共性问题就是对资料缺乏整合、提炼,仅仅将资料进行罗列,没有提出问题,没有自己的观点。

　　指导学生做提案的时候,老师首先提醒学生牢记一个原则:要想说服受众消费者,首先要说服甲方。而要说服甲方,就要从第一张PPT开始,让甲方有看下去的期待和欲望。

这份初稿在市场描述部分所罗列的这些事实，不能说不对，但是对于多年深耕行业的甲方来说都是非常清楚的，所以这些内容实际上是"正确的废话"。甲方非常清楚的东西，我们再陈述一遍，毫无意义。这就是做项目陈述和做一个市场分析作业不一样的地方。它不要求面面俱到，它要的是观点，必须排除"正确的废话"。

相比之下，另一组的初稿的市场描述部分就做得比较好，其在开篇的"基本市场情况"部分就提出：如今，眼镜市场存在六利好、六挑战。六利好是指眼镜存在消费升级、依赖性强、重新定位、重新洗牌、体验需求属性、需求上涨等情况；六挑战是指用户选择比较多、时尚风尚难把握、下沉市场不好做、市场需求各不同、进口产品口碑好、近视手术分市场。

这个"六利好""六挑战"就是在了解、占有相关市场资料的同时，对资料进行了提炼、解读，并提出了自己的观点。这类观点才有可能引起甲方的注意，让甲方可能产生继续听下去、进一步了解提案思路的欲望，并有可能引起甲方的认同和共鸣。而单纯的资料罗列完全无法做到这些。做精益眼镜提案的六个项目组中，在初稿阶段只有这一个组做到了这一点。

优胜组初稿中的"消费者需求"部分存在的主要问题，是缺少进一步的深入分析，流于表面，泛泛而谈，没有突出消费者的需求重点或痛点。项目组虽然通过消费调查采集了一些数据，列出了消费者关注眼镜产品的若干方面，但都属于消费者的浅层关切。策划人没有通过资料、自己对产品的体验，以及对周围人的观察，提炼出深层的消费者需求。比如，这份初稿提出，用户配眼镜的主要需求中，居于首位的是改善视力、防蓝光、防电子产品对眼睛的刺激。但是这其实是目前多数眼镜产品的主打诉求，已经不再是消费者需求的痛点。消费者需求的痛点，可能是希望眼镜能戴着"舒服"——很多时候，用户会发现，眼镜戴上后，虽然看得更清楚了，但是不舒服，总是有许多细节体验上的问题。这就和验光师的水平有关了，验光不仅是验度数，还包括对镜框眼距、倾角的微调等，体现的是对每个消费者个体特性的考量。所以，"看得清楚、防蓝光"是表面化的、大众化的需求；而"戴着舒服，拥有一副真正属于我自己的眼镜"，才是消费者对眼镜需求的升级，才是更为深层的消费者需求。而通过和项目甲方武汉精益技术负责人和营销负责人的交流、请教，可以进一步发现，仅就"看得清楚"这一点来说，现在消费者所需要的、眼镜店所提供的，已经不再仅仅是一副眼镜，而是为每一个客户量身定做"视力解决方案"。与之相对应的消费者需求也已经从"改善视力"升级到长久稳定的"视力管理"，以及保持视力的稳定和眼睛的长远健康。这才是对消费者需求痛点的更为深层、更有深度的把握。

这里需要说明的是，教师在指导过程中要注意，不要直接否定学生提出的某个想法，以另一个想法去代替，而是要帮助学生进一步深化自己的想法。就这个案例来说，教师并不是简单否定"看得清楚、防蓝光护眼"的需求，而是让学生沿着原来的表面化的需求进一步提炼、深化、升级。

在接下来的第二稿中，该项目组有了很大的进步。他们通过SWOT模型对产品、市场、需求做了提炼和梳理。与第一稿相比，观点性的内容得到了强化，也更能体现项目组的思考，同时该项目组还特别提出了"青控产品"这个新的机会。"青控产品"，涉及"青少年视力控制"概念，在一定程度上，孩子的健康成长是父母最大的关切。任课教师提出，可以将"青控"作为整个策划案的核心，但是有两点要注意：首先，要说明为什么要选择"青控"这个发力点，因为选择这个核心的同时也就意味着要放弃其他的可能选择，比如在品牌的时尚化表现方面可能就会用力少一些；其次，这个SWOT模型在学生提炼观点、问题上发挥了作用，但是将它作为陈述的框架不一定合适——因为区别于做学术研究搞学术汇报，SWOT的陈述顺序和说服甲方应体现的逻辑链条之间并不那么合拍，如果面面俱到则会显得杂乱。

而第二稿的品牌内涵和定位部分，显得比较乱，逻辑说服力不足，自我视角和新的定位之间的传承与超越的关系没有说清楚。"视界之大，不止是眼前"这个slogan不错，但是目标消费人群、品牌定位和slogan之间缺乏关联性。目标消费者是"对眼镜品质有追求的、有一定岁月沉淀的消费者"，而品牌定位则是"关注眼部健康、解决眼部问题的中高端国货品牌"，可是前面的市场和消费者分析又重点提出将"青控"作为新的市场机会。"视界之大，不止是眼前"这个slogan显然更倾向于年轻人，更倾向于面向未来，与"岁月沉淀""国货"并不太搭。据此，任课教师建议该项目组进行取舍，首先选择"青控"这个细分市场进行切入，品牌调性应倾向于体现父母对孩子寄托的希望，围绕亲子、关心、鼓励展开话题和活动的策划。

该组赢得比稿优胜的最终PPT陈述稿和初稿相比，其市场消费者和产品描述部分体现了突出的问题意识，不是单纯地提出自己的观点，而是论证了自己的观点，具有较强的说服力。提案开篇连续提出了4个问题，以问题统摄自己的论述，第一个问题说明由于消费者需求的精细化，品牌规划也应进行市场细分，针对不同的细分市场采取不同的策略，不能再如过去那样面对无差别的大众市场大而化之地进行粗放式的推广。第二和第三个问题则回答了在选择重点细分市场时为什么要以"青控"镜片市场作为当前品牌推广的重点。第四个问题则是说明消费者需求所发生的结构性变化，并且给出了一个非常有说服力的概括性结论：功效性优先、售后服务次之、性价比最末。提案在概述市场、产品和消费者的时候，有选择地突出了重点，始终保持和甲方对话、说服甲方的姿态，基本改进了初稿中的那种泛泛而谈、大而化之的罗列做法。

该组在上述策略选择的基础上，提出了品牌定位——中高端专业眼部健康品牌，并以"专业、安全"作为品牌调性。这个品牌定位看上去好像也没有什么特别之处，但是其中包含着一个转变，就是将眼镜的产品概念由"视力"调整为了"眼部健康"。这正是项目组深入理解当前眼镜行业消费需求的结果。同时，这个定位与调性是将"青控"镜片细分市场作为品牌推广主赛道的选择。教师在对学生进行策划指导的时候一定要强调，提案是一个选择说服的过程。很多时候，一个很"炫"的方案，如果缺乏说服力，甲方是难以冒险采用的；一个有说服力的看上去不那么"炫"的方案胜过一个没有尝试说服、缺乏逻辑链条的、看上去很"炫"的方案。该组终稿提出的slogan延续了初稿的提法，但是经过了前面部分的调整后，整个逻辑链条就理顺了。"视界之大，不止眼前"，从品牌自身历史内涵的延续来说，是对"精益求精"精神的衍生，对"老字号"所包含的品牌精神做了不断创新、不断超越、不断向前的新的诠释。而从消费者的层面来看，这个slogan体现了"青控"镜片赛道主要消费人群，也就是父母对孩子所寄予的期待和美好祝愿，也体现了年轻人面向未来的开拓进取精神。同时，这个品牌口号也体现了产品与视力相关、眼部健康相关的功能特点，体现了对眼部健康持续的呵护。

最后的推广策略部分，包括社会性活动"精益奖学金"以及社群性活动"精益护眼亲子夏令营"，采取了先做面上的广度方面的推广，再做重点社群的黏性方面的深耕，再到线上话题的铺开和利用KOC、KOL发声的策略，体现了项目组在阶段策略方面的用心。其中"精益奖学金"和"精益护眼亲子夏令营"的可操作性、可持续性都很强，并且可以为精益的社交账号提供鲜活的素材,本身也可能创造出一些有意思的话题,同时还具有一定的新闻性,具备用户自主二次传播的潜能。

整体来看,这个提案简洁、专注、逻辑性强,推广策略是对前期市场和消费者洞察及品牌定位调性的逻辑延伸,运用了事件营销、活动营销的思路,具有一定创新性。同时,提案的可操作性也很强,与品牌和产品的历史、现状都比较贴合。也正因为这些优点,在最后的比稿中,武汉精益眼镜有限公司营销总监等三位来自甲方的评委一致将这个提案评为第一名。

在整个项目指导过程中,任课教师有一个突出的感受,就是学生提案中往往会有比较好的创意想法,但是他们又往往没有意识到自己提案的真正闪光点在哪里,所以往往不能抓住核心,不能结合自己的前期工作延伸形成有说服力的逻辑链条。学生提案中的市场、产品、消费者分析部分,品牌定位调性部分,推广策略部分经常脱节,各说各话。这既和学生的整体思路梳理有关,也与有的项目组分解任务后各管一摊的工作方式有关。任课教师在指导过程中对此应特别注意。

二、案例展示:汉口茶厂品牌推广策划

1. 企业及品牌介绍

"汉口茶厂"作为一个茶叶品牌,其历史可以追溯到19世纪60年代。当时正值清朝咸丰、同治年间,由于清政府对太平天国的战争,传统茶路中断,晋商转而采运两湖茶叶,将湖南安化、聂家市,以及湖北蒲圻羊楼洞、崇阳、咸宁的茶,就地加工成砖茶,经水路沿长江集中运至汉口,再溯汉水北上。同时,俄商也在汉口租界沿江一带开设采用现代制茶工艺的茶厂,用蒸汽机和水压机制作砖茶,成为我国中部地区的第一批现代产业。这些茶叶由汉口经上海、天津出口,行销世界,砖茶出口贸易量跃居全国首位,一度达到世界茶叶贸易总量的一半左右。由此,汉口作为中国近代砖茶工业的诞生地,一跃成为世界茶叶之都,号称"东方茶港"。而"汉口茶厂"则成为中国现代茶叶工业和产业的象征,在全世界享有盛誉。1950年,新中国成立伊始,中国茶叶公司中南分公司正式组建汉口茶厂,中国红茶之父冯绍裘先生被任命为汉口茶厂厂长。新生的汉口茶厂在冯先生的主持下,改革了红茶的精制加工工艺。由汉口茶厂拼配的各类红茶经由湖北口岸出口到世界各国,是当时新中国主要的出口创汇商品之一。尤其是汉口茶厂加工的宜红茶,作为湖北优质红茶的代表,更是频频亮相于重大国事活动。根据我国商标法,商标一般不允许使用地名标识。但汉口茶厂由于拥有丰厚的历史内涵与特定的制茶工艺,在作为企业名称的同时,也特别获准注册为茶叶商标,成为品牌名称,并被认定为"湖北老字号"。

2. 项目企业及品牌的遴选依据

茶叶这个产品对于学生来说,同样是"既熟悉又不熟悉"。一方面,茶叶起源于中国,历史悠久,是深受人民群众喜爱的日常生活饮品,许多学生家中的长辈都爱喝茶,学生们对茶叶当然是"熟悉"的。但是另一方面,茶叶的消费人群年龄偏大,和学生之间有一定的年龄和心理距离,许多有关茶叶的品类、口味、工艺方面的知识,学生们也不太了解,所以学生对于茶叶又是不大熟悉的。就品牌来说,茶叶市场有一个特殊的现象,就是茶叶的产地和品类更为大众所熟知,比如西湖龙井、信阳毛尖、恩施玉露、云南普洱,其品类和产地的知名度压过了品牌。国内的茶叶市场,如果以品牌的视角来看待,是非常分散的,除"小罐茶"等近几年

来打响的极少数品牌外，几乎没有具有较大影响力的茶叶品牌。国内茶叶市场缺少龙头企业和龙头品牌。相比之下，在与茶叶类似的咖啡市场以及国外茶叶市场，就有立顿红茶、雀巢咖啡、瑞幸咖啡等品牌。对于茶叶来说，品牌区别于品类产地的重要性在于它可以赋予产品以调性、个性，体现产品特殊的加工制作工艺所带来的口味价值，体现产品的独特品质。汉口茶厂是具有丰富历史文化内涵、具备独特工艺品质的茶叶品牌。武汉的地标风景地汉口江滩就有体现汉口茶厂及汉口东方茶港历史地位的场景雕塑，学生们由此对汉口茶厂有所耳闻和了解，但是学生们对茶叶品牌的整体现状、格局，对汉口茶厂的历史文化内涵、品质技术价值以及中国历史悠久的茶文化缺少全面深入的理解。因此，选择汉口茶厂品牌，选择茶叶，对于学生来说，同样是既有着手的起点，又有深入研讨、创新创造的天地。

这一项目的选择同样也考虑到了如何实现企业和学校的双向获益。首先企业有需求。茶叶的品牌运营在国内市场正处在一个有待发展和成熟的阶段。尽管有和茶叶品牌具有相似性的酒类品牌、饮品品牌的发展经验可供参考和借鉴，但茶叶品牌的发展终究需要走出自己的路。湖北省茶叶集团有限公司希望借此合作机会，为汉口茶厂这一"老字号"品牌的下一步运营寻找一些新的思路，并以学生的活跃思维和年轻人的理解为"老字号"注入新活力。对于学生来说，由于茶叶本身在产品大类上可以归入饮品类，而饮品又是快消品的一个重要类别，因此可以借此更好地了解快消行业，更好地了解、理解并探索快消行业品牌运营和传播的规律。同时，由于茶叶产品及行业格局的特点，学生也可以就此来探索具有丰富历史文化内涵、消费人群偏大龄的产品如何实现品牌内涵、产品场景的年轻化。这些都是互联网传播所能解决的带有普遍性的问题。

3. 项目策略单/项目实施方案

（1）方案内容。

【案例】

汉口茶厂品牌全案策划项目实施方案

一、项目内容

湖北经济学院新闻与传播学院"新媒体策划与创意课程"3个班级分15个组开展汉口茶厂品牌全案策划。

品牌目标：适合互联网传播与线上营销的汉口茶厂品牌运营方案。

全案策划内容：市场分析、消费者分析、品牌定位、品牌主题slogan、品牌推广策略，包括社交媒体账号定位及包装、线上线下活动策划、线上销售策划等。

二、项目启动

本周三上午，湖北省茶叶集团有限公司汉口茶厂品牌方代表向同学们介绍品牌概况、营销概况、市场及竞品概况，回答同学们提出的问题，正式启动项目。

三、项目执行时间

11月上旬—12月下旬。

四、项目成果展示

12月下旬，各组完成项目，进行比稿展示。届时，邀请品牌方代表来学校进行评审，评定各组成绩排名，进行点评。

五、项目协作安排

品牌方提供相关品牌资料,包括图文、视频资料。品牌方代表在微信群和同学们随时保持沟通。

(2)项目流程和比稿结果分析。

整个项目周期大约6周。项目流程大致如下。

首先是项目准备:任课教师拜访企业,和湖北省茶叶集团有限公司副总经理等座谈,听取有关行业、企业、产品和品牌的介绍;完成项目分组,确定各组负责人。

项目运作第1周的上课时间,邀请甲方负责人来课堂为同学们做宣讲。在这个案例中,武汉茶叶集团有限公司两位副总经理来到实验课堂,分别为同学们做企业介绍和品牌策划项目宣讲。项目宣讲完成后,各组在课后即刻开始收集资料,撰写提案中有关产品、市场、消费者的分析,并在此基础上提出品牌的调性和定位,确定主要的slogan。其他项目流程均和案例一相同。

项目运作第6周上课时间,各组正式提案,湖北省茶叶集团公司两位副总经理和院系负责人参加此次比稿会,新闻与传播学院院长致欢迎词。甲方两位副总经理对三个班级共15个项目组的提案进行评分和点评,整个时长达三个半小时。每组提案限时10分钟,提案完成后接受评委提问。项目比稿结束后,成绩评定方式和案例一相同。

此次比稿结果和任课教师的预想存在较大差异。任课教师花了很多工夫指导,同时也最满意的项目组提案未能进入前三名,在15个提案组中位居中游。而任课教师原本并不是很看好的一个组,却出乎意料地拔得头筹。这样的差异恰恰说明了邀请第三方来评价的意义和价值。下面分别介绍上述两个提案的主要观点。

提案1以"茶叶的新生"为提案标题。提案首先介绍了茶叶线上消费人群和市场规模的现状和趋势。根据数据,茶叶的线上消费人群年龄分布中,19岁到40岁之间的人群在茶叶线上消费人群中的占比接近85%,其中19岁到30岁之间的人群在整个茶叶线上消费人群中的占比接近47%。这说明,尽管总体来说茶叶消费人群有偏年长、偏成熟的特点,但是线上茶叶消费人群却相对年轻化。同时茶叶的线上消费市场规模也在持续的增长当中。2023年,线上茶叶消费规模近360亿元。由此得出结论:线上茶叶市场年轻化凸显,且市场规模和市场增长潜力大,茶叶销售必须面向年轻的消费人群提出新的喝茶场景和概念。

该项目组经过实地调查,发现目前线下茶叶门店过于传统和商务化,虽然也有茶艺、泡茶等有关茶文化的具体场景,但年轻群体不易融入其中。因此,应以更生活化的场景、以年轻人更容易接受的方式来包装茶叶、推广茶叶,将年轻人生活中的各种情绪场景化,将茶叶与年轻人的生活场景融合。那怎样做到情绪化、生活化、场景化呢?提案将这些问题进一步细化,提出上班的时候喝什么、各个节日喝什么、午后休闲喝什么、喜欢一个人的时候喝什么等问题。这些场景中都可以植入茶叶元素。那么如何植入茶叶元素,如何把这些新的场景串联起来,让每个人都有自己的专属茶呢?项目组据此推出一个新概念——汉口茶厂急救包系列。之所以以"急救包"作为新的理念,是因为它虽然看上去有些特别,却适应年轻人"用夸张来宣泄情绪,用调侃来舒缓压力"的特点。包装设计为印有"急救包"的暖色调大盒子,内里的小盒分为不同板块,每个板块分装对应的快捷茶包。同时分装小盒采用盲盒形式,内置不同正能量祝福语,例如"喝一杯茶,解救处于困境的自己",这是包装的惊喜部分。

急救包的种类包括"社畜急救包""学习急救包""社交急救包"……希望不同的人都有自己的专属茶。

提案时,该组以"社畜急救包"为重点,以疗效为讲解策划思路:通过不同类型的茶包救助各类在快节奏工作压力下的社会工作人员,为他们舒缓心情,提供难得的休闲一刻。一盒"社畜急救包"分为四个板块:"加班茶",一款缓解精神紧张的乌龙茶包;"老板见后茶""别人生气我不气,气出病来无人替"的舒心绿茶包;"午困茶",时刻要注意休息、为自己的健康负责的助眠红茶包;"周一再见茶",周末放假,怎么能让工作令你显得疲惫?来杯重振精神的白茶,尽情享受玩乐时光。

提案1认为,传统丰富的茶文化,特别是富有艺术感且烦琐的茶艺、泡茶流程有可能在新的时代成为促进年轻人喝茶的障碍。提案提出简便的泡茶理念,对传统的泡茶仪式进行了更接地气的改造。如何实现新的简便泡茶仪式呢?可以在产品包装上做些革新,在茶叶礼盒里附赠便携式小巧泡茶茶具、带滤网的茶杯等。而这也正是"社畜急救包"的第一个优点。"社畜急救包"的第二个优点则是具有"趣味性拯救"的理念,倡导"拿得起放得下、有目标、看得开"的人设。

提案1最后提出的推广渠道包括抖音、微博、小红书。在抖音等短视频平台上发起"社畜急救包"话题活动,吸引更多年轻创作者提供方案、创作视频作品;以更新颖的形式,如视频中发弹幕、视频游戏小测试等增加趣味度;与主要创作方向是故事/美食的视频创作者合作,从故事性和多样的口味两方面吸引年轻消费者。在微博平台选择年轻人主要关注的博主,以及以囤货、薅羊毛为主要引流主题的博主进行好物推荐,同时在微博发起相关话题活动(如#社畜急救包#你的上司/公司有多离谱)吸引年轻人参与,进行"社畜急救包"的相关推荐,并在微博发起抽奖活动,增加流量。在小红书平台选择网红博主发布购买引导,选择美食博主进行测评以及开展宣传营销。主要宣传形式为图片以及文章推送。

提案2首先将茶叶称为"茶饮",指出茶饮市场有前途:近几年饮品市场竞争是非常激烈的,在竞争中出现了各种各样的品牌,让人眼花缭乱,目不暇接,并且口号也都叫得非常响,茶饮市场则相对默默无闻,但整体的销售额在稳步增长,所以茶饮市场是有前途的。

同时,茶饮市场也有危机。危机在哪里呢?就是茶饮市场在整个饮品市场里显得过于沉闷了,没有突出的品牌,品牌缺少个性,难以在消费者心中留下深刻印象。即便是像小罐茶这样的知名品牌,其品牌调性以及个性也不大鲜明,形象不够鲜活,比不上做得比较好的其他类别的饮品品牌,比如白酒类的江小白。

茶饮市场有痛点。痛点是什么呢?就是消费者无从选择,你说消费者选择品质吧,但他们缺少专业知识,不知道怎么区分;选择气质吧,也没有感觉茶饮品牌具有突出的个性和气质,没有像"小茗同学"这样充满个性气质的品牌;选择历史文化吧,喝个茶解个渴难道还要考试还要做选择题吗?所以相对而言,茶饮市场有痛点。

提案2接下来分析了汉口茶厂品牌和产品。提案对品牌和产品现状进行了提炼概括。

首先是有潜力。汉口茶厂旗下的主要产品是宜红茶,宜红茶是中国三大红茶之一,它运用了现代制茶技术,从品质上来讲是有潜力的。其次是有遗憾。虽然有这么好的潜力,有这么好的底子,但是其知名度对于普通茶叶消费者来说还不算高,这是遗憾。最后是有机遇。那机遇是什么呢?就是汉口茶厂虽然大众知名度不高,但是放眼望去,整个茶饮市场也没有知名度很高的品牌。这对于企业而言,就是一种机遇。

提案2认为,在此基础上,面对此机遇,应实行差异化竞争,不拼产品拼品牌,不拼品质拼气质。尽管汉口茶厂的茶叶产地好、品质好,但是在整个茶饮市场,有好产地、好品质的茶并不少,比如武夷山的大红袍、云南的普洱等,因此在这方面比较难做到脱颖而出,也很费口舌去解释和说明。而饮品市场的消费者不想听解释、看说明,消费者需要受到冲击,受到感染,因此要做一个差异化的品牌,要不拼产地拼品牌,不拼品质拼气质。

在消费者分析部分,提案2提出当下年轻人精神需求的核心就是想做自己,渴望过自己的生活。但是做自己也并不是一件轻松的事,其中的问题在哪里呢?第一,生存的压力让我们怕做自己;第二,永远追不完的潮流,让我们迷失自己;第三,在很多时候我们害怕孤独,假戏真做,硬要投入一个不属于自己的圈子,让我们难做自己;第四,这个世界过于丰富多彩,外部干扰因素太多,让我们不知道究竟怎么样才能做自己。所以,尽管现在的年轻人很想做自己,但是怕做自己,迷失自己,难做自己,不知道怎么做自己。这实际上是年轻人内心最深层次的需求。当代年轻人所面临的最大的痛点,就是自我实现的问题,因此在塑造汉口茶厂品牌调性的时候,可以以这个痛点作为确定汉口茶厂品牌调性、定位、内涵的切入点。

据此,提案2提出了自己的品牌主张:有人说,世界上没有两个人是完全一样的,同样的,世界上也没有两杯茶是完全一样的。基于此,学生们提出了这样一个slogan:汉口茶厂,自己的人生自己泡。品牌的目标是希望能让这个口号打响,能够让它像鸿星尔克的"to be number one",像小米的"让每个人都能享受科技的乐趣",像佳能的"使不可能变为可能"一样,被消费者所熟知,给消费者留下深刻的印象。

提案对"自己的人生自己泡"这一品牌口号进行了详细的阐释。从产品自身的品质来讲,"自己的人生自己泡"意味着创新。汉口茶厂的茶叶从品质上来讲体现了制茶工艺的创新,中国现代红茶之父冯绍裘先生对红茶进行了多年的创新改良,将创新品质深深地刻在了汉口茶厂出品的宜红茶里。

"自己的人生自己泡"也意味着超越。汉口茶厂的发展历史是中国近代茶叶走出国门、走向世界的超越历程。100多年前,汉口曾经是世界上最大的茶叶贸易港口,从这里出发,喝茶由传统的品茗发展成为现代生活的下午茶,茶文化也不再局限于传统士大夫的烦琐仪式,而是成为现代都市年轻人生活中的一种舒适、温馨、放松、愉悦、怡然自得的状态。

"自己的人生自己泡"还意味着冒险与勇气。东方茶港与汉口茶厂的创始本身就是一次冒险的开始,它代表了诗与远方,但其实真正的诗与远方并不都是浪漫的,它也充满了各种各样的艰辛,所以伴随着冒险精神的,是它所代表的勇气。

综合来说,"自己的人生自己泡"包含了一种定力、无畏,它赋予了年轻人这样一种个性,即坚持走自己的路,做真正的自己。

提案2认为,这样的定位将消费者的痛点与产品品牌的历史和品质很好地融合到了一起,形成了这个品牌所特有的、不同于传统茶饮品牌的现代气质,它既是现代生活的气质,也是现代年轻人的气质。

关于线上推广部分,提案2提出主要围绕微博话题和知乎问答两种活动方式展开。首先是微博话题,以"坚持自己的选择是一种怎样的体验"为话题,通过话题标签激发用户分享自我的体验,从而让消费者共同参与到品牌精神的创造中来,让消费者觉得这样一个品牌是属于他们自己的品牌,让汉口茶厂成为年轻人自己的人生之茶。不仅如此,我们还可以在评论中引导用户进行造句,以"自己的人生自己泡"为出发点,进行全民造句活动,如推广"自己的()自己()"句式,让用户有更多的参与感。其二就是知乎问答,提出问题,吸引用户参与,分享人生路上面临重要选择的时刻,叙述那是一个怎样的过程,是一种怎样的体验。

  以上两个提案,任课教师偏爱的是提案2。原因有三,其一,是这个提案所提出的slogan"自己的人生自己泡"很上口,且富有内涵、富有个性,又显上进,从调性上来讲和年轻人非常搭。其二,整篇提案的提炼概括都比较好,比如将产品的现状概括为"三有":有潜力、有遗憾、有机遇;对市场的概括也是"三有":有前途、有危机、有痛点;而对消费者想做自己的分析也很深入,虽然想做自己,但是"怕做自己""迷失自己""难做自己""不知道怎样做自己"。提案提出的总体思路是"不拼产品拼品牌、不拼品质拼气质",提出的品牌主张是"正如世界上没有两个人是完全一样的,世界上也没有两杯茶是完全一样的"。整个提案在语言表达上非常有特色,简洁、凝练、有力。其三,整个提案逻辑性很强,环环相扣,有较强的说服力。当然这个提案也有问题,就是推广部分显得薄弱。但是任课教师认为从整个思路、调性的角度来说,这个提案还是很不错的,只要确定总体思路,确定方向,具体的策略相对来说是容易完善的。

  相比之下,任课教师认为"社畜急救包"这个提案有点"剑走偏锋"的感觉,让人觉得不是那么积极向上。而且把茶叶包称为"急救包",有点和灾病联系在一起的感觉,从传统观念来说可能有点不吉利。虽然整个提案的逻辑、概括、对市场和消费者的理解也不错,但是更像一个具体的策略,并没有提出一个完整的思路和定位。

  然而,最后的结果出乎意料,"社畜急救包"提案获得15个提案中的第1名。甲方认为这个提案最好的主要理由如下。其一,可操作性在所有方案中最强,是可以马上使用的,包装方案可行,网络推广策略和产品"社畜急救包"之间逻辑关联性强、营销适用性强。其二,网感好,在品牌表达上切合年轻人的特点,更贴合年轻人的气质,更接地气。其三,快消品、饮品和用户的重要接触点和主要购买激发点本就在包装上,这个提案以包装来体现定位,思路不错。而"自己的人生自己泡"尽管语言轻松活泼,但是背后的主旨还是偏于宏大,作为快消品,生活化的特征不如"社畜急救包"那么突出,而且在具体策略方面也显得比较空洞,太偏于"理念化"。

  正是通过第三方评价这样的视角差异,新媒体营销策划实验课程才能保持创新创造活力,才能如朱熹诗中所言"问渠那得清如许,为有源头活水来"。业界、受众、市场的检验和评价才是新媒体营销策划实验课程真正的"源头活水"。

新媒体运营篇

第十一章

新媒体运营的底层逻辑和平台运营方式

第一节 新媒体运营的底层逻辑

一、新媒体运营的基本思维

新媒体运营的核心目标是在新媒体平台上利用内容创意、社群互动、用户运营等方法，为企业或个人打造品牌形象，吸引目标受众，提升品牌知名度和影响力，促进产品销售及服务推广。此外，新媒体运营也要关注用户体验、互动参与度和数据分析等工作，不断优化营销策略，提升营销效果。

新媒体运营需要具备以下基本思维。

（1）行业思维。运营者需要清晰地了解行业的整体发展前景、行业竞品的运营方法和案例，对当前产品的发展前景、优势、问题、解决方案有清晰的认知，并且要了解这个行业的天花板在哪里。

（2）用户思维。运营者要从用户的角度出发，站在用户角度思考问题。要学会分析用户画像（职业、年龄、收入、性别、社会角色、地域等），了解目标用户的需求和兴趣，以及用户在不同平台上的行为习惯。不同群体有不同的需求，运营者要针对具有不同需求的用户提供不同的产品，采用不同的宣传方式，为用户提供有价值的内容和服务。运营者还需要对用户进行回访，获得用户反馈，不断优化营销策略，提高投资回报率。

（3）数据思维。运营者要通过数据和检测，分析曝光率、进入率、点击率、转化率、MAU（月活跃用户人数）、DAU（日活跃用户人数）、客单价、GMV（商品交易总额）等数据指标，了解营销活动的效果和用户反馈，不断优化营销策略，提高投资回报率。

（4）流量思维。有流量就有用户，有用户才能实现流量变现。运营者需要关注全平台热点，从不同角度和层面对热点进行发散，从而提出新的观点。要多看爆款榜，把爆款做拆解，找到爆款的规律，并进行复制。

（5）复盘思维。在某个事件或项目结束后，运营者要回顾和总结经验教训，以提高自身能力和团队协作效率。复盘思维包含以下几点。①目标明确:在开始复盘前,明确目标和目的,以便集中注意力,聚焦重点问题。②评估结果:评估是否达成目标,要客观地描述执行过程中出现的问题,不要带有个人偏见和情感因素。③分析原因:深入复盘执行过程中每一个环节,找出问题的根源,以便更好地提出改进建议。④总结经验:总结团队在整个过程中收获的经验和教训,发现成功和失败的原因,以便更好地提升自身能力和团队协作效率。⑤改进行动:提出具体的改进和优化建议,以便更好地提高工作效率和质量,和在下一次策划时更好地避免这些问题并且坚持既定方向。

二、新媒体运营的策略

新媒体运营的策略包含以下几点。

(1) 明确目标。在制定新媒体运营策略之前,运营者要明确自己的目标,比如扩大品牌曝光度、提高品牌知名度、增加用户量、增强用户黏性、提升产品销售额等。

(2) 产品分析。分析产品自身的优势、劣势,查看近一年的产品分析报告、产品的目标受众人群,找到产品的独特卖点和优势。

(3) 竞品分析。通过调查研究、社交媒体检测、网站分析、用户调研等方法了解竞品的优势和不足,发现自身的优势和劣势,了解市场行情,了解目标受众的需求和喜好,发现行业趋势和机会,优化自身的产品和服务,并制定相对应的策略。

(4) 平台选择。根据产品情况、目标受众分析,选择合适的新媒体平台,并采取不同的策略。

(5) 运营规划。根据选择平台的特点、用户分析、产品分析等内容,有针对性地制定方案,方案中包括目标、战略、具体执行计划。

(6) 数据分析。数据分析分为描述现状、诊断问题、业务预测三个阶段。首先要明确分析业务问题:通过具体的数据分析目标业务存在的问题;通过数据优化提升业务指标;通过历史数据挖掘规律,预测业务未来发展方向。然后拆解核心问题指标,把需要解决的问题分解为多个小问题,例如:要完成100万的直播间观众进入数,可先将其拆解为有多少曝光,曝光进入率是多少,新老粉丝分别占比多少,付费流量占比多少。再根据问题调取数据,并对基础数据字段进行加工,将其变成可衡量的数据指标。用数据分析即用漏斗模型、用户分析、对比分析、聚类分析、同期群分析、来源分析、埋点分析、表单分析等方法诊断问题。最后以图表等简洁的形式展现数据结果,重点注明通过分析发现的业务价值或问题,以及如何改正已有问题、延续业务价值。

(7) 渠道整合。从内容整合、形式整合、活动整合和用户关系整合等方面把各个新媒体平台信息整合起来,形成一个整体,以实现品牌宣传、营销推广和用户服务的效益最大化。

三、新媒体运营的能力要求

新媒体运营的能力要求包含以下几个方面。

(1) 内容创作能力。内容是新媒体发展的基础,在内容同质化严重的媒体环境下,产出独特、高质量、有价值、有吸引力的内容是对新媒体运营的基本要求。新媒体运营还要建立自己的选题库,可通过刷视频、刷图文来收集可用的选题,对于热门选题要尝试从新的角度去研究分析。日常生活中,创作者也要养成积累素材的习惯,多阅读、多记录、多思考,还可以多看辩论赛锻炼逻辑思维能力。同时,内容创作不是单纯的写作,还需要懂设计、会排版、能作图,与视频相关的运营人员还需要会拍摄、会剪辑等。

(2)活动策划能力。活动策划最核心的能力是统筹能力,一场活动会涉及方方面面,需要统筹人有创意思维、执行力强、有责任心、善于沟通、有组织协调能力。活动策划一般有五个阶段:①活动准备期,明确活动用户和活动目的;②策划期,准备好一份完整的策划案;③执行期,根据数据及时调整活动方案;④传播期,预热、引爆、收尾;⑤复盘期,回顾目标,显现效果,对比差异,总结经验。

(3)数据分析能力。数据分析最重要的是要保持对数据的敏感度和提升业务分析能力。首先是收集数据,可借助数据平台如新榜、西瓜数据、蝉妈妈、飞瓜等进行。其次是分析数据,先要从一堆杂乱的数据中整理出重点信息,然后将同类型、不同时间点的数据进行对比,找到比较突出的数据,分析数据呈现的规律和趋势。常用的数据分析方法有多维度分析方法、数据对比分析法、漏斗模型法、AARRR模型分析法、杜邦分析法。最后是总结结论,总结前一步的数据结果,分析其原因,有针对性地做出优化。

(4)持续学习能力。新媒体运营者想要在这个岗位持续发展,就一定要坚持学习,不断地优化自己的技术技能、行业知识、能力素质。不能单一地学习某个平台,而是要多平台发展,并掌握这些平台的基本操作技巧。既要了解各平台广告后台,如关键词优化、竞价排名等,也要熟悉互联网的营销工具和分析模型,如GoogleAnalytics、ChatGPT、百度统计等。要熟悉行业的发展趋势,掌握产品设计、定价等方面的知识,时刻关注竞品的情况,及时调整营销策略。同时需要具备良好的沟通和协调能力,能够与客户、领导、团队进行有效的沟通和协调,并加强自己的逻辑分析和数据分析能力。

第二节　抖音运营方法

一、确定商业变现模式

(一)电商变现

自有货源的企业商家/个人商家可以开通"抖店"自主进行商品上架、订单发货、售后服务等,还可以开通"精选联盟"招募达人进行分销。没有货源的达人,可以开通"商品橱窗"功能在"精选联盟"中挑选商品进行分销。

(1)抖店入驻材料和费用。企业入驻需要营业执照、法定代表人/经营人身份证、银行账号信息、店铺标识。个人入驻需要身份证、保证金(金额由店铺主体资质和经营类目决定,不同类目金额不同)。

(2)商品橱窗开通要求和费用。公开发布视频不少于10条(绑定自播官方号的,可不满足),抖音账号粉丝数不少于1 000个(付费企业号、绑定自播官方号的,可不满足);抖音账号经过实名认证(个人身份证、个体营业执照、企业营业执照均可、收款账户);已缴纳作者保证金(金额500元,但抖店商家无须缴纳)。

(3) 精选联盟入驻流程。

商家流程:抖店后台—精选联盟—计划管理—商品投放—普通商品—添加商品。完成商品纳入精选联盟的基础操作后,再通过达人进行分销。

达人流程:商品橱窗/巨量百应—精选联盟—添加商品分销(见图11-1)。

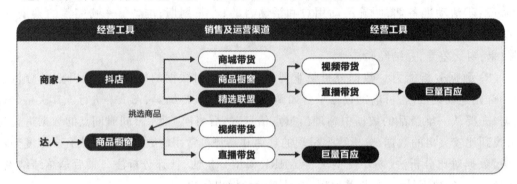

图11-1　变现逻辑图

(图片引自《抖音商家成长宝典》)

(二) 本地生活变现

有线下门店的生活服务商家,可以入驻"抖音来客"发布团购商品(优惠套餐、代金券等信息),并通过短视频、直播、线上门店等渠道将团购商品展现给用户,以提升线下门店客源和销量。

达人可以开通团购带货功能,在选品广场中挑选团购商品,通过直播或视频的形式推广团购套餐。

商家可认领的门店行业,涵盖美食、住宿、游玩、休闲娱乐、丽人等,商家入驻类型有认领单店、认领连锁店。认领单店是指门店经营者认领一个线下门店,单店入驻后,不支持再次认领其他门店。如需认领更多门店,需要先升级为连锁商家。有"连锁性质"的商家入驻抖音来客后,可认领多个连锁门店。

(三) 线索变现

线索获客类商家需要开通"企业号",企业号可为企业商家提供蓝V标识、用户洞察、粉丝触达、转化工具、培训指导等功能,同时拥有主页、视频/直播、POI页、私信页4种线索转化场景,帮助企业快速收集意向客户信息。

企业号入驻资质:营业执照/对公验证、认证资质审核服务费(抖店商家免费)。

(四) 内容变现

不擅长拍视频,又需要在平台上营销推广的商家,可以通过巨量星图的技术服务快速找到适合的达人帮助拍摄。有创作能力的达人,可通过巨量星图进行接单。

入驻巨量星图,只需在巨量星图网站上选择客户身份入驻,提交经营资质、对公验证、品牌验证即可。巨量星图目前属于预付费模式,客户在下单时须支付达人报价费、平台服务费,具体费用构成明细会在下单页面展示。

二、账号定位

（一）确定赛道

抖音平台的达人有诸多分类，运营者要根据自身优势、爱好、身份标签、行为标签、个人风格、性格、是否可持续发展等确定自己的赛道。

【案例】

账号内容

我是一个爱旅游的大学生，当代"社牛"，有时间没钱，暑假两个月想全国"穷游"，顺便也想赚个生活费，平时节假日也可以冲，可以确定赛道为"旅行"。

我是一个川菜店的老板，开了10年的店，吃过我家菜的人都说好，我自己也是乐观的，喜欢跟我的客户成为朋友，我想提高我店的客流量，可以确定赛道为"美食"。

（二）查找对标账号

1. 直接搜索

打开抖音之后，点击右上角的搜索标识，然后在最上面的搜索框输入关键词就可以进行搜索了。比如你是做"测评"的，就直接搜"测评"，再点击"用户"就可以看到同行了，然后选择粉丝量高的进行关注。

2. 话题查找

如果你运营的是"美食"类账号，就直接搜索"美食＋关键词"，点击"话题"，找到适合的话题，会看到很多同行拍的视频。

3. 关注推荐

如果你运营的是"汽车"类账号，可以多关注相关账号。点击"关注"之后，系统就会推荐很多同类账号，你也可以点进去看看他们的视频，关注一下粉丝量高、具有参考性的账号。

4. 第三方数据平台

运营人员还可以使用蝉妈妈、飞瓜、新榜、灰豚、考古加等平台查看达人分类排行榜，找到对应粉丝量的达人进行分析。

（三）分析账号

先从封面、标题、内容三个维度去分析同类账号的共同特点。尝试用几个关键词来总结账号的特色，可以去评论区看看用户都在关注什么。此外要关注关键词，关键词不单是对产品特色的提炼，更是对整个账号的提炼。分析账号的用户时要关注四要素：用户基本属性（比如职业、性别等）、用户喜好分析、用户状态分析和用户触点分析。

分析对标账号时应关注以下数据。①固有数据：发布时间、发布频次、视频时长等。②播放量相关指标：播放量和点赞量。对于新账号而言，点赞要比评论更重要。虽然完播率是最重要的，但是还需要结合产品内容和表现形式来分析。③互动数据：点赞量、评论量、转发量、收藏量。

除了借鉴同类账号的共同做法之外，还需要找到自己的特点所在，把产品包装成内容，在内容里植入产品,然后再结合自己的资源,确定最终的表现形式(也就是确定要拍的东西)。

(四)主页搭建

主页主要有头像、头图、账号名、签名等要素。

人物IP的头像可以采用形象照、生活照、艺术照等,要画质清晰、有亲和力。品牌IP的头像不要用与自身形象不符的图片。

头图的功能有展示爆款产品、突出人设主题、动作行动指引、品牌信任背书、活动通知预告等。

账号名要好理解、好记忆、好传播。

签名要体现的信息点有:我是谁,产品特点是什么,关注我有何权益,直播时间是何时。签名中可添加企业号链接。

运营人员要结合账号关系定位,选择视频拍摄场景以及剪辑形式。

直播间的搭建要注意:前景展示自己的商品,人物占中景;人物装扮要符合账号定位;直播间背景符合账号定位。

三、视频创作

根据要实现的目标不同,视频可分为以下类型:人设打造类、产品展示类、探店类、软广类、硬广类、直播间引流类等。主要呈现形式有:口播、混剪、随拍、剧情、vlog、图文等。

(一)选题方法

1. 分析目标用户

根据账号定位界定用户人群,分析用户的需求。例如,账号定位是招聘求职,目标用户为即将毕业的学生或者想换工作的职场人士,则可以围绕简历制作、投递简历、面试、入职等进行选题。

如果某一条视频下的回复评论足够多,某些问题经常出现(用户有需求),点赞量也非常高,则可以将这个问题拆分出来单独做一个选题。

2. 跟随热门话题

对热点视频进行拆解,梳理出其中的热点关键词,然后结合自己的受众人群和需求做热点跟随选题。

3. 借助数据平台

巨量算数、巨量创意、巨量百应等官方数据平台上可以查看行业热词、关键词指数、热点榜等,对于寻找选题有很好的参考价值。

(二)脚本撰写

脚本通常包括镜头编号、景别、镜头运动、时长、画面内容、旁白/剧本、特效转换、音效等要素(见图11-2)。

脚本可以梳理流程、明确主题、搭建框架、填充细节,有利于提高视频拍摄效率和剪辑效率。设计脚本有以下框架:日常难题危机感+低行动成本/解决难题/推荐种草+解决过程。撰写好脚本后就可以进行作品拍摄了。

镜头编号	景别	镜头运动	时长	画面内容	旁白/剧本	特效转换	音效
1							
2							
3							
4							
5							
6							
…							

图 11-2　初级脚本说明书

【案例】

脚本设计样式

买房咨询：第一次买房有些问题总被坑＋教你几招，应该这么问中介＋问题。

教育咨询：5～10岁的男孩子如何培养勇气和自信＋这3个关键点至关重要＋关键点。

种草合集/安利：想入手一套不错的精装loft＋今天给大家分享几套，记得收藏吧！＋产品。

（三）团队成员

团队成员主要包括编导、摄像、剪辑师和演员。

编导的主要工作是确定策划主题、内容方向和视频风格，并监控视频制作全过程，保证视频按时保质完成。摄影师是按照脚本拍摄镜头的人，主要对拍摄负责，根据脚本内容通过镜头把编导想要表达的内容表现出来。剪辑师主要对最后的成片负责，需要将拍摄的素材按照确定的主题和方向剪辑成视频，需要熟练运用镜头语言，把各个部分的镜头拼接成视频，包括配音配乐、字幕文案、视频调色以及特效制作等。演员则根据脚本内容进行演绎，需要及时根据影片主题调整自己的状态。

四、运营技巧

（一）发布时间

数据统计，有62%的用户会在饭前和睡前刷抖音，在上班路上或者上洗手间等零碎时间刷抖音的仅有10.9%。最好的发布时间没有统一的标准，中午12点、下午6点、晚上9～10点，以及周五晚上和周末，是大家比较闲的时间，可以作为发布时间的参考。设置合理的发布时间，需要思考当你发完视频后，你的目标客户是不是在这个时间看视频。比如美食类视频，在晚上10点后发更合适。这个时候，大多数人都躺在床上，要么饿了，要么处于睡前的冥想中,此时这类视频正好可以迎合他们的精神需求。所以,关于发布时间,要结合定位人群看视频的习惯来分析,没有最好,只有最合适。

(二)抖音算法

1. 抖音算法机制

抖音创建之初,即形成了流量池初步推荐算法,优先将视频分发给有关联的人员和关注账号的粉丝。但是受限于用户数量及作品数量,其算法并没有那么精准。随着抖音用户量和作品数量的增加,抖音流量池推荐算法逐渐完善,并有了严格的评判指标,可以配合用户标签与内容标签进行智能分发。随着用户量的进一步增加,流量池可以进行叠加推荐,算法对人工智能大数据技术的应用更加充分。平台智能化算法的发展,是想进一步提升用户黏性。运营者可以把社群运营、熟人圈子运营与抖音运营结合起来。

2. 抖音算法步骤

(1)冷启动流量池曝光。假设每天在抖音上有100万人上传短视频,抖音会随机给每个短视频分配一个平均曝光量,即冷启动流量池。比如,每个短视频通过审核发出后,平均有1 000次曝光。

(2)数据挑选。抖音将针对这100万个短视频的1 000次曝光,分析点赞、关注、评论、转发等各个维度的数据,从中再挑出部分视频,每条再平均分配10万次曝光量,然后再去看点赞、关注、转发、评论数据,再滚进下一轮更大的流量池进行推荐。

(3)精品推荐池。通过一轮又一轮验证,抖音平台筛选出点赞率、播放完成率、评论互动率等指标都极高的短视频,将其放入精品推荐池。用户打开时,看到的那些动辄几十上百万点赞量视频就是这么来的(见图11-3)。

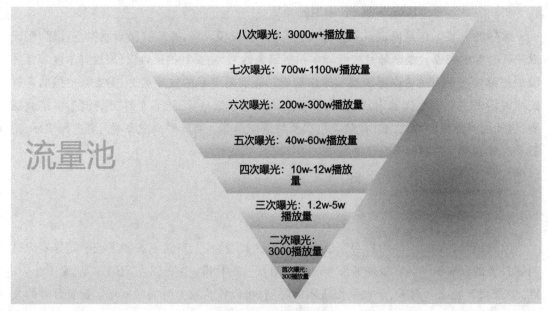

图 11-3 抖音流量池

(图片数据引用自搜狐网:https://www.sohu.com/a/472755139_120622041)

【案例】

抖音流量池的运作

张三是北京的一位20岁的男性,最近经常晚上刷抖音,会在游戏相关视频上有所停留,甚至点赞。系统尝试给他推荐一条关于游戏解说的视频,他如果看完了,甚至做了点赞、评论等动作,那么系统后期将会继续给他推荐游戏解说视频。如果他没有看,直接划走,那么系统会减少这一类型的视频推荐。

结论:抖音会把数据更高的视频推荐给更多可能对这个内容感兴趣的用户,如图11-4所示。

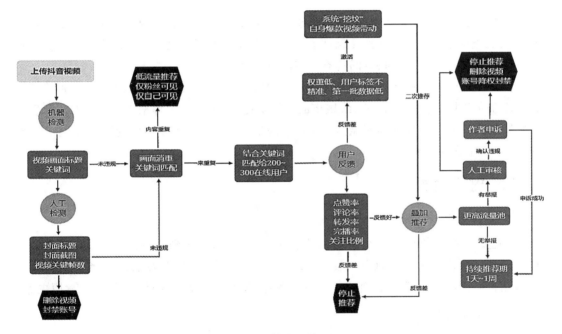

图 11-4　抖音审核机制

(图片数据引用自算法网:http://ddrv.cn/a/119855)

五、数据查看

运营人员可以通过抖音创作者中心查看相关数据。抖音账号有五大需要关注的数据。①投稿数:根据统计周期内发布的作品个数得出。②互动指数:作品的观看、点赞、评论、转发的综合得分。③作品播放量:作品被观看的次数。④作品完播率:作品完整播放次数的占比。⑤粉丝净增量:账号净增粉丝数,通过涨粉数减去掉粉数得出。通常建议投稿数一周不少于3件(日更更好),互动指数大于10%,完播率大于30%,5S完播率大于60%。

如果要提高点赞量,内容须有价值,能让目标用户产生强烈共鸣,让用户发自内心地点赞。如果要提高视频完播率,则应把控视频时长:账号初期视频时长应控制在7~15秒;有一定粉丝后,视频时长应为15~120秒;积累了大量的粉丝后,视频时长可以是60~300秒。如果要提高评论量,视频应有趣、有料、有明确的吐槽点,吸引粉丝主动评论。视频存在悬念也可以引起粉丝主动评论。如果要提高下载/转发量，可以偏向于制作知识分享类、专业性和趣味性并存的内容。独特的、鲜活的内容，会吸引更多用户下载收藏。视频在满足上述要求时，还要注意账号主页风格明确、视频内容垂直。

第三节　小红书运营方法

一、平台定位

小红书是一个以生活方式分享为主的"社区＋电商"平台，整体内容围绕精致、极简、自律、丰富有趣的生活展开。在产品属性上，小红书既有微博的特点，比如以网红明星为主体，分享美食、穿搭、好物，又有抖音的特点，具备视频和直播功能。

小红书80%的用户是女性，拥有精准的女性流量，是美妆护肤、潮流包包的"种草"地。小红书的用户主要是生活在一二线城市的年轻女性，消费水平中等偏上。她们对生活质量有较高的追求，具备相应的消费能力。小红书满足了她们对较高生活质量的追求，并且为她们提供了分享交流的平台。

二、内容运营

（一）确定账号定位

首先要弄清楚你想做什么（兴趣），你擅长什么（能力），找到你感兴趣又是你擅长的领域，并持续输出内容。账号简介一般包括以下几点。①名称：简单好记，与领域相关。②简介：介绍自己，展示吸引用户的理由。③背景图：简单为主。④主页标签：学生、美食博主等。

（二）拟写标题

标题字数要控制在18个字以内，因为笔记标题最多显示两行，在大屏手机上一行可以显示10个字，两行有20个字，留两个空格不会显得太满。

标题要适当添加符号做装饰，因为小红书的用户大多数是女性，好看的装饰会吸引大家的注意，但是要注意符号会占2个字符。

拟写标题时还应拒绝标题党。目前，平台对标题党的打压越来越严格，过于夸张、虚假的标题容易被打压、限流。

标题中注意加入关键词，比如人群关键词"学生党""上班族""考研党"。输入一两个关键词，会给笔记带来长尾流量。

（三）上传封面/图片

封面要好看、干净，重点内容突出，可以把笔记的关键内容总结到封面上。内容，图片的风格要和封面保持一致，图片顺序和文字介绍要保持一致。

运营人员可以根据内容添加适当的标签。小红书目前有"5＋1"种标签，即地点、品牌、商品、影视、用户以及自定义标签，添加合适的标签有利于增加曝光。

（四）撰写正文

正文字数建议在400~500字之间，这样用户的阅读压力刚刚好。

在正文中可以适当地添加表情符号以增强可阅读性。小红书和其他平台不一样，图片和文字内容是分开的，大量的文字内容会显得比较枯燥，用一些表情符号可以使正文有趣很多。

正文最好是原创的，因为绝大部分平台都喜欢原创、优质的内容。

（五）选择话题

根据笔记内容，找到合适的话题，选对话题可以增加笔记的曝光量。

（六）确定发布时间

早上8到10点、中午11点半到下午2点、晚上7点到10点，这些时间段的平台流量相对较大，但是这不代表这些时间段发笔记就一定能爆。具体的发笔记时间还是要根据自己账号的定位而定，运营人员可以先在不同时间段发笔记测试流量。

（七）相关运营工具

拍摄剪辑工具主要有剪映、AI提词等。撰写文案时可以借助轻抖、说得相机、智搜写作机器人、句子控、句意网等工具或平台。编辑图片则可以用美图秀秀、黄油相机、长图拼接大师等。分析运营数据时则可以使用千瓜数据、新红数据、蝉妈妈等。

三、平台机制

（一）推荐机制

小红书的推荐机制和其他平台差不多，唯一的区别是在推荐之前，有一个收录环节。如果笔记未被收录就到不了推荐池。而检查笔记是否被收录的方法就是搜索该笔记，如果能搜到，那就说明已经被收录了，否则就没有被收录。

笔记被收录后会进入系统的推荐池，首先会被推荐到一级流量池，大概有200次曝光量。如果在一级流量池里笔记的点击率、点赞率、收藏量、评论量等评估数据较好，就会进入下一个流量池，大概有2000次的曝光量，以此类推。如果笔记的评估数据达不到进入下一级的条件，会被停止推荐。如果在推荐期间笔记被举报，推荐量会下降。

（二）权重机制

目前，小红书对营销号的打击力度比较大，所以对账号的权重做了调整。如果权重不高，笔记被分配的流量就较小。

新注册的账号权重比较低，如果刚注册下来就发布笔记，可能会有一定的风险。没有熟悉平台规则就发笔记，会被系统判断为营销号。新号还是需要有一段时间来"养"的。

账号如果违规，如个人资料、笔记内容、评论等内容违规，也会被降权重。被降低权重后，账号的笔记推荐、排名会受影响。权重由多个评估数据支撑，包括注册时长、等级、粉丝数、笔记数、收藏数等多种数据，要尽量把这些数据做好一点。

有些账号会被平台直接加权重，如平台邀请进来的明星、达人的账号，以及与平台合作的机构账号。因此，在找对标账号时，不建议找这些账号。

第四节　视频号运营

一、视频号基础设置

（一）视频号命名

视频号的昵称应简单易记，便于传播，拼写方便，便于搜索。一个好听的昵称不宜过长，建议2~6字，昵称不要出现繁体字、特殊字符等。如果要打造专业的个人品牌，建议将昵称设置为自己的本名，有利于增强粉丝的信任度。同时，在不同网络媒体和社区上应使用完全一样的昵称。大部分的网络平台都要求网络昵称不可重复，因此企业或个人一定要有品牌意识，避免昵称被抢注。

视频号有以下七种命名模式：①直接用企业品牌做名称，打造品牌影响力，如腾讯、小米、京东、麦当劳等；②直接用真名或者艺名，拉近粉丝距离，增强信任度，如李子柒等；③兴趣领域＋昵称，卡住账号定位领域标签，如夏厨陈十二等；④专业岗位＋昵称，体现专业性，提升信任感，如设计师阿爽等；⑤产品/品牌＋昵称，增加品牌曝光和个人曝光，如十点读书林少等；⑥昵称＋社群/店铺/栏目，提升社群/店铺/栏目的曝光，如初六电台等；⑦自由昵称，无限制，如会飞的哈尔等。

（二）视频号认证

视频号认证有个人认证和机构认证两种类型。

个人认证包括"兴趣认证"和"职业认证"两种类型。"兴趣认证"适合在特定兴趣领域有持续的优质原创内容产出的作者，认证基本要求：有效关注数1 000以上、近30天有发布内容、已填写账号简介。"职业认证"适合有显著线下身份，并且内容创作和职业身份相互匹配的作者，认证基本要求：近30天有发布内容、已填写账号简介。

机构认证可以借助同名已认证公众号来认证，视频号昵称须与公众号完全同名，视频号认证申请需要对应公众号的主管理员扫码。机构认证还可以在电脑端通过独立机构认证进行。

二、视频号直播运营

（一）直播间推荐逻辑

目前，视频号直播间的推荐逻辑与抖音依据人群、标签等推荐不同，主要依据直播间画面和停留时长来进行推荐，一些新、奇、特，能留住人的直播间推荐指数很高。建议前期做直播先把场景搭建好，场景好，用户的停留数据就上升了。有受众，就可以增加商品的转化效率，总结来说，就是场＞货＞人。

（二）直播间运营策划

不同的视频号创作者,开启直播带货之路时有不同的选择。整体而言,主播从孵化期、成长期逐渐过渡到成熟期,在直播中的带货比重是不断提升的。在当前的视频号生态中,大多数视频号达人即使已经做到很高的单场场观和销售额,日常的直播也可选择"内容＋带货"的模式吸引特定粉丝,在特殊的时间点开展一些带货专场。一般而言,一场直播策划可以划分为商品数量、直播节奏、直播脚本、直播玩法、直播间氛围、直播服务6个部分。

1. "内容＋带货"模式策划

（1）商品数量。孵化期宜设置5~10款商品,成长期宜设置10~20款商品,商品品类相对单一。

（2）直播节奏。通过内容吸引粉丝停留,在人气较为稳定时开始插入带货环节,带货环节的时间可以从整场直播时长的20%逐渐提高到50%。在商品推荐顺序方面,可以优先介绍更符合主播带货人设的商品,让粉丝接受主播的带货人设。每一款商品的介绍时间控制在10分钟左右,在每一款商品介绍的间歇,引导用户分享加关注。带货早期,内容与带货的融合度要更高,可以将商品穿插在内容中,然后逐渐过渡到有固定时间的带货模式。

（3）直播脚本。将整场直播的时间线整理出来,便于训练主播直播带货的控场能力。每一款带货商品都要准备详细的介绍文本(可以打印出来),包括商品的卖点、结合主播人设的话术、粉丝的使用场景等。主播需要参与到前期的脚本策划中,这样在直播时才能够对内容更加了解。

（4）直播玩法。不必刻意学习一些主播的"3,2,1,上链接",因为这种方式在孵化期和成长期收益不大。主播可以使用抽奖福袋和群红包两种玩法,也可邀请粉丝赠送爱心来增加直播间热度;在熟悉直播带货后可以尝试商品秒杀、优惠券玩法。

（5）直播间氛围。初始直播时在线人数通常不会特别多,要多关注评论区的回复,与粉丝互动。还可以灵活地增加抽奖福袋,来提升直播间观众的停留时长。为了保持直播间氛围和直播状态,负面评论可以屏蔽拉黑处理。

（6）直播服务。对于任何一个阶段的带货直播,售前售后的服务都特别重要。由于微信生态的电商基础建设不如其他电商平台,主播在直播间应当引导粉丝购买下单、查询订单、联系客服处理售后问题等。可在直播间呈现二维码(如果用电脑开播可以使用贴片),引导粉丝加入粉丝群。

2. 带货专场模式策划

（1）商品数量。成长期宜设置10~20款商品,成熟期宜设置20款以上,甚至40款以上商品,商品品类逐渐丰富。

（2）直播节奏。正式的直播带货专场,需要结合流量来调整节奏。开场时由于私域粉丝较多,主播需要相对完整地介绍本场带货的重点,以吸引粉丝持续观看。每一款商品的介绍时间控制在5~10分钟左右,需要严格按照脚本进行,相对标准的商品讲解时间应控制在5分钟左右。在线人数较高时,可适当调整商品顺序,提前介绍重点商品,或设置高转化高销量的商品返场。当流速(观众进入的速度,可参考左上角看过人数的增长速度)加快时,应当确保直播间有抽奖等玩法以增加观众停留时间,应当重复介绍主播和直播间引导关注。

(3) 直播脚本。标准的商品讲解分为基础功能介绍、价格、商品上屏、展示/评测、人群场景、评论互动,最后加上促进下单的话术,以及如何下单的演示(一个完整的介绍时长为5~10分钟)。在讲解一款商品的过程中,尤其注意不要被其他玩法的节奏打乱。虽然其他玩法可能有一定的作用,但也可能打扰到犹豫不决还未下单的粉丝。对于较成熟的主播来说,带货专场的商品讲解需要重新组织语言,而非按照脚本朗读,可通过提词器、手卡等提示关键词。在整场时间线中,除了最重要的商品讲解脚本外,主播还可根据需要增加玩法介绍环节、返场环节等。

(4) 直播玩法。正式的带货专场可设计的玩法较多,除了直播间抽奖福袋,还可增加截屏抽奖、商品秒杀等玩法,这里不再一一展开。由于流量和直播间的观众一直在变化,所有玩法都应围绕让观众停留在直播间进行,一种比较好的方式是在直播期间不停地开启玩法:10分钟抽奖福袋—商品秒杀—讲解商品—开奖,这种方法可以有效利用流量。

(5) 直播间氛围。可以适度使用指定评论抽奖功能,因为当在线人数和参与抽奖人数较多时,过快过多的评论刷新会让主播忽略掉真正在评论区问问题的粉丝。对于较成熟主播的带货专场,最好能有助理进行玩法讲解和氛围营造,比如倒计时、报库存数等。助理与主播应分工明确。连麦不太适合直播带货,虽然有时可连麦品牌方讲解商品,但实际节奏不易把控,粉丝体验不佳。

(三) 直播间复盘

直播后的复盘(回顾整场直播的效果)非常重要,是持续提升直播效果的有力武器。复盘的前提是直播是有计划、有目标、被合理执行的。基础的带货直播复盘包括以下内容。

(1) 分析基础场观数据。基础场观数据包括平均在线人数、最高在线人数、加关注人数、转粉率、平均观看时长等。

(2) 分析商品数据。比如,根据每一款商品的访问人数、销量、销售额,分析动销率情况;根据每一款商品讲解时的在线人数和订单量,分析实时转化率情况;分析每一款商品的讲解过程是否有可优化的空间。

(3) 回顾直播节奏和氛围。主要是回顾每一次抽奖的发起时间、参与人数、参与率,流量趋势、流速、在线人数变化、评论区的特殊情况、直播期间出现的技术故障,包括但不限于网络、声音、画面等,并针对以上问题作出直播改进方案。

(四) 直播间意外情况

按照以上流程产出的直播时间线与脚本是需要被严格执行的,但在实时的直播过程中难免会发生很多"意外",比较典型的有以下几种。

(1) 商品链接失效了,可能是技术原因,也可能是库存原因。

(2) 商品价格紊乱、无法购买。

(3) 评论区出现"黑粉",这也是比较常见的情况。

(4) 直播中断,可能是手机或网络出问题。

出现以上情况时都无须慌张,尽量控制情绪,保持稳定的输出。

（五）直播时长

新号单次直播建议时长不低于45分钟,最好是2~4小时。带货不能只是偶尔的行为,需要有规律、持续、常态化地进行。带货不仅仅有直播这一种方式,也可以结合私域粉丝群、朋友圈日常、短视频进行。通过更多方式丰富人设与个人品牌形象,才是最佳的路径。

三、视频号选品策略

（一）选品的重要性

电商在中国已经发展了很多年,基础设施已经成熟,消费者想要买的东西基本都能买到,那么为什么还需要选品呢?核心原因有两个:可选择的商品太多了,需要花时间甄选;消费升级的需求被激发。带货主播依据自己的专业能力,并结合直播场景,为粉丝挑选和推荐商品,也是在解决"人民日益增长的美好生活需要和不平衡不充分的发展之间的矛盾"。大多数情况下,一场带货直播的商品数量是固定的(即坑位),场观人数和直播时间一般也是固定的。所以如何在固定时间内,最大程度提升交易转化从而带来销售额,就是选品工作的目标。

（二）选品准备工作

"选品还不简单,我喜欢什么,我在用什么,就给粉丝推荐什么商品呗。"初次尝试带货的主播可能会这么想。事实上,选品是一个比较繁杂且专业的工作。在没有任何准备的情况下,就解答"我适合带什么货"是不可行、不专业的。在解答这个问题之前,运营者先要弄清以下问题。

(1) 我在粉丝心目中是怎样的形象,我与粉丝的关系如何——个人品牌。
(2) 我在哪个领域或商品类型上已经建立起足够的专业度——带货人设。
(3) 关注我的粉丝都是一些什么人,他们有哪些购物需求——粉丝画像和需求分析。
(4) 我准备做一场怎样的带货直播——直播策划。

对于一个非新人带货主播来说,以往的历史数据是非常值得参考的,比如粉丝会倾向于购买哪一类商品,主播更擅长讲解(销售)哪一类商品等。

（三）选品策略

做完了选品前的准备工作,主播还需要清楚地了解自己所处的带货阶段,为自己的成长规划一条清晰的路线。处于不同阶段的主播,在选品策略上有很大的不同。达人直播带货就跟视频号涨粉一样,有一个过程。不建议过早地进行跨越阶段的直播,因为这可能会带来反作用:投入大但收益低。当前的视频号主播带货大致可划分为三个阶段。第一,孵化期:从0到1,仍需要积累粉丝的阶段,单场带货500~3 000元。第二,成长期:从1到10,可以开始直播带货,单场带货3 000~50 000元。第三,成熟期:从10到100,开始有比较稳定的直播带货规模,单场带货大于50 000元。

随着视频号生态的完善、微信用户在视频号直播中购物习惯的养成,上述的划分的带货金额标准只会增长、不会下降。那么在不同阶段,主播的带货形式、带货品类和数量分别是怎样的呢?

1. 孵化期

孵化期虽然仍需积累粉丝、以内容直播为主,但这个阶段主要是为将来直播带货做准备。

主要目标:测试粉丝对带货内容的喜好,增强带货人设;测试带货商品与人设和粉丝画像的匹配程度;学习和提升直播带货能力。

选品策略:以能够增强主播人设的商品为主,首选自己用过或熟悉的商品。一般来说,图书、日用品、食品是几个比较合适的带货类目。这个阶段仅尝试带一类商品即可。

商品数量:每期直播选5~10款商品比较合适,这样带货压力不会特别大。

2. 成长期

当孵化期的每一场直播都能产生一些销量,且主播对于直播带货也开始熟悉起来后,就可以开始策划一场更专业的直播带货(也就是进入了成长期)。

主要目标:培养粉丝购物心智,积累购物粉丝数量;扩大带货商品的丰富度,提升单场销售额;积累私域粉丝。

选品策略:除了前期积累的带货人设和商品外,可以适当增加相关性较强的商品品类(什么是相关性较强的商品品类在下一章有涉及)。

商品数量:可以增加到10~20款。

3. 成熟期

当直播场观人数和销售额都趋于稳定,且有一批固定的购物粉丝后,就可以开始考虑冲击更高的单场销售额了,这也是这个阶段最核心的目标。

选品策略:不同于孵化期和成长期,这个阶段的选品更加专业和复杂。它更接近于各大主播的选品逻辑,应合理选择引流款、爆款、利润款商品等进行组合。

商品数量:一般20款以上,多则40款以上。

除此之外,也需要在商品的价格、组合、直播玩法方面融会贯通,还可以根据主播个人品牌,结合粉丝节、福利日进行直播策划。这个阶段往往也需要更多工作人员配合,比如场控、副播等角色,还需要供应链的深度支持。

第十二章

抖音直播带货运营方法

第一节　直播带货与传统电商的区别

直播带货有店播和达人直播的形式。店播是指在自己的店铺,卖自家的产品,大多数是垂类直播间。很多品牌、工厂都选择店播,其优势在于品类垂直,可信度高,既可以做强人设,也可以做强品牌,而且价格和库存可控。明星网红主持的直播间基本都是达人直播,其优势在于产品品类多,也不用操心发货、售后等问题。很多卖精选联盟产品的都是达人直播。直播带货属于兴趣电商,兴趣电商的特点是消费者往往没有明确的购买目的,只是有喜欢的内容。系统根据消费者喜欢的内容推送相关产品,以激发消费者的购物需求。其内容生动形象,可在短时间内激发消费者的购买欲望。商品的性价比、款式、功能会直接影响消费者下单。

传统电商则是消费者本身就有明确的购买需求,然后到电商网站进行关键词搜索,在对搜索结果进行比价、功能对比、服务对比后,判断是否购买。这种购物方式决策周期较长,因为同一件产品有多家售卖,需要择优选择。由于同类产品太多,同一家商品的复购率并不高。

对于直播带货来说,我们要通过人、货、场(人是指主播的讲解能力:话术、状态、能力;货是指产品本身的吸引力:爆款、刚需、性价比;场是指场景的新、奇、特和人货匹配:吸睛、重点突出、干净明亮)来激发用户的购物需求。

第二节　直播带货团队及流程设计

一、直播团队

一般的直播间都需要有主播、运营、场控、拍剪、客服、选品、投放等七个岗位。
(1) 主播:负责直播间的人设搭建、直播讲解以及短视频入镜拍摄。

(2) 运营：负责直播间的活动策划、直播脚本策划、直播中控台的上下架等。

(3) 场控：负责配合主播引导直播间用户成交，同时在主播轮班时接替主播。

(4) 拍剪：负责日常带货作品的脚本策划、拍摄与剪辑输出。

(5) 客服：负责处理日常直播的订单、物流，以及解答售前售后问题。

(6) 选品：负责日常直播间的选品，并协调样品、库存调动的事宜。

(7) 投放：负责直播过程中的计划搭建、投放与数据优化。

二、直播执行流程

直播执行流程包括三个模块：主播模块、直播间模块、货品模块。

(一) 主播模块

(1) 主播、助播应注重仪表，带妆上播，不得油腻。

(2) 主播、助播服装和造型应干净、整洁，符合品牌调性，不得过于随意和休闲。

(3) 主播直播中应注意避免违规穿搭，避免穿低胸、深V、透视等类型服装及裸露文身。

(4) 主播工作时应严格按照标准化直播脚本进行。

(5) 主播应至少提前1小时备场。

(6) 主播上一场复盘的问题在下一场直播时必须整改到位。

(7) 主播上播时不能情绪化，时刻保持积极状态面对粉丝。

(8) 当日直播的主推产品及活动需要重点引导。

(9) 主播应聚焦产品，避免被粉丝带节奏。

(10) 主播讲解福利款的时间不能过长，要严格按照脚本规定时间执行。

(11) 主播的促销信息宣传必须准确。

(12) 主播和粉丝互动时要有亲和力，态度友善，不应和粉丝吵架抬杠。

(13) 主播应避免直播中途离场，如需离场，离开时中控顶场节奏须与主播保持一致。

(14) 敏感词注意用拼音代替。

(15) 主播话术不得违规，详见《直播间违禁词》。

(16) 倒计时环节主播要注意语气状态，保持亢奋急迫。

(17) 各时段主播、中控交接时要交接好数据、样品。

(18) 主播换场交接时须为下位主播进行话术引导。

(19) 直播结束时主播要预告下场直播时间、内容要点。

(20) 主播不得延迟上播、提前下播。

(21) 主播有义务在非工作时段保护嗓子，避免影响上播状态。

(二) 直播间模块

(1) 开播前中控应检查网络、电力、设备、样品及小店链接。

(2) 开播前主播、中控应沟通好交流手语，准备好各种颜色带字提示牌，提高信息传递效率，快速实现信息沟通。

(3) 开播前中控须将灯位设置正确，参数设置提前调好，保持氛围合适，背景和主体层次分明。

（4）开播前中控应调整好机位，保证主播主体构图好看，确定好展示产品在镜头中的位置。

（5）开播前中控须设置好账号开播时间、直播封面、直播话题。

（6）开播前中控要参考对标直播间，设置好banner图、贴图，并注意放置的位置，不得遮挡主播、商品。

（7）中控应注意检查购物车商品描述及促销信息是否准确，不能误导粉丝。

（8）主播直播时注意保持产品展示的排列造型，保持产品展示好看。

（9）主播讲解产品时，中控要及时更换讲解弹窗、贴图，与主播保持同步。

（10）主播和中控注意发放优惠券节奏，利用大额优惠券引导粉丝停留，并等待0库存商品上架，提升观众停留时长。

（11）倒计时环节，中控、主播注意保持积极、亢奋的状态。

（12）更换主播时，中控应及时根据上场主播调整机位、滤镜的参数。

（13）直播间应避免超过5秒没有声音，主播、中控应及时活跃气氛、讲解产品、与观众互动。

（14）直播运营要根据直播脚本流程紧盯全场直播节奏，保证整场直播按脚本进行。

（15）直播运营须及时注意短视频数据、成交数据、投放数据、支付信息、互动弹幕等的实时变化，及时调整产品、节奏、互动策略。

（16）直播运营要根据主播状态做好直播排期，保持主播以最佳状态上播。

（三）货品模块

（1）对每款产品的卖点、痛点以及用户人群有严谨的总结分析。

（2）每款产品都要有标准的讲解话术，主播应严格按照规范讲解产品。

（3）要对全盘商品进行定义，如福利款A、爆款B、利润款C/D/E、王炸款F等。

（4）福利款的选择标准：性价比超高，直播价格远低于市场认知价格；泛品类，受众人群广。

（5）爆款的选择标准：最畅销，受众面广，库存充足。

（6）利润款的选择标准：能和爆款形成互补、经典有特色、具有品牌调性、可能成为爆品、客单价中高的商品。

（7）王炸款选择标准：知名度高，大家都想要，供不应求。

（8）商品讲解顺序：遵循"福利款A+爆款B+利润款C/D/E+王炸F"的公式，其中爆款B的讲解时长要占总直播时长的40%以上，争取该品的GMV（总交易额）占整场GMV的50%以上，且A款讲解时长不宜过长，单次上架要尽量限量。

（9）直播货盘的产品系列和价格段要完整、合理。

（10）监测各平台、各直播间同款产品的直播价，避免出现价格不一致的情况。

（11）新品更新频率应和其他直播间或平台保持同步。

（12）定期更换展示样品，保证样品常播常新，做好样品的日常维护。

（13）上播之前保证每款商品的资质、商标、质检报告等相关资料齐全，避免出现被系统抽检违规的情况。

(14) 抖店后台常备爆款产品的链接，防止不可控掉链接情况。

(15) 及时关注商品链接页面的负面评价，及时处理或更改链接。

(16) 清楚了解每款上播产品的售前售后相关信息，以便及时回答用户问题。

(17) 上播前，每场上播的产品价格信息应对照品牌方的产品信息表仔细核对，避免与官方指导价格等信息不一致。

(18) 确定每款产品在讲解时间内的展示方式和相关道具。

三、直播间检查流程

（一）直播前检查

(1) 时间提示。开播前倒数计时30分钟、5分钟、1分钟、5秒钟。

(2) 后台登录。后台登录包括直播伴侣登录、巨量百应达人工作台登录、库存ERP系统登录（非必需）。还须检查产品表（应对直播间产品出现的各项问题）。

(3) 设备检查。检查灯（直播灯、背景灯）的位置、高度、方向是否正确，亮度是否适宜，摄像头画面传输是否流畅，机位是否正确，画面是否清晰和歪斜。检查直播推流电脑网络链接是否正常，返送手机网络是否正常，手机是否连接电源。

(4) 设备、摄像头参数。检查是竖屏推流还是横屏推流，镜像是否正常。检查相关参数是否准确。具体参数可参考如下设置。

选择比例：等比例缩放。

选择格式：YUY2 1920×108 030FPS。

调整画质：画面质感高级、无色差。

直播设置：分辨率1280像素×720像素、视频码率4 000位每秒、帧率30赫兹。

高级设置：视频编码265（硬编）、编码档位（高）、色彩空间（601）、色彩范围（局部）。

(5) 商品检查。检查商品状态是否适合展示（例如衣服是否褶皱，包是否干净，锅具是否清洁，桌面是否整洁），每款产品讲解需要的搭配或道具是否齐全（如搭配外套的打底是否在身边，与锅具搭配的煎蛋是否煎好）。

(6) 人员到位。检查主播的服装或化妆是否适合直播（衣服、首饰、水杯等画面露出的部分无品牌以外的logo），中控是否可以开工，相关生理问题是否解决。

(7) 后台设置。后台设置包括直播封面设置、直播标题设置、标题文案编写（搜索符合本场直播主题的文案，注意不要有违禁词，避免过度营销）、直播话题设置（搜索符合电商和产品的热点话题）、屏蔽词设置（思考品牌或主播是否有可能造成负面影响的因素和关键词）。确认商品是否上架好、品序是否正确、直播参与人员是否了解品序、副标题是否卖点清晰。

(8) 问题预设。确认直播运营、中控、主播是否敲定了当日直播的爆品和预爆品，各产品的信息、规格、优惠活动是否了解，快递物流、发货时间、退换货细则等是否能对答如流。并回顾上轮复盘问题。

(9) 私域通知。粉丝群通知开播，告知当天活动、福利。

（二）直播中检查

(1) 直播中活动倒计时提醒整点抽免单，须在整点前每隔5~10分钟进行提醒。

(2)中控留意公屏,结合订单数据,辅助主播把控节奏,以插话或评论区回复的方式补充遗漏互动。

(3)同步讲解小窗口,同步库存,提醒链接序号。

(4)各时段换场交接时,主播交接样品,中控交接数据。

(三)直播后检查

(1)项目执行复盘表:查看各项数据,并及时更新数据。

(2)项目数据月度一览表:更新相关数据。

(3)违规:对违规进行申诉。

(4)样品和设备:直播样品和设备要复原归位。

(5)电气设备:下播后关灯、关空调、锁好门窗。

第三节 主播的素养

一、关于主播的基本认知

(一)主播的职业角色

主播是网络时代的销售人员,是产品与用户的衔接者,也是产品行走的说明书。

(1)网络时代的销售人员。消费者在线下实体店购物时,都是由导购员介绍产品。电商平台兴起后,导购员也随之转到了线上,带货主播就相当于网络时代的销售人员。以前线下推销是面对面,现在线上推销是一对多、点对面。一个主播可能同时面对直播间的几百人、上千人甚至上万人,主播就是网络时代的销售人员,要学会在电商平台上做好销售。

(2)产品与用户的衔接者。用户来到直播间,看到小黄车购物袋里面的商品之后,他想要进一步了解什么?这就需要通过主播去介绍、去描述、去解答疑问、去消除顾虑,告诉用户这个产品怎么使用,有哪些功能。这些都需要主播做好产品与用户的衔接者。

(3)产品行走的说明书。卖产品,就需要告诉消费者这个产品有什么功能、怎么使用。这些都需要在直播间介绍。用户进到直播间,会看到主播的展示,所以主播是我们产品行走的说明书,如果主播介绍得好、描述得生动、说明得清楚,用户对商品的理解就更加清晰,这有助于用户下单。

(二)主播的工作内容

(1)直播前:掌握产品信息,梳理产品痛点,理清话术逻辑。

(2)直播中:讲解产品信息,把控直播节奏,感知流量变化。

(3)直播后:复盘直播过程、优化话术逻辑、拍摄和剪辑视频。

(三)主播的形象要求

树立良好的主播形象,关键是要做到有真实感、信赖感、亲切感。

1. 真实感

真实感用一个字总结,就是"像"。如果账号有人设,那么主播的形象、语气给人的感觉一定要"像",老板像老板、专家像专家、工人像工人,只有主播符合人设定位,用户才能相信主播。例如,宠物类的主播需要喜欢宠物、养过宠物,这样才能让用户产生共鸣;口腔类的主播,牙齿必须整齐、白净,整体给人干净、清新的感觉,这样才能让用户信服。

2. 信赖感

信赖感用一个词总结,就是"专业"。好的主播能让用户相信他,这要求主播掌握令人信服的专业知识。比如,卖母婴用品的直播间尽量用家里有小孩的主播,这样主播就能够通过回答观众的切身问题提升信任感。

3. 亲切感

亲切感用一个词总结,就是"受众缘"。面部圆润饱满、笑容亲切朴实、妆容简单明丽的主播容易让人产生亲近感,而脸上锐角过多、眼神阴郁,则容易给人刻薄疏远的感觉。另外,主播的音色不可太过尖锐/沙哑,否则容易有距离感,要尽量给人一种愿意多停留的感觉。

二、主播的能力要求

(一)直播持续力

直播持续力需要主播平时呵护好自己的声音,以保证直播时声音饱满生动。具体可以采取以下方法。

1. 每日舌操练习

(1)顶:用舌头顶左右腮,两边各一次。

(2)绕:舌头在牙齿和双唇的中间,顺时针绕一圈,逆时针绕一圈。

(3)伸:用力伸舌头,伸得越长越好。

(4)刮:舌尖抵着下齿龈,用上齿刮舌面。

2. 锻炼横膈肌

腹式呼吸、俯卧撑、腹部训练等都可以有效锻炼横膈肌。

3. 全面科学护嗓

(1)多用胸腹式呼吸。

(2)增加室外活动,增强身体防御能力,避免咽喉炎等嗓音疾病的发生。

(3)避免没有气息支撑地大声喊叫,减轻声带的疲劳程度。

(4)上播前最好不要吃东西,刚吃过的食物会让你口腔中的分泌物增加,影响声音。

(5)平时多喝水,保持喉部清洁。抽烟喝酒要适度,会刺激咽喉部位产生慢性炎症。

(6)保持整个直播环境空气流通、温度适宜,避免冷空气对咽喉部位产生直接刺激。过冷的环境会影响声带的自由振动,令嗓子发紧,引起喉咙疲劳。

(7)不要过多地清嗓子,清嗓子的时候气流会猛烈地震动声带,从而导致声带损伤。如果觉得喉咙难受,就小口饮水或者吞咽。

(8)生病服药时,应该尽量避免服用有干燥效果的药物。

4. 日常嗓音保健练习

(1) 将毛巾用热水浸透之后,敷在喉部,反复数次,这样可以促进局部的血液循环,消除疲劳,增进分泌,减少咽干、喉痛和喉咙不适的现象。

(2) 按摩左右颈侧,用手掌心在耳根后上下按摩数次到发热。这样可以让副交感神经所在的位置放松,降低血压,消除紧张情绪,有利于让气息更平缓,消除声带紧张感。

(3) 做哼鸣训练:牙关松开,双唇轻闭,喉肌放松,用微弱均匀的气流发出"嗯"的声音。

(4) 声带闭合训练:头部端正,双眼平视前方,松开牙关,让声带保持放松,腹部用力,弹出"e"音,感受嗓子一闭一合的状态,可以让声带边缘的弹性增加,坚持练习可以防止声音病变。

(5) 吞咽唾液训练:先将舌头从上门齿中央开始向左绕20周,再向右绕20周,这样口腔里有唾液之后,像平时刷牙漱口一样,把唾液分三口咽下去,喉部会处于湿润舒适状态,也可锻炼舌部肌肉。

(6) 饮食调整:补充维生素A、维生素C还有B族维生素,清淡饮食,保证喉咙得到舒缓。缺乏维生素A会导致口鼻喉咽干涩,红肿发炎;缺少维生素C会导致鼻黏膜出血,声带动作迟钝无力;B族维生素可以抵抗炎症,维持发音器官的正常功能。

(7) 生活习惯调整:保证充足的睡眠时间,平时不说话和进入睡眠状态的时候,声带休息程度也是不一样的。刚起床不要发过高过强的声音,要从弱声慢慢过渡到强声让嗓子慢慢进入工作状态。

(8) 不吸烟,少饮酒。点燃的烟雾当中含有大量尼古丁,容易降低呼吸道和喉黏膜的防御能力。

(9) 少吃生冷油腻的食物和带刺激性的东西。这样可以减少咽炎的发病概率。

5. 科学呼吸

直播需要综合训练发声,掌握科学的呼吸方法,即腹式＋胸式呼吸方法。

腹式训练:在吸气的时候感觉到你的肩膀在上扬,整个肋骨有前伸后缩的感觉。

胸式训练:晚上睡觉的时候,平躺着在肚子上放一本书,随着呼吸的频率,书本上下起伏,再将书放在小腹上,坚持五分钟。

(二) 镜头表现力

1. 相的维度

(1) 眼神坚定,和观众有交流,有节奏地看手机公屏展开互动。

(2) 妆容精致而不妖艳。

(3) 表情丰富,有起伏变化,脸上保持笑容,有亲和力。

(4) 着装精致,衣服的色系便于产品的展示。

(5) 有精致的小装饰作为点睛之笔,比如亮色的耳钉或者项链。

(6) 发型整洁美观,头发不遮住五官,清爽时尚。

2. 声的维度

(1) 能驾驭较快语速(正常语速的1.2~1.5倍),且口齿清晰,语速能随着情绪随时调整快慢。

(2) 音量适中,并随着语速和情绪有所起伏。

(3) 声线适中,柔和、活泼、不沉闷。

(4) 全程高能输出,伴随情绪起伏波动,给人真实感。

(5) 普通话标准,给人专业感和说服力。

3. 体的维度

(1) 举止优雅得体,让人产生"我想成为你"的向往之情。

(2) 完美展示远景、近景、特写镜头里的产品,懂得从哪些角度展示产品,并不断优化展示方式。

(3) 对在线人数有敏锐的把控力,一旦新人进入直播间,就有明确的留人动作,有一定的排品思维,清晰了解下一个过什么产品。

4. 智的维度

(1) 可以找到更多的词汇来描述产品,把产品的特点和优势完美地表达出来。

(2) 拿到一个产品就深入研究,能够理解产品的核心卖点,并且结合经验知识深入浅出地说出产品卖点。

5. 心的维度

(1) 坚持跟着好老师学习方法,在圈子里找优秀者交流学习,提升认知。

(2) 对自我形成正确的认知和定位。

(3) 学习同行直播间的直播技巧,同行是最好的老师,其状态、节奏都可以学习。

(4) 学习平台的运营规则、推流机制、投放策略等。

(5) 不断复盘,优化数据指标,每一次直播都要总结。

(6) 最重要的一点,心态一定要平稳,无论直播间在线有多少人都要保持状态,人数不同时可采用不同的直播策略。

(三)产品介绍力

1. 懂产品

(1) 找到产品卖点。在材质、产地、口感、便利性等方面寻求卖点,可以在淘宝里面查找同款,查看"问大家"栏目中用户反映的问题,总结卖点。

(2) 理解用户痛点。用户在使用产品时会产生一些不舒服的体验,比如衣服的手腕经常起球和磨损、产生静电,用了化妆品、护肤品后皮肤会有发红过敏等情况,要针对这些用户的不适体验提供针对性的解决方案。

(3) 生动讲解功能。知道产品卖点和用户痛点以后,将其组合起来用于产品介绍。

(4) 把控讲品节奏。不同客单价的直播间,用户人群并不一样,直播节奏也不一样。主播要知道自己直播间的定位,及时做好调整。

① 低客单价快节奏。目前,很多直播间里面都是低客单价产品较多,此时节奏可稍微快一点。以衣服来说,T恤、卫衣、连衣裙等都有广泛的用户群体,具有快消品的属性,主播应第一时间通过福利将进入直播间的用户留下来,表达上可以直接干脆,但要有激情和感染力。② 高客单价慢节奏。以高客单价产品为主的直播间不能像以低客单价产品为主的直播间那样节奏快,主播说话要有节奏感,清晰动听,尽可能在产品介绍外提供更多价值感。面对高客单价产品的用户,建议先用短视频种草,培养用户对你的信任感。如果直播间粉丝

的黏性高,高客单价直播间的节奏也能快起来。做高客单价,第一就是输出产品价值,要有背书、工艺,需要主播的阅历很强,人生经验很丰富,能够高效应对高客单价产品的用户。

2. 懂客户

(1) 从客户角度出发的5步销售法。①引发购买动机:分析客户生活场景中的痛点与需求。②建立购买理由:挖掘利他化的产品卖点。③强化购买欲望:探索商品能给客户带来的长期价值。④扫清购买疑虑:厘清客户常见的决策权衡点。⑤促成购买动作:顺应消费者心理运作。

(2) 消费者的5大心理。①恐惧心理:人们在生活中多有担忧和恐惧,理解消费者的不安,并分析所售卖商品可以如何解决这些问题,可以使商品更容易为消费者接受。②从众心理:消费者的购买决策很多都是出于从众倾向,因此学会种草很重要。比如,市场占有率高、卖得爆、评价好、口碑高等用语,可以让消费者在心理上获得安全感。③贪婪心理:消费者往往有爱占便宜的心理,因此,多提供一些购买福利,如关注抽奖、随买赠送、今天直降等,利用这些机制把消费者的利益获得感拉满,有利于提高转化率。④权威心理:明星代言、博主推荐、专家背书、机构认证更容易赢得消费者信任,主播可以通过展示证书、种草内容、原产地直播等丰富形式来做到这一点,但切忌夸大、作假。⑤稀缺心理:"物以稀为贵"是人们的基本认知倾向,主播不妨试试"稀缺效应",配合场控营造出紧张的抢购氛围,并配合运营控库存。

(3) 设计语句的3个原则。①放大问题:放大粉丝容易忽视的问题、痛点和隐患。②拔高价值:运用丰富的品类知识拔高商品的价值。③演绎价格:让用户买了还觉得赚了才是成功的开价。

3. 会表达

告知不等于感知,告知要有冲击力。比如,在展示商品时,对商品的看、听、触、闻、尝,要尽可能生动活泼,在表达时可以合理使用一些技巧,使直播间的气氛更热烈。

(四)控场力

主播在直播时要与用户多进行互动,吸引用户点赞、评论、关注、分享,同时不要被部分用户带节奏,要使直播间的节奏始终掌控在自己手中。直播间流量突然上升或者下降时,要有明确的应对思路,流量上升时要尽可能留人拉新,流量下滑时则应拉人气。

直播时也常会有一些意外情况发生,比如本来准备整点发福袋,但实物福袋因审核延时了,或者直播间人数骤降,短时间内大量用户退出直播间,或者评论区出现恶意攻击,这些都需要主播及时、高效、合理应对。

(五)成交促单力

让用户产生兴趣并愿意下单,就是为客户创造需求。把痛点、卖点、冲动点组合起来,就是创造客户需求的公式。

1. 什么是创造需求?

买东西一定是先有需求,有需求才有购买动作。作为主播,该如何洞察用户的需求呢?有些需求是用户本来就有的,可以通过观察发现,但是更重要的是帮助用户创造需求,即通过挖掘用户的痛点发现用户的需求。也许用户自己还没意识到,但是你敏锐地发现了,而你的产品正好可以解决用户的痛点,这样就能顺利开展销售了。但是注意,痛点并不是创造出来的,而是用户本来就有的,只是他自己没有注意,你只是"创造"了用户对你的产品的需求。

2. 如何提炼卖点?

提炼卖点,需要讲出痛点,给出有代入感的场景。痛点,就是用户遇到的问题点。你能讲出用户的痛点,用户就愿意与你产生连接。人们只关心与自己相关的东西,关系越密切,人们就越关心。主播可以通过朋友圈、社群、小红书或者与线下朋友、同事的交流收集大家的痛点,也可以在购物平台的详情页或者"问大家"栏目中去收集用户的痛点。

3. 为什么找我买?

卖点,就是产品的价值,是能够帮助用户解决痛点的关键。简单来说,就是回答为什么要买这个产品。主播要努力回答这个问题,把解答内容列出来,让卖点有说服力,不仅解决问题,还要降低用户的心理预期,让用户明白,这个解决方案很简单。人们都是为最后的效果和状态买单的,卖点就是给用户描绘希望,告诉他用了我的产品后,会有怎样的收获和成果。最有效的方法就是直接展示自己或其他人使用产品后的成果,真实的产品使用成果最具有说服力。

4. 为什么现在买?

冲动点,就是让人立刻就想下单的点。用户可以明天再下单,甚至明年再购买,主播应该如何说服消费者现在就是购买的最佳时机呢?这就需要主播凝练出冲动点,冲动点一般需要配合一些心理学小技巧来使用。

(1)利用时间制造冲动点。比如,很多课程会有早鸟价,早买早便宜,还有节日限时打折等。

(2)利用数量制造冲动点。比如,名额有限,限量发送,仅限前30个名额。

(3)利用对比制造冲动点。比如,同时摆出好几个价格,799元这个价格单看会觉得很贵,因为市面上也有299元、399元的同类产品。但是如果在货盘里面,799元是最便宜的价格,通过改变对比物,这就能改变客户对"贵"和"便宜"的心理感受。

(4)利用赠品制造冲动点。比如,现在购买就赠送超值好礼,有时候精美的赠品会很好地提高消费者的购买欲望。

(六)流量感知力

直播画面上可以看到在线人数和互动人数,在线人数就是我们客户的基数,在线300人,那么可以理解为客户的基数有300人。客户基数不是意向客户数量,意向客户数量应通过互动人数来衡量,因为如果不是意向客户,他们基本也不会在评论区互动。

根据在线人数和互动人数的不同,直播间可以分为4种情况,每一种情况的应对方式都是不一样的。开播前需要准备4套应对方案,以备不时之需。

1. 在线人数多,互动人数多

这个时候,主播应该加快节奏,运营人员可以发出福袋,仅限粉丝团成员参与,并作出引导,这样既可以提高单量也可以提高转粉量,有机会突破流量层级。互动人数多,说明用户已经听明白你在讲什么,此时让他花1抖币入团的概率非常大,快速开款可以保证在最短的时间内输出更多的单量,获得更多的流量。在线人数多、互动人数多,说明大多数用户已经听懂了主播讲的内容,此时主播可以直接铺垫后面的活动,铺垫的作用是留人,因为正常情况下开完款用户就走了,所以开款前一定要铺垫好相关的活动,告诉用户抢完这一个还有下一个。

2. 在线人数多,互动人数少

这种情况可能意味着用户没有听明白你在讲什么,但是被你的主播形象、场景或产品吸引住了。此时,主播应该快速开款,开款的时候可以一边倒计时一边讲卖点,重塑产品的价值,运营人数配合设置参与福袋(不限粉丝团),福袋尽量大一点或者使用超级福袋,把直播间的停留人数拉到最高点。用户不互动,第一种情况是主播的价值塑造不到位或者用户没听明白活动介绍,这个时候主播可以突然放一个福利活动,用来激活互动率,或找个理由重塑价值。第二种情况是产品有问题。怎么判断产品有问题呢?就是反复塑造产品价值后,数据还是很差,这时可以快速把款开掉,发一个不限制仅粉丝团可领的福袋,然后转新的款。这里就需要配上转款话术了。主播应通过测试各项数据,找到合适今天直播的款,然后进行循环开款。

3. 在线人数少,互动人数多

互动人数多证明用户已经听懂了你的活动介绍了,此时可以放一个限量单,同时让投手投流获取新的流量,然后进行憋单流程,把人数拉到高位后进行转化。这个时候,运营人员可以配合发放仅粉丝团领取的福袋,做一波高在线、高单量、高转粉的数据,突破在线人数。在线人数少,互动人数多,说明产品和主播没有问题,只是流量层级没有突破。做一波数据,同时借助付费流量突破到下一个流量池,就可以有效提升直播带货效果。

4. 在线人数少,互动人数少

这种情况需要分析的问题就比较多,可能是人的问题,可能是场的问题,也可能是货的问题,需要通过复盘重新优化,找到具体的问题,然后解决。

第四节　直播选品定价策略

一、初阶选品定价策略

1. 根据账号定位选款

根据账号定位选款适合新手商家使用,主要结合产品价格、产品风格、产品类目、客户属性选择与自身账号定位适配的产品。

2. 根据主播人设选款

达人账号的主播具有一定的品牌效应,此时可根据主播的品牌形象进行选款。主播的性别有时候也会影响最终吸引的客户类型,不同年龄段的主播所吸引的客户群体会存在一定的差异。此时,主播的气质、身份也会对可以吸引到的客户类型产生影响。达人账号在选品时要围绕主播吸引到的目标客户群体来进行。

3. 根据粉丝画像选款

成熟账号往往拥有一批黏性很强的粉丝,此时可以根据粉丝的画像并围绕粉丝不同层次的需求选择商品。通过分析往期爆品的特性,也可以很好地了解粉丝的喜好。

4. 快速定价技巧

直播间选品时可以根据以下公式进行快速定价:售价＝运营成本/(1-利润率)。运营成本主要包括以下几项:产品成本、运费成本、场地成本、人力成本、售后成本、平台佣金。

二、高阶选品定价策略

组货盘中一般有五大类货品。①主推款商品:相对具有性价比,可以给客户物超所值的感觉;对应的客户群体比较广泛;在当下有一定的市场需求,具备量级空间。②福利款商品:用户在日常生活中想要使用,功能丰富,新鲜有趣,有知名度,使用便利。③利润款商品:主要用于增加直播间利润,提高整体盈利;与主推款商品的目标人群一致,是该人群的潜在需求产品;一般在主推款商品推送结束后迅速接上利润款商品;需要与主推款商品形成互补,具有强关联性。④对比款商品:与主推款商品相似,综合性价比相对主推款商品而言偏低,可以凸显主推款商品的性价比;定价较其他商品偏高,利润也偏高。⑤形象款商品:在品质上会高于日常商品,可以凸显直播间的档次;产品的设计、品质、工艺都有一定的调性,定位于高消费群体;与普通商品在价格上也存在较大的差异,形成明显的跨度。

在确定这五大类货品后,可以运用以下两种策略进行定价。

1. 组合定价方式

（1）系列产品组合:不同档次、款式、规格、花色的产品分别定价。

（2）附加品差别组合:根据客户选择附加产品的属性,制定多种定价方式。

（3）成套产品组合:将多种产品搭配组合成一套来定价。

2. 心理定价方式

（1）尾数定价策略:给消费者造成价格偏低以及满足用户开心购物的心理需求。

（2）声望定价策略:客户花高价购买某些商品,以达到显示身份、地位、实现自我价值的目的。

（3）对比定价策略:通过在竞争或同类产品旁边布置一个价格更高的产品,增加产品的吸引力。

（4）错位定价策略:查看同类产品定价后,根据价格空隙取中间值,以制定一个有竞争力的价格。

第五节　直播间场景

一、直播间场景的重要性

场景决定了曝光进入率,曝光进入率影响流速,从而间接影响转化率。"3秒留人看场景,

"30秒看产品,60秒看主播",直播带货要做好的第一件事情就是搭建场景。在不同阶段,直播账号在场景搭建上会有一点区别。运营新号的时候,可以在场景上设置一些具有利益诱导性的操作,比如放一些"9.9元""免费送"的KT板,等到账号的粉丝达到一定量后再撤掉。这样做的目的就是吸引更多的粉丝进入直播间,帮助直播间打标签。之后撤掉是因为直播账号经过一段时间的运营,目标人群变得更加精准,不再需要进行诱导了,目标用户看到产品后就会进来。

好的直播间场景需要满足以下条件。

(1) 良好的辨识度。与自己的产品相关的创意场景才是好的场景,用户看到你的直播画面的时候,第一眼就知道你是卖什么的,同时还被你的内容吸引住,这就是具有良好的辨识度。

(2) 易激发购买欲望。直播间里可以设置一些写有福利信息的KT板,或者设置一些福利袋、赠品信息,这样用户看见你的直播间就有购买的冲动,容易形成下单的氛围。

(3) 有高级感。主要体现在画面清晰、色调统一、场地有空间感、高级感,灯光均匀。具有高级感的直播间可以让用户更易产生价值感。

搭建直播间场景时,还可以适当搭配一些道具。比如,如果单个产品的吸引力不足,就可以加一些配饰,提升直播间格调,在卖高客单价女装的直播间,用实木衣架就比普通塑料衣架更显格调。

二、直播间设备清单和搭建方法

(一) 直播间设备清单

1. 手机版设备清单

手机版设备清单主要有以下内容:①具有高清摄像头,支持1080 P以上画质的手机(最好是iPhone12及以上);②可以调节高低角度的手机支架;③无线小蜜蜂,或专业声卡加电容麦等收声设备;④环形补光灯加柔光灯;⑤喷绘背景图、KT板或实物背景;⑥蓝牙小音箱;⑦手机散热器。

2. 电脑版设备清单(具体品牌仅作为参考)

电脑版设备清单主要有以下内容。①直播电脑:戴尔3640图形工作站,戴尔U4323显示器43英寸,键盘,鼠标。②摄像机:索尼Alpha7 Ⅲ。③相机镜头:索尼FE 24-70mm F2.8 GM,索尼FE 35 mm F1.8。④摄像配件:圆刚GC553高清USB HDMI 4K视频采集卡,Micro HDMI转HDMI转接线,TUSAR sony fw50 fz100适配相机直播假电池外挂电源,百诺BV6专业摄像脚架,捷洋快装板L型。⑤灯光设备:爱图仕LS C120d Ⅱ摄影补光灯,神牛SL150W Ⅲ八角灯箱×2。⑥收音设备:索尼UWP-D27无线领夹一拖二小蜜蜂。⑦直播背景:绿幕/实物货柜。⑧其他设备:提词器,中控电脑。

(二) 直播间搭建玩法

1. 常见的直播间搭建方式

(1) KT板。

优势:成本相对低,操作方便,更换简单。

劣势：背景固定，有一定的制作周期，效果一般，受限于场地、灵活度低。

(2)绿幕。

优势：成本相对低，更换方便，操作简单，有不错的视觉体验。

劣势：效果受限于设备，会有色差、边缘模糊等问题，空间不足。

(3)LED屏。

优势：动态效果自然，视觉体验较好，更换方便，操作简单。

劣势：背景设置容易造成视觉疲劳，LED大屏造价成本高。

(4)实景。

优势：真实感强，视觉体验较好，有差异化，便于消费者记忆。

劣势：布景造价成本较高，灵活度不高，比较固定。

2. 常见的直播形式

(1)工厂/仓库直播。

适用行业：日化、食品饮料等行业。

特点：以工厂为特点，突出产品从工厂直销，价格更优惠。

(2)半无人直播。

适用行业：售卖珠宝、首饰、手串等小配件商品的行业。

特点：适用于需要特写的小商品。

(3)坐姿半身直播。

适用行业：日化母婴、食品饮料、美妆个护等行业。

特点：便于展示产品，以及主播模拟使用产品的过程和效果。

(4)站姿半身直播。

适用行业：家纺、服装等行业。

特点：用于展示产品和整体场景，特别是服装类产品，更能展示效果。

3. 直播间打光与色彩

(1)服饰、美妆类直播间：使用白光和接近自然光的色温，利于在镜头前展示服装、化妆品、护肤品等产品的状态，减少色差。

(2)美食、家居类直播间：使用暖光，可以将食物衬托得更可口，将家居家纺衬托得更温馨。

(3)珠宝类直播间：须结合珠宝类型和光泽决定打白光还是暖光。

4. 直播间墙面建议

(1)重刷墙漆、贴墙纸、墙布（造价相对较高），以纯色为主，选择莫兰迪色系等低饱和度的颜色，可以在墙上装饰品牌logo。

(2)灰色是最安全的色彩，比较简约，是一个中立色，它可以和任何色彩搭配，也是摄像头最适合的背景色，不会过度曝光，有利于突出服装、妆容或者其他产品的颜色。

(3)不宜使用荧光色等刺眼的色彩。

(4)最好选择浅色、纯色，以简约、大方、明亮为主，不要太花哨，否则会影响观众的注意力。不建议使用白墙，容易导致打光问题和曝光过度。

(5)灯光不够专业的情况下，可以选用深色背景，会显得主播比较白净。但是深色系会让买家产生距离感。

（6）使用背景布。背景布可以任意更换，能给买家带来新鲜感，成本也不会很高。

5. 直播间信息模块建议

（1）手机刘海＋信息栏部分：不要放任何东西。

（2）上部区域：1/4处留白放置品牌logo、产品贴图。

（3）中部区域：主播半身出镜，占屏幕的1/2，保持眼睛对视镜头。

（4）下部区域：前景操作台占1/4，放置主要产品。

6. 直播间商品展示建议

产品的摆放须根据所述行业调整，以下以三个常见的行业为例。

（1）美妆日化行业。建议将商品放在显眼的位置，烘托抢购的气氛。可以将口红依次整齐地摆放在透明的口红收纳盒里，需要展示色号的话可以将口红盖都拿掉，方便用户直观地看到口红的色号，多种颜色鲜艳的口红色号会让大家产生强烈的了解欲望。

（2）食品饮料行业。宜放各式各样的产品，让买家觉得产品很丰富。可以把产品放在前景陈列台或者陈列桌上，方便主播展示所销售的产品。在展示产品时，尽量把包装袋拆除掉，展示产品的真实样态。

（3）服装配饰行业。直播间可以配置衣架、鞋架等，但是在画面中要有序摆放，看起来整洁清爽。珠宝类的前景陈列是很重要的，可以将珠宝放在首饰盒或者收纳盒中摆在前景陈列台上集中展示。

实训案例与设计 Ⅳ：新媒体运营

一、抖音运营：古钱币案例[①]

1. 产品基本情况
古钱币产品基本情况如下表所示。

古钱币产品情况

产品定位	定价/元	目标人群
众诚评级元宝	9.9	31岁及以上男性
全黄铜五帝钱	15.8	31岁及以上男性
纪念币	20	31岁及以上男性
闻德评级元宝	30	31岁及以上男性

2. 背景分析
如今，古钱币的交易市场越来越多，而且交易越来越方便。以前，在网络上交易古钱币很容易上当受骗，而现在的网络交易则相对安全，只要客户按照平台的规则来操作一般没什么问题。交易速度加快和交易安全的提升，使得很多古钱币客户都获得了利益，古钱币在收藏市场的认可度也越来越高。不过这也导致古钱币的价格越来越透明，对于商家而言，这意味着很难靠信息不对称维持高利润。但是品质好的古钱币的价格上涨幅度还是很大的，特别是品相好的和原包浆的古钱币，其价格越来越高。

3. 问题和建议
在抖音平台上，对古钱币有需求的人群偏窄，一般只有收藏发烧友才对此类产品感兴趣，而且市场没有标准定价，人们的消费能力差异也比较大，一般个人商户入驻平台的门槛比较高。还有一点就是售卖的古钱币通常都真假难辨。建议个人商户尝试通过精选联盟直接带货赚佣金，降低入驻门槛，机构商家的话建议面向低消费人群，快速建立人群标签画像。

4. 产品规格分析
产品规格分析如下表所示。

[①] 本案例改编自"湖北文交拍卖有限公司"抖音账号案例。

产品规格分析

产品	平台	产品形式	销量/件	单价区间
天圣元宝	抖音	闻德评级	57 000	29.9元左右
全黄铜五帝钱	抖音	五帝钱	29 000	15.8元左右
熙宁元宝	抖音	众诚评级	4 147	9.9元左右
周爷爷纪念币	抖音	纪念币	2 150	16.9元左右

5.对标产品分析

对标产品分析如下表所示。

对标产品分析

对标店铺	粉丝画像	销量/件	引流款	发货点
A	男性居多；24~40岁居多；北京、山东、河北、天津、上海居多	5 000~7 500	熙宁元宝、小平、宋代古钱币	北京
B	男性居多；24~40岁居多；北京、山东、河北、天津、上海居多	10000~25 000	北宋古钱币、元丰通宝	天津
C	女性居多；18~30岁居多；河南、湖南、山东居多	5 000~7 500	宋代天圣古钱币	北京

6.基础建设

(1)注册抖音小店。

注册抖音小店需要缴纳基础保证金20000元,并提供相应资质。

注册个人店铺,需要进行身份验证(提交身份证信息)和账户验证(经营者进行人脸识别)。注册个体工商户店铺,还需要提供经营许可证和营业执照(三证合一营业执照,有效截止时间大于15天)。注册企业店铺与注册个体工商户店铺类似,但账户验证需要验证对公账户。

如果是经营自有品牌,须提供商标注册证号。如果是经营授权品牌,须提供授权关系文件,或者申请时间满六个月且无驳回复审的TM标。授权文件中须包含授权方、被授权方、授权品牌、授权期限等明确信息。若商标权利人为自然人,须提供带有商标权利人亲笔签名的身份证正反两面复印件。

(2)开通抖音号。

以下为活动设计时撰写的抖音号信息。

名称:老万爱钱币。

头像:老万的照片(老万拿着古钱币放在一只眼睛前)。

头图:古钱币照片(一堆古钱币)。

简介:我是老万,追踪古钱币20年。

开通抖音号的同时开通带货功能。

7. 短视频运营思路

短视频运营思路如下表所示。

短视频运营思路

内容定位	内容方向	表现形式	发布建议	内容判定标准
vlog类	老万每天去各种地方找古钱币，要么从鬼市淘到好的古钱币，要么去收藏大师那死皮赖脸要古钱币，要么在各种奇葩的环境里捡古钱币	真实情景	早上7点至9点；中午12点至下午2点；晚上6点至凌晨1点；周末全天	若播放量连续3次低于300次，需要重新调整运营思路，可重新申请账号；播放量500次左右为正常情况，但意味着内容质量较低；播放量500至3 000次，显示视频具有传播潜力，可以适当"加热"；播放量达10 000次左右，即为优质内容，可以持续按这种内容风格进行创作，形成垂直标签
产品展示	展示钱币的年代和做工，以及相应的价格和福利	突出产品卖点，解决消费者痛点		
广告类	钱币种类、价格和福利	素材混剪		
知识类	老万讲各个朝代不同钱币的由来，同时聊钱币的价值	对比展现		

8. 直播运营思路

每周二、周四、周五、周六的22点开播，先推引流品，然后讲爆品，其间每半个小时推荐一次利润品。

引流品可以用纯铜制的五帝钱，价格低，有寓意，可以吸引古钱币爱好人群。爆品讲究薄利多销，以量取胜，以质评优，可以用众诚级通宝，不仅有收藏价值，而且入手便宜。利润品最好是人无我有，不具备替代性，面向资深收藏家，可以用闻德级通宝。

9. 人员配置

抖音运营的人员配置如下表所示。

抖音运营人员配置

岗位	职责	人数/人
运营负责任人	管理和统筹	1
编导/演员/主播	负责短视频的脚本、思路，并出镜拍摄和直播	1
拍摄剪辑	负责短视频拍摄剪辑	2
投手	负责直播、短视频投流	1
助播	辅助主播，准备脚本、话术，配合拍视频	1
直播运营	负责直播间规划、场控、数据复盘	1
抖店客服	负责售前售后服务	2

二、小红书运营:地板案例[①]

1. 对标账号分析

对标账号情况

图片引用自小红书账号"必美地板"和"大自然地板"

与对标账号相比,自有账号未开通企业蓝V账号,信任感不足;缺乏营销组件,开展营销动作有限制;账号页面不够精美,品牌调性不突出;内容杂乱无规划,主题不明确。

2. 功能建议

首先需要开通企业号,获取更多权益和功能。

(1)基础权益。

① 主页头图:支持自定义个人主页的头图、简介、菜单,突出企业特色。

② 认证标识:提供企业号专属标识。

③ 企业专属商业话题:支持展示企业商业话题,引导粉丝参与互动。

④ 笔记置顶功能。

[①]本案例来自湖北荣燊内容教育科技有限公司学员实训项目。

(2)多功能组件。

① 企业卡片:支持展示企业卡片,展示企业地址和联系方式。

② 线下门店引导:支持展示线下门店信息及地址,引导顾客到店。

③ 店铺/薯店:支持个人主页展示商城/薯店,方便引导顾客直接消费。

(3)围绕主题找关键词。

① 确定笔记主题。

② 找准笔记关键词,如:地板行业的标题就可以用到通铺地板、奶油色地板、原木色地板、地板颜色怎么选等词。

(4)善用技巧,填充标题。

① 运用公式:细分人群+数字+结果。如:小县城入住一年,我依然喜欢我家地板砖和木地板。

② 运用公式:情绪+人设+数字+结果。如:绝了!我自己装修买地板踩过的五大坑,简直防不胜防!

③ 运用公式:解决方案+问题+结果。如:低预算就复制我家吧!简单好看又温馨。

④ 运用价格、步骤、时间以及真实数据等吸引注意。如:2k不到,我家二手房不用敲地板砖也能装地板;不到2k爆改猪肝红之地板篇等。

⑤ 运用特殊句式。如果想要更快抓住用户眼球,可以运用排比句、反问句等句式来加强情感;当文章围绕某个问题展开时,可以运用疑问句、设问句等,这些句式可以更清晰地点明文章中心。

⑥ 运用emoji。当标题具有明显的画面感时,可以运用emoji表情图让标题更加生动,同时emoji的使用也能使标题从全文字标题中脱颖而出,起到画龙点睛的效果。

⑦ 制造悬念/反差。可在标题里制造悬念,但依然要点明主题,一般会使用问号、省略号等。也可以制造反差,矛盾冲突很容易引起用户的好奇。

⑧ 引起共鸣,渲染情绪。运用一些情感强烈的语句,比如"太高级了吧""天呐""被夸爆了"等,让用户产生代入感,同时表达用户日常会碰到的问题,从而引起共鸣。此外可以多运用感官描写,调用用户的触觉、嗅觉、视觉等感官,比如"奶油色"等。

3. 封面参考

封面图片建议统一大小为2083 px×2778 px(小红书标准大小尺寸)。视频可通过添加统一上下分屏的形式从横版视频改为竖版视频。图片可直接通过裁剪调整大小尺寸。可在图片上添加一些文字介绍,使笔记内容一目了然。

4. 文案建议

文案的写作要素如下:装修背景+装修亮点+热门区域+服务点+装修效果+个人感受。需要注意的一点是,文案中添加表情符号,能够增强可读性。文案要调理清晰,内容不宜过长,否则容易让用户失去耐心。写产品文案可以采用FAB法则,能让消费者分分钟看明白。

Feature(特性):产品本身具备的属性、特征优势(客观事实)。

Advantage(作用):产品的属性能够带给客户的作用。

Benefit(好处):产品属性提供的作用能够给到客户的利益点。

5.评论技巧

如果想引导用户在评论区互动,除了可以在文末直接引导用户评论,还可以在评论区活跃气氛。首先占领首条评论,引导关注、评论、主页浏览。用户关注账号或浏览主页后,不仅可以实时关注账号动态,同时可带动其他笔记的流量。

在回复用户评论区留言时,由于所有用户都看得到评论区,因此评论区回复语气要尽量友好亲切,同时要结合产品的卖点和亮点来回复评论。

在评论数太多的情况下,一一回复所有评论难免耗费过多的精力和时间,可以选择其中一些排位靠前、有代表性的、大多数用户关注的问题来回答。

最后可以引导私信、评论区讨论等进行转化。但不要仅限于此,可根据客户具体类型进行更多尝试。

6.注意事项

(1)保持每周2~3篇优质原创内容的更新频率。

(2)为顺利过审,应注意以下事项:①杜绝绝对化用语,如:最、绝、第一、超、NO.1、best等;②涉及成分材质功效的都需要提供资质证明;③拒绝拉踩,以及与别的品牌进行对比;④不能夸大宣传;⑤不能有雷同图片,保证图片原创。

三、视频号运营:农产品案例[①]

1.短视频运营思路

短视频运营思路如下表所示。

短视频运营思路

核心形象	方式	场景	目标人群	周期
农村多才艺小姐妹	主打有趣、开心	任意场景,场景不做主要展现,起衬托作用	20~40岁的女性	一周发表3到4段视频,如遇其他事情耽搁,一周发表2段视频也可以
能干村花	主打漂亮、能干	任意取景,重点在人物表现		

2.直播带货思路

在0粉丝、少作品的情况下,主要突出商品福利,以此提升账号的热度。

直播间商品配置

产品名	口味	数量规格	原价	福利价
香菇酱	原味、辣味	两种口味各1瓶	22.9元	7.9元
黑木耳	无	1袋装和2袋装	58元	一袋28元,两袋48元
花菇	无	1袋装	88元	68元
板菇	无	1袋装	68元	48元

[①] 本案例数据均来源于时间村时间礼物品牌。

在直播时可以采用以下策略。

(1)第一天的直播策略。

① 与在线的个位数观众进行点对点交流,用福利链接吸引他们,再配合一些表达技巧,将其留在直播间。

② 引导他们点关注、加灯牌、停留,再利用这些浅层数据做转化。

③ 点对点地交流直播至少持续2个小时。

(2)第二天的直播策略。

① 配合使用一些付费引流项目,如随心推。

② 适当憋单做浅层数据,引导受众关注、互动、加灯牌。

③ 以3000~5000流量/小时,在线50+为标准下播。

(3)第三天的直播策略。

① 直播时配合使用一些付费项目,如随心推。

② 引导下单成交,拉长时长,做浅层数据,实现1万~2万流量/小时、在线人数100+时可下播。

(4)第四天的直播策略。

与第三天方式相同,直到流量层级到3万~10万流量/小时,在线人数1000+,方为起号成功。

引用作品的版权声明

为了方便学校教师教授和学生学习优秀案例,促进知识传播,本书选用了一些知名网站、公司企业和个人的原创案例作为配套数字资源。这些选用的作为数字资源的案例部分已经标注出处,部分根据网上或图书资料资源信息重新改写而成。基于对这些内容所有者权利的尊重,特在此声明:本案例资源中涉及的版权、著作权等权益,均属于原作品版权人、著作权人。在此,本书作者衷心感谢所有原始作品的相关版权权益人及所属公司对高等教育事业的大力支持!

与本书配套的二维码资源使用说明

　　本书部分课程及与纸质教材配套数字资源以二维码链接的形式呈现。利用手机微信扫码成功后提示微信登录，授权后进入注册页面，填写注册信息。按照提示输入手机号码，点击获取手机验证码，稍等片刻收到4位数的验证码短信，在提示位置输入验证码成功，再设置密码，选择相应专业，点击"立即注册"，注册成功。（若手机已经注册，则在"注册"页面底部选择"已有账号立即登录"，进入"账号绑定"页面，直接输入手机号和密码登录。）接着提示输入学习码，须刮开教材封面防伪涂层，输入13位学习码（正版图书拥有的一次性使用学习码），输入正确后提示绑定成功，即可查看二维码数字资源。手机第一次登录查看资源成功以后，再次使用二维码资源时，在微信端扫码即可登录进入查看。